北京旅游发展研究基地 标志性成果

A RESEARCH REPORT
OF ONLINE TRAVEL INDUSTRY
OF CHINA IN 2016

中国在线旅游研究报告 2016

李宏 主编

北京·旅游教育出版社

《中国在线旅游研究报告2016》编委会

主　任　计金标
主　编　邹统钎
副主编　王　欣
编　委（按姓氏音序排列）
　　　　安金明　谷慧敏　韩玉灵　计金标
　　　　李　宏　厉新建　刘大可　秦　宇
　　　　王成慧　王　欣　魏　翔　许忠伟
　　　　尹美群　邹统钎

总　序

北京旅游发展研究基地是北京市首批省部级哲学社会科学研究基地，成立于2004年。北京第二外国语学院作为主要建设单位，通过四方共建协议与北京市哲学社会科学规划办公室、北京市教育委员会、北京市旅游发展委员会共同建设基地。基地的建设宗旨：是以北京第二外国语学院北京市重点学科——旅游管理为基础，依托本校旅游管理学院、酒店管理学院、会展与经贸学、国际商学院、中国旅游人才发展研究院、旅游教育出版社，联合校外北京市旅游发展委员会、首都旅游集团、北京高校旅游研究机构等单位，整合旅游及相关研究优势资源，紧紧围绕首都及全国旅游业发展过程中有待研究解决的重大理论和现实问题展开研究工作，推动我国及北京旅游研究领域的拓展、研究方法的创新和研究水平的提高，有效拉升北京旅游教学、研究和旅游业发展在国际上的层次和地位。

在前四个三年建设周期中，基地在北京市哲学社会科学规划办公室等各级领导、部门的关心和指导下，在北京第二外国语学院校领导的大力支持下，通过与北京市旅游发展委员会及各区县旅游局、各旅游企业、高等院校和科研院所的合作，取得了一批高质量的成果，同时举办了具有社会影响并逐步形成品牌的重要学术会议，为北京市及全国旅游研究和旅游行业发展做出了应有的贡献，实现了基地的建设目标，取得了优异的成绩。

从前四个建设周期的经验来看，"狠抓标志性成果建设，打造权威报告，提供观点和理论研究成果"是实现基地建设目标的重要途径。新一轮建设周期（2017—2019），基地将继续秉承"前瞻视野、开放平台、权威报告、理论高地"的建设理念，努力实现"在充分满足北京市各类决策支持需求的前提下，抓住中国和国际旅游发展前沿的重大问题进行研究，做到'北京旅游发展智库'和'中国一流旅游学术研究机构'的统一"的建设目标。为此，基地学术委员会经讨论决定，为更好地发挥"智库"服务北京乃至中国旅游业发展，第五个建设周期重新整合确立了三个研究方向：由首席专家邹统钎教授领衔的研究方向"旅游发展战略与政策研究"，重点研究国家、首都与地方旅游发展战略与产业政策规制、旅游服务国家"一带一路"、"京津冀协同发展"、北京首都"四个中心"建设等重大战略，结合重大事件、重大项目研究，密切配合政府和有关机构，建设首都旅游专业智库，系统产出重要咨政成果；由基地学术委员厉新建教授领衔的研究方向"现代技术、大数据与旅游改革创新研究"，将基于人工智能、大数据等现代技术，一方面重点关注人工智能对旅游业发展的影响机制，另一方面重点关注旅游大数据与旅游者行为规律与机制研究、目的地营销创新研究、旅游产品及业态创新研究、旅游产业空间优化、旅游企业管理与服务优化、目的地在线声誉管理、旅游市场监管新模式；由学术委员谷慧敏教授牵头的研究方向"旅游企业发展与创新"，以旅游产业运行规律及企业管理为研究特色，重点关注酒店、旅行社、会展、健康服务、旅游分享经济、主题公园、民宿、餐饮等产业演化及标准，相关旅游类企业的投融资、财务会计、市场营销、服务运营、组织行为、人力资源、国际化经营、企业社会责任的前沿理论及实践。

今年乃至今后几年，基地陆续出版的标志性成果主要体现在两个方面：面向北京市政府及其旅游管理部门和企事业单位的《北京旅游发展研究报告》；面向旅游学术研究领域、致力于旅游学科建设和人才队伍培养的《中国旅游企业发展年度报告》《中国旅游目的地发展年度报告》《中国在线旅游年度报告》《中国旅游法评论》等。

《北京旅游发展研究报告》作为北京市哲学社会科学重点规划项目，其目的在于对北京市旅游经济与旅游市场的整体发展、北京旅游各行业运行状况、旅游供需市场、旅游行政管理及年度热点与创新等问题进行充分研究和集中展示，以期对实践具有一定的指导作用。在历年报告的基本框架基础上，新的《北京旅游发展年度报告》包括旅游行业发展趋势运行总报告、旅游业中各细分行业发展报告以及旅游热点。基地专家将尽最大努力，对每年北京旅游产业运行状况以及旅游研究热点和创新点进行全面阐述。

前期建设中，我们出版了《中国旅游法评论》《中国景区发展年度报告》《中国在线旅游研究报告》《中国上市旅游企业社会责任披露与分析研究报告》以及《中国休闲与旅游研究峰会论文集》等，基地依托我校外语、旅游优势，从产业、行业、企业三个方面对我国旅游业进行了充分的研究，展示了基地专家原创和多元视角的研究成果。

新一期建设中，基地继续加强《北京旅游发展研究报告》的研究和出版工作，使其成为反映我国旅游业发展现状、发展趋势、行业热点以及最新学术理论的标志性成果。基地同时计划推出新一期《中国在线旅游研究报告》，结合大数据、电商、线上平台等新兴热点、趋势，为我国旅游业发展提供建议。

作为中国旅游教育和研究的中心和基地之一，北京第二外国语学院始终将旅游学科的发展作为学校的重要战略。北京旅游发展研究基地依托于二外，除了完成作为一个北京市市级研究基地本身应完成的任务外，也直接服务于国家整体发展战略。我们期待通过基地全体研究人员的不懈努力，推动我国旅游教育和旅游学科发展，促进旅游学术界与行业主管部门、旅游业界的密切合作，为国家建设旅游强国、为北京市旅游产业发展提供更优质的研究成果和最直接的智力服务，以承担起时代赋予我们的责任，完成学者的历史使命和责任。

在此，我也代表基地衷心期盼业界同仁对我们的工作提出意见和建议，并且参与到基地及相关工作中来，共同努力，合作发展，为首都和中国旅游事业的发展做出新的贡献。

北京旅游发展研究基地负责人、学术委员会主任
北京第二外国语学院校长、教授、博士生导师

前　言

在线旅游与互联网的发展及应用相伴相生，经过十几年的发展，行业规模不断壮大，商务模式逐渐走向成熟，在线旅游交易的便利性和及时性极大地促进了旅游者消费行为模式的变迁，对中国旅游消费市场的形成与迅速壮大起到了不可低估的作用。

从2014年起，北京旅游发展研究基地立项开展中国在线旅游研究，以年度报告的形式呈现成果。2015出版了系列报告的第一本《中国在线旅游研究报告2014》，全书分为上下两篇，上篇为中国在线旅游发展态势总论，下篇为典型案例。该报告在业内产生了较好的影响，被基地认定为标志性成果。2016年出版了系列报告的第二本《中国在线旅游研究报告2015》，在体例上进行了明显的改变，全书分为四个部分，分别总结了传统旅游电商的发展情况、传统旅行社的线上发展、BAT大型电商在线旅游发展概况和旅游APP移动应用，对在线旅游几大板块的发展态势进行了全面总结。本书为系列报告的第三本，沿袭了上一本的体例，从四个方面总结一年以来在线旅游业态的发展态势。董慧云、杨杰、孙施羽和刘越全程参加了报告的调研和撰写。

2016年，在线旅游市场的兼并重组引人注目，多年的竞争伙伴通过并购纷纷成为了一体化的电商企业。第四本年度报告已经初具形态，希望能够与前三本报告一起，记录在线旅游业的发展轨迹，总结发展脉络，分析发展趋势，在积累资料的同时，发现规律，成为学界和业界进行行业研究时的得力参考，在科研和咨询领域发挥应有的作用。

目 录
CONTENTS

第一章 中国传统旅游电商发展特征 1
  第一节 2015年在线旅游电商概况 1
    一、在线旅游市场发展情况 1
    二、2015年传统旅游电商发展特征 7
    三、在线旅游电商发展趋势 9
  第二节 综合性旅游电商介绍及企业解读 11
    一、B2C类综合性旅游服务电商：携程＋去哪儿＋途牛 11
    二、B2B2C类综合性旅游服务电商：同程＋欣欣 33
  第三节 旅游攻略社区类电商介绍及企业解读 46
    一、社区点评类在线旅游服务平台：TripAdvisor（猫途鹰） 48
    二、社区攻略类在线旅游服务平台：马蜂窝＋穷游网 54
  第四节 垂直细分型旅游电商介绍及企业解读 64
    一、定制旅游类旅游电商介绍 64
    二、垂直搜索引擎类旅游电商介绍 67
    三、市场细分类旅游电商介绍 69

第二章 传统旅行社在线发展篇 73
  第一节 2015年传统旅行社发展概况 74
    一、2015年度全国旅行社行业发展概况 74
    二、2015年度我国旅行社在线发展概况 76
  第二节 传统三大旅行社在线发展进程回顾 81
    一、中国国际旅行社：传统旅行社OTA的探路者 82
    二、中旅总社：整合外部资源，取长补短 86
    三、中国青年旅行社：借壳发力，促线上线下交融 92
  第三节 大型民营旅行社在线发展进程回顾 98
    一、上海春秋国际旅行社在线发展 99
    二、北京众信国际旅行社在线发展 103

三、凯撒旅游在线发展 109
第四节　传统旅行社发展趋势 113
　　一、OTS 概念解读 113
　　二、OTA 与 OTS 对比 114

第三章　2015年大型电商在线旅游市场发展态势 118
第一节　2015 年大型电商在线旅游市场总体发展形势 118
第二节　2015 年大型综合电商在线旅游市场发展动向 120
　　一、百度进军在线旅游市场新动向 120
　　二、阿里进军在线旅游市场新动向 122
　　三、腾讯进军在线旅游市场新动向 126
　　四、京东进军在线旅游市场新动向 128
第三节　2015 年团购网站在线旅游市场发展动向 129
　　一、团购网站在线旅游市场发展态势 129
　　二、美团在线旅游市场新动向 131
　　三、大众点评在线旅游市场新动向 134
　　四、百度糯米在线旅游市场新动向 136

第四章　旅游APP移动应用 142
第一节　旅游 APP 发展概述 142
　　一、旅游 APP 发展现状 142
　　二、旅游 APP 市场分析 145
　　三、旅游 APP 的竞争格局分析 146
　　四、旅游 APP 的发展问题 149
　　五、旅游 APP 的未来发展趋势 150
第二节　旅游 APP 运用分析 151
　　一、旅游 APP 的优势分析 151
　　二、旅游 APP 用户行为分析 152
　　三、旅游 APP 的盈利模式 155
　　四、旅游 APP 出身基因 156
　　五、旅游 APP 分类 158
　　六、旅游 APP 运营模式分析 159
第三节　旅游 APP 排名及分类详情 161
　　一、旅游 APP 排名总结 161
　　二、旅游 APP 分类详情 168

第一章
中国传统旅游电商发展特征

在线旅游是指依托互联网，以满足旅游消费者信息查询、产品预订及服务评价为核心目的，囊括了航空公司、酒店、景区、租车公司、海内外旅游局等旅游服务供应商及搜索引擎、OTA、电信运营商、旅游资讯及社区网站等在线旅游平台的产业。因其主要借助互联网，与传统旅游产业以门店销售的方式形成了巨大差异。依据主要运营模式的不同，本章将传统旅游电商分为三类：综合性旅游电商、社区点评类旅游电商及垂直细分型旅游电商。其中综合性旅游电商又分为B2B及B2B2C类；垂直细分型旅游电商分为定制旅游类、垂直搜索引擎类及市场细分类三种类型。本章选取了11个在线旅游企业进行了典型案例介绍。

第一节 2015年在线旅游电商概况

在线旅游作为一个新的服务业态成型于2003年，是以携程上市为标志，体现为派卡及电话逐步取代门店销售成为旅游产品销售的新渠道。作为当时旅游市场的主要商业模式，以呼叫中心为主的在线旅游电商成为中国在线旅游产业的研究方向。随着去哪儿、驴妈妈、途牛等新网站的出现，正式标志着中国在线旅游产业新模式的出现。2015年在线旅游市场格局更改，携程收购艺龙及去哪儿，成为在线旅游市场的龙头企业，成功占领市场。此外，度假市场发展迅速，成为OTA重点布局领域，用户需求多样化发展，旅游本质回归服务。

一、在线旅游市场发展情况

2015年中国在线旅游市场保持持续增长态势，其中在线旅游企业的竞争加剧，在线旅游行业已形成"携程系"和"海航系"为首的两大巨头，拥有上游资源的"万达系""首旅系"正在发力集中整合资源，此外依托阿里生态圈的阿里旅行也在加速在线旅游行业的渗透。同时，在线旅游行业发展受明显的季节变化影响，但整体呈稳步上升趋势，市场发展较为稳定。随着人民生活水平的提高及旅游需求的增长，机票、酒店及度假领域均有较好增长态势，在线机票与在线酒店发展相对成熟，增长幅度较小，度假领域增幅最快。此外，移动在线旅游高速发展，其月度覆盖人数及营收比重大幅提高。

（一）交易规模及市场营收

根据艾瑞监测数据，2015年中国在线旅游市场交易规模达4326.3亿元，同比增长39.9%，在线渗透率为10.8%，预计2016年中国在线旅游市场交易规模可达5420.9亿元，增长率为25.3%，渗透率为12.0%。从2015年开始，在线旅游市场交易规模的增长率会有所下降，总体增速减缓，但渗透率会持续增加。总体来看，2015年中国在线旅游市场保持持续增长态势，其中在线旅游企业的竞争加剧，格局产生较大变化，主要旅游电商出现了不同程度的亏损，但市场总体发展较为稳定，达到了预期的效果。

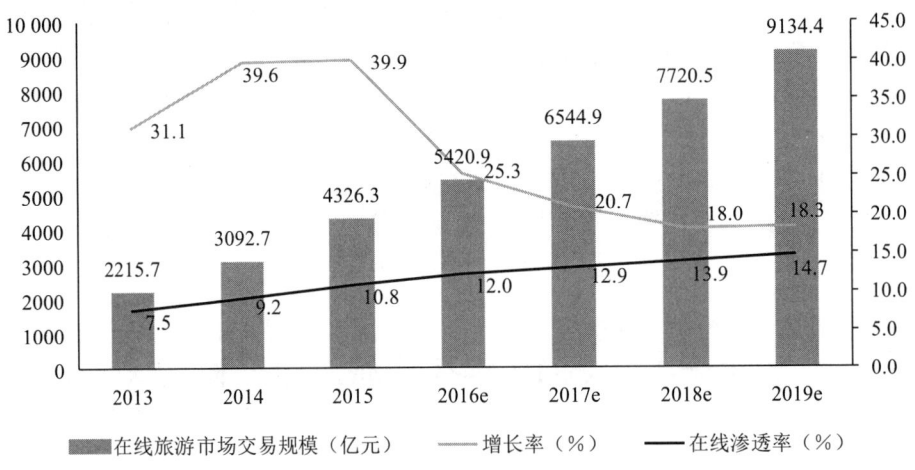

图1-1　2013—2019年中国在线旅游市场交易规模及渗透率

资料来源：艾瑞咨询. 2016年中国在线旅游行业年度监测报告.

（二）机票、酒店及度假业务

2015年在线旅游市场交易格局中，在线度假市场占比持续上升：在线度假市场占比达16.2%，较2014年上升了1.4个百分点。随着周末游、自驾游、出境游市场的持续火热，预计2016年在线度假占比将达18.7%。机票市场发展趋于成熟，增速放缓：在线机票占比58.3%，机票是在线旅游市场中发展最为成熟的板块，随着在线度假及其他品类业务的上升，机票增速相对放缓，预计在2016年市场份额占比将下降至56.8%。住宿市场增速稳定，度假租赁（非标准住宿）产品受到欢迎：2015年中国在线住宿市场规模约901.8亿元，占在线旅游市场总体份额20.8%，较2014年下降0.1个百分点。近两年随着人们出游品质的提升，中高端住宿及度假租赁（非标准住宿）产品逐渐受到用户喜爱，快捷酒店等低端住宿产品的生存空间受到挤压。总体来看，度假市场份额将稳步增加，而机票会逐步下降，航空公司会进一步加大直销力度，对其份额的降低有一定影响。

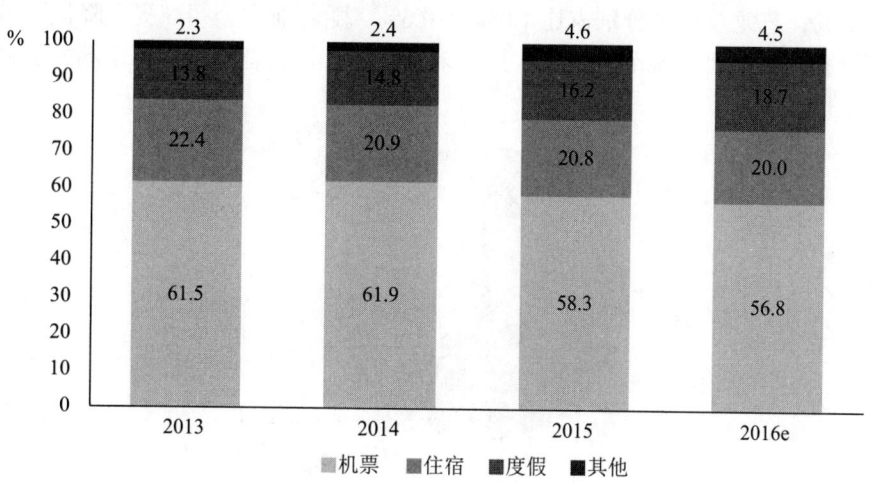

图1-2　2013—2016年中国在线旅游市场交易额结构分布

资料来源：艾瑞咨询.2016年中国在线旅游行业年度监测报告.

1. 中国在线机票市场

2015年中国在线机票市场规模达2522.7亿元，同比增长34.4%，占整体在线旅游市场的比重为58.3%，是在线旅游市场交易规模最大的领域。2015年增长率为34.4%，较2014年增长速度同比下降了4.3%。根据艾瑞咨询相关数据预测，在线机票市场增速在未来三年会持续放缓，2019年增长率下降到16.0%。随着机票价格的走低及在线度假的蓬勃发展，预计在线机票市场规模在整体在线旅游交易规模中的比重也会下降，但仍会占据主要市场份额。

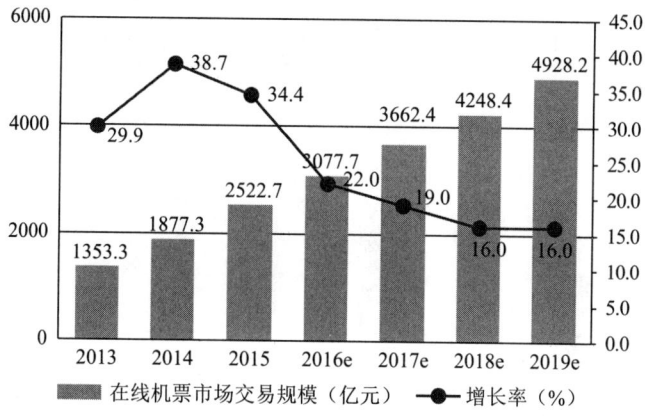

图1-3　2013—2019年中国在线机票市场交易规模

资料来源：艾瑞咨询.2016年中国在线旅游行业年度监测报告.

2015年中国在线机票市场份额中除其他企业外，携程的占比最高，达33.6%，较2014年有所提升。携程机票的开放平台推出以来，凭借丰富的产品资源和更具优势的价格，持续占据OTA机票市场的首位。排在第二位在线旅游电商为同程，占比为4.9%，艺龙及途牛分别占比1.0%及0.6%。随着航空公司"提直降代"策略的提出及对OTA销售更规范的管理，预计未来航空公司直营网站和移动端的交易规模将会上升。

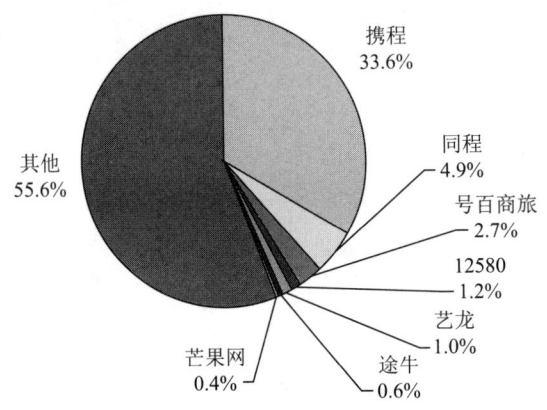

图1-4 2015年中国在线机票市场份额

资料来源：艾瑞咨询.2016年中国在线旅游行业年度监测报告.

2. 中国在线住宿市场

2015年中国在线住宿市场规模达901.8亿元，同比增长42.6%，占整体在线旅游市场份额的20.8%，比2014年下降0.8个百分点。根据艾瑞咨询相关数据，2015年中国在线住宿市场交易规模增速最快，之后将有所下降，主要原因为未来三年在线住宿市场通过投资并购，低端传统酒店淘汰潮将加速，细分的个性化住宿将受到游客欢迎，在线住宿整体增长总体上会放缓。

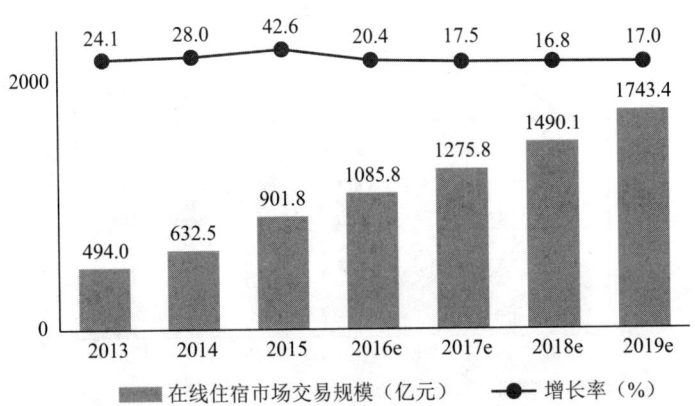

图1-5 2013—2019年中国在线住宿市场交易规模

资料来源：艾瑞咨询.2016年中国在线旅游行业年度监测报告.

2015年中国在线住宿市场规模结构中，携程、美团和艺龙共占有69.2%的市场份额，市场集中度较高。随着酒店团购业务的兴起，美团强势进入在线住宿市场，占有15.1%的市场份额。同程占有2.4%的市场份额。未来短租、民宿、度假村等度假租赁（非标准住宿）产品的高速发展将会推动在线住宿市场全新格局的形成。

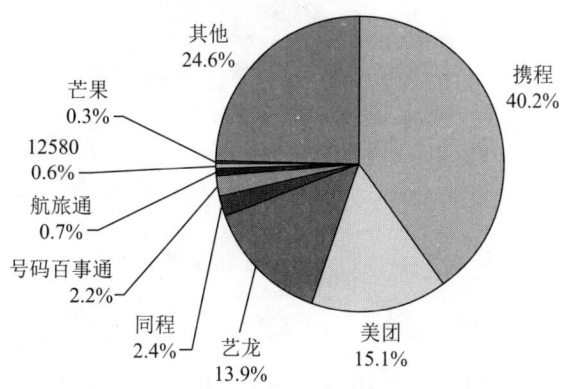

图1-6　2015年中国在线住宿市场份额

资料来源：艾瑞咨询.2016年中国在线旅游行业年度监测报告.

3. 中国度假市场

2015年中国在线度假市场规模达700.7亿元，同比增长40.5%，占整体在线旅游市场的比重为16.2%，比2014年提升2.5个百分点。在线度假市场在未来三年内增速趋于放缓，但在线度假市场规模于在线旅游交易规模中的占比将持续增长。

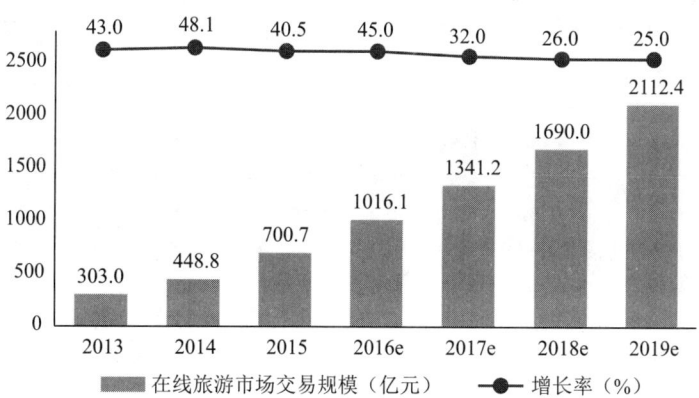

图1-7　2013—2019年中国在线度假市场交易规模

资料来源：艾瑞咨询.2016年中国在线旅游行业年度监测报告.

2015年中国在线旅游度假市场中，携程、途牛、同程依旧保持前三位置。占比分别为21.0%、18.1%及9.7%。驴妈妈排在第四位，占比为8.6%。2015年在线旅游度假市场中，市场竞争激烈、规模较小被吞并或业务转型的企业增多，市场份额更加向巨头企业集中。2015年国内用户周末自驾游等形式的周边游休闲度假行为越来越多，形成周边游热潮，周边游市场份额上升至24.3%。此外，2015年中国在线旅游度假市场结构中出境游市场份额略有提升。

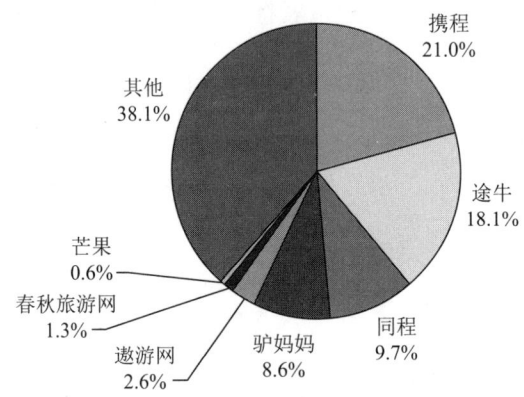

图1-8　2015年中国在线度假市场份额

资料来源：艾瑞咨询. 2016年中国在线旅游行业年度监测报告.

（三）在线旅游移动端访问量

2015年在线旅游用户在移动端的访问次数高于PC端，移动端具有明显优势。2015年中国移动在线旅游平均月度访次占比达64.6%，2014年这一占比为72.0%，相比下略有下降。PC端平均月访问次数为35.4%，2014年占比为28%。总体上来看，2015年移动端与PC端占比较为变化趋势较为稳定，波动较小。根据艾瑞咨询相关数据分析，随着旅游服务多样性的增加及定制旅游、目的地服务等新型旅游服务的出现，用户在使用这些服务的过程中，会衡量PC端与移动端的各自优势，从而快速实现个人需求[①]。

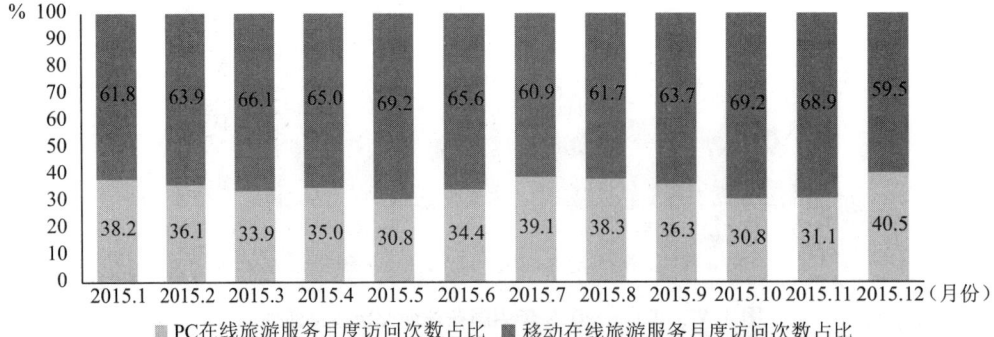

图1-9　2015年中国在线旅游市场移动端访问量

资料来源：艾瑞咨询. 2016年中国在线旅游行业年度监测报告.

---

① 艾瑞咨询. 2016年中国在线旅游行业年度监测报告.

二、2015年传统旅游电商发展特征

2015年在线旅游电商竞争加剧，上半年旅游市场处于"群雄割据"的状态，OTA平台方面，去哪儿、携程两强独揽大部分市场份额，但同时，艺龙、途牛、同程、驴妈妈、去啊、美团等诸多竞争态势激烈；下半年百度换股携程，旅游O2O市场发生了巨大的转折和变化，混战的局面逐渐走向寡头格局，成了BAT三家的角逐，而百度又以对OTA优势资源的掌握占据主导权，各在线旅游公司不断向上下游延伸进行市场布局。

（一）在线旅游进入大并购时代，市场趋于完善

2015年全年在线旅游市场融资并购50余起，融资规模达340亿元，行业内主要并购大事件为携程网一举并购艺龙网和去哪儿网。2015年5月22日，携程网CEO梁建章通过内部邮件第一时间确认携程已经成为艺龙的第一大股东，开启了携程2015年的第一次并购。在此次收购中，携程与另外几家投资方共同参与购买了Expedia所持有的艺龙股份，其中携程出资约4亿美元，持有艺龙37.6%的股权。时隔5个月后，2015年10月26日，携程网宣布与百度公司达成一项股权置换交易。交易完成后，百度拥有携程普通股可代表约25%的携程总投票权，携程将拥有约45%的去哪儿总投票权。至此，携程、去哪儿、艺龙之间的多年纷争以携程的大一统而定局。携程在行业里无可争议的领导位置被确立，在线旅游的机+酒市场基本被携程所垄断。

图1-10　2015年度在线旅游行业主要融资领域汇总

资料来源：旅交网．http://www.lvjiaonet.com/ljwns/LZX10006047.html.

其他在线旅游电商也进行了多起投融资。2015年5月，途牛在获得京东领投的5亿美元战略投资后，又拿下海航5亿美元战略投资。2015年7月，同程旅游获得万达领投的60亿元，刷新在线旅游融资纪录。2015年12月，驴妈妈旅游网母公司上海景域文化传播股份有限公司正式挂牌"新三板"，成为"中国自助游O2O第一

股"①。在这种整合和并购的动作背后,是一些行业发展的趋势。核心趋势是上游资源的价值再发现,这些资源包括机票、酒店、用车、碎片化产品,等等。以往下游玩家依托用户流量优势倾轧上游的情况一定会被扭转,因为用户追求的不再是"去过"而是"玩得好",集纳用户的预订平台必须为产品品质负责——这里的品质包括服务体验、高峰时期的可预订性和可靠性、订单和服务的响应速度、提前预订期,等等。在携程与去哪儿"联姻"之后,在线旅游市场的"价格战"也暂且告一段落,互联网巨头渗透在线旅游行业,同时市场结构渐渐趋于稳定,企业的盈利空间将进一步提高②。

(二)度假旅游市场发展迅速

2014年在线度假旅游市场在在线旅游整体市场交易规模占比为11.9%,达到332.6亿元,同比增长36.2%,在线度假旅游市场未来具有较大增长潜力和创新空间。在三大主要业务中,机票预订业务和酒店预订业务为在线旅游市场营业收入最高的两个业务板块。机票预订市场发展已较为成熟,由于机票是同质化较高的旅游产品,同时,航空公司在线售票体系已比较完善,近年来不断加强直销力度,机票代理佣金率下降较快,未来机票预订市场在整体网络旅游市场中的比重呈现缓慢下降趋势;在酒店预订市场,不同酒店提供的服务体验差异性较大,佣金率水平较高,大量小微型酒店、客栈等住宿服务供应商仍未实现信息化,酒店在线预订市场覆盖率存在较大增长空间。同交通、住宿产品相比,其产品的细分品类和组合方式更加多样。度假旅游产品是消费者旅游体验的核心部分,在国家积极扶持个人旅游市场、出行便利性不断提高、个人可支配收入不断增长以及旅游需求不断扩大等利好因素的促使下,度假旅游产品在整体网络旅游市场中的占比将快速提高,度假旅游市场规模迅速扩大,市场和目的地端的落地服务都是在线度假旅游市场未来发展的主要机会点。

(三)线上线下融合

在线旅游企业进入到上游资源端有利于保障整体业务的稳定性,带动收入增长。与上游供应企业的相互渗透可以避免因与上游企业关系不好而出现断购的情况,有效降低了企业的运营风险。同时,进入供应上游,可以提高直采比例,实现直采、销售一条龙的策略,带动毛利提升,当直采规模扩大到一定程度时,议价能力更强,资源获取能力也会增强,从而提升利润空间。2015年OTA纷纷布局线下开设体验店,如携程、同程、途牛等都已在二三线市场拓展线下门店渠道③。2015年开年,途牛完成上市以来的首单收购,将拥有台湾出境游牌照的浙江"中山国旅"和天津的"经典假期"大部分股权收入囊中,此次并购利于增强其做台湾游产品和直销的能力,同时也是这家以休闲度假游为主营业务的在线旅游公司向线下资源方

---

① 旅交网. http://www.lvjiaonet.com/ljwns/LZX10006047.html.
② 盘点:2015年"不在线"的在线旅游. http://www.100ec.cn/detail--6300085.html.
③ 在线旅游行业的竞争之激烈重兵布局线下成关键. http://www.ocn.com.cn/shangye/201607/pfyfm05115006.shtml.

控制的尝试。而同程也紧随其后连开八个旅游体验店开始全面布局休闲旅游 O2O，预计 2015 年底，同程旅游的线下体验店总数将达到 100 个，覆盖全国 100 个城市，形成"百城百店"的布局，在开店规模和覆盖区域上形成领先优势。驴妈妈也预计在全国联合当地最强旅行社开 50 家子公司覆盖主要省会城市及重要旅游目的地，掌控线下资源。OTA 进一步引申产业链条，稳步占领线下旅游市场，布局旅游 O2O 生态链条。

三、在线旅游电商发展趋势

（一）旅游产业资本——从业内投资到跨界资本涌入

中国国旅、港中旅、中青旅、携程、CCT 华侨城等众多旅游企业，近六年来投资旅游业达 1500 亿元。而跨界投资方面，互联网企业前 10 位中有 9 家投资旅游业 5 年累计达 350 亿元。房地产企业前 5 位全部投资旅游业达 1.7 万亿元。风投企业前 10 位中有 8 家投资旅游业，山西煤炭企业有 215 家投资旅游业累计达 320 亿元。国美、苏宁、中粮等传统企业也纷纷试水旅游业。2016 年是跨界资本聚焦之年。政企资本合作模式得到发展，跨界资本、社会资本比重将进一步提升，科技创新型、创意创业型旅游企业将成为投资热点。2016 年是资本和情怀双投入之年，2016 年的旅游产品供给将在新业态、新体验、人性化配套等方面得到强化，同时，不论项目的投资大小，都将更加重视情怀和情感投入。另外，OTA 通过连接上下游的平台，基于平台上的交易数据，也不断在金融上进行尝试，旅游行业与金融的结合会为很多创业者提供新的思路[①]。

（二）"旅游电商 + 节目"跨界营销

综艺节目的热播带动了相关产业的发展，诸多旅游电商进行跨界营销，采用 T2O（TV to Online，即"电视 + 电商"）商业模式进行植入，打造旅游品牌，销售旅游线路。如途牛网与深圳卫视《极速前进 2》合作，"去啊旅行"选择和江苏卫视《前往世界的尽头》合作，等等。《爸爸去哪儿》的首播带动了众多旅游地的发展，旅游企业便顺势推出节目中同款旅游线路。之后同程网冠名《爸爸去哪儿 3》，其大陕北剥玉米、学剪纸、扭秧歌、做花馍等节目同款亲子产品的销售增长迅猛，同时也带动了其他相关产品的迅速增长。《极速前进 2》播出后，途牛网上澳大利亚悉尼、凯恩斯等相关旅游产品的旅游咨询量上升明显。

随着 OTA 背后资本力量越来越大，众多在线旅游电商与电视节目寻求合作。冠名的在线旅游企业不仅能主动设计出有自己特色和品牌定位的产品线路，同时，在节目播出过程中，明星的真实体验、场面拍摄效果等都给同款线路产品起到了"微代言"的作用。此外，在综艺营销的基础上，用户还可以参与在线旅游商的品牌互动活动，利用微信、微博、官方 APP 等社交媒体，赢取旅游红包或旅游代金券等。旅游产品的"消费冲动"难以捕捉的，而电视媒体声画同步、效果唯美，是最能让

---

① 在线旅游纷纷试水"节目 + 电商"新模式. http://www.tvoao.com/a/176850.aspx.

消费者对旅游胜地有真切感受的媒介，随着多屏互动链条的无缝对接，T2O 模式有着广阔的发展空间，是众多在线旅游企业的重要战略布局方向。

（三）非标品领域发力

2015 年，携程网并购艺龙网和去哪儿网，占领在线旅游标品市场。简单定义标品就是飞机票、火车票、酒店的预订，这些业务依托于技术系统可以在几秒钟内完成，而且用户决策时间很短。非标品领域个性化、随机性、随意性程度比较高，比如周边游、出境游等，游客可能选择某个景点，也可能选择机票、酒店加上租车自驾。

未来在线旅游将更重个性化，纵观目前"非标品"细分领域，"途家"在非标准化住宿领域，"马蜂窝"在旅游社交化领域，"微驴儿"为消费者提供出境自由行线路的搜索，"发现旅行""6 人游"专注制定有主题有深度的行程，还有一些小而美的公司在做私人高端定制。在非标品领域，出境游成为主要竞争方向。2015 年 12 月，同程旅游宣布将 2016 年定为出境旅游年，发力出境游，同程游在非标品领域的竞争战略是"电商+脸商"，并在海外目的地与日本 HIS、韩国乐天观光股份公司签约，搭建大交通体系，推出金融保险战略等。旅游市场需求从浅层次消费到深层次参与，旅游市场向散客主导和多样体验转变，未来将有更多个性化的旅游公司诞生，将有更多更细分的旅游行业产生，也将会有更多 OTA 巨头或者全面解决方案旅游电商进军这些细化行业[①]。

（四）在线旅游市场信息化加速，旅游本质回归服务

未来在旅游产品信息化进程将加快，在线旅游对旅游行业渗透率提高，目前中国在线旅游市场对旅游行业的渗透率仅在 8.5% 左右，远低于发达市场水平。未来随着信息技术的进一步发展和互联网覆盖面的进一步扩大，更多的消费者将选择在线旅游的消费方式，消费者对网络旅游需求的增长将促使线下旅游产品及服务供应商和代理商加速信息化进程，在线旅游市场规模将迅速增长。而同时，消费者理念已经趋向于理智，旅游本质将向服务回归，线下旅游体验店会更注重顾客的真实体验。随着科技的进步及物联网的发展，顾客的良好体验将会成为服务的核心，越来越多的旅游企业注重信息化的转型，如未来一大发展趋势是 VR+旅游，在游客出行前进行"预体验"。"VR+旅游"将以内容建设为核心，着力于从虚拟旅游内容建设到用户体验渠道的建设，采用 B2B2C 的商业模式，逐渐整合打通为一个虚拟旅游的全新产业链，通过线上引导线下消费，实现旅游全生态嵌入，如 3D 客房体验、景区体验、VR 旅行应用，等等，让顾客足不出户即可体验虚拟现实的风景[②]。

---

① 在线旅游 2016 年将会有什么样的发展趋势. http://www.zyoo.net/News_26627.
② VR+旅游：颠覆"预体验"，营销新利器. http://www.traveldaily.cn/article/103424/1.

第二节　综合性旅游电商介绍及企业解读

2015 年我国在线旅游企业线上线下融合趋势进一步加强，并产生多起并购事件，旅游市场格局也被改变，但综合来看，在线旅游企业主要模式仍分三种：综合性旅游电商（OTA）、社区点评类（UGC）和垂直搜索类。由于垂直搜索类电商代表酷讯网于 2015 年 10 月被美团网收购，本报告将其归类于垂直细分型旅游电商中。

在国内发展三者在产业链中对应相应的盈利模式分别为：综合性旅游电商依靠佣金，垂直搜索靠 CPC 及广告等收费，UGC 靠广告收费或闭环分销。从国外发展历史及中国目前发展现状来看，各种模式中，综合性旅游电商变现能力最强，是整个在线旅游市场的主流模式；垂直搜索模式为消费者提供比价功能，更加便捷，客户覆盖度增长较快；UGC 主要依赖于广告收费，往往会成为以综合性旅游电商模式为主的公司进行产业链整合和覆盖过程中的模式补充。从国外经验来看，全球最大市值在线旅游公司 Priceline、美国占据市场份额第一的 Expedia 均是以 OTA 模式为核心，OTA 模式是在线旅游行业中已经被验证的核心盈利模式，国内的在线旅游龙头企业携程是典型的以 OTA 为核心模式的在线旅游企业[①]，诸多旅游企业也逐渐向综合性 OTA 转型。

一、B2C 类综合性旅游服务电商：携程 + 去哪儿 + 途牛

B2C 类综合性旅游服务电商是最为典型的旅游电商模式，他们专注于综合性的业务，并具有较高的发展潜力，这种形式的电子商务一般以网络零售业为主，借助于互联网开展在线销售活动。除携程、艺龙等传统旅游电商外，去哪儿网也通过业务的扩张从垂直搜索平台加入综合性服务电商的行列。此种类型的旅游服务电商大多从"机 + 酒"的传统模式发展而来，并不断地扩充板块，比如进军休闲旅游、门票市场，等等。携程 Ctrip.com 与艺龙 Elong.com 都是专注于旅游度假产品的预订，二者侧重于"机 + 酒"商务旅行服务。2015 年 5 月，携程出资约 4 亿美元，持有艺龙 37.6% 的股权成了其最大的股东。去哪儿网 Qunar.com 创立于 2005 年，融资规模较为庞大，其经营模式是对机票、酒店、度假和签证等信息进行整合，为用户提供旅游产品价格查询和预订服务。途牛 Tuniu.com 主要从事的是休闲度假旅游领域的组团游和自助游业务，并且专注于非标准，高客单价的出境游业务。此外，以上四家旅游电商均于美国纳斯达克成功上市，加之同程旅游，其竞争与合作主导了 2015

---

① 在线旅游主要模式分析. http://news.emoney.cn/n_00_0201_3733150.shtml.

年在线旅游市场的发展方向。

（一）携程网

1. 企业简介

携程旅行网，创立于1999年，总部设在中国上海，员工30000余人，目前公司已在北京、广州、深圳、成都、杭州、南京、厦门、重庆、青岛、沈阳、武汉、三亚、丽江、香港、南通15个城市设立分支机构，在南通设立服务联络中心。2010年，携程旅行网战略投资台湾易游网和香港永安旅游，完成了两岸的布局。2014年，投资途风旅行网，将触角延伸及北美洲。作为中国领先的综合性旅行服务公司，携程成功整合了高科技产业与传统旅行业，向超过2.5亿会员提供集无线应用、酒店预订、机票预订、旅游度假、商旅管理及旅游资讯在内的全方位旅行服务，被誉为互联网和传统旅游无缝结合的典范。凭借稳定的业务发展和优异的盈利能力，Ctrip于2003年12月在美国纳斯达克成功上市，上市当天创纳市3年来开盘当日涨幅最高纪录，现携程在在线旅行服务市场居领先地位，成为全球市值前三的在线旅行服务企业。

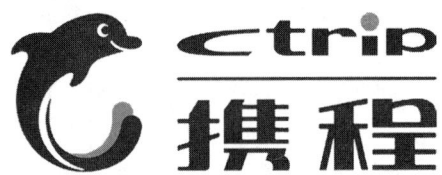

图1-11　携程企业LOGO

2. 携程网2015年企业财报分析

根据财报显示，携程2015年全年的总营业收入为115亿元，同比2014年增长了48%。2015年第四季度销售与市场营销费用为8.49亿元，占到携程净营业额29%，与2014年同期的36%相比有所下降。就全年看，2015年全年销售与市场营销费用为31亿元，若不计股权报酬费用，2015年销售与市场营销费用占净营业额28%，与2014年的29%相比有所下降。2015年全年管理费用为11亿元，若不计股权报酬费用，2015年管理费用占净营业额7%，与2014年的8%相比有所下降。各项业务保持快速增长，并在移动端取得市场领先的成绩，与此同时，管理费用等支出却在合理地下降。财报显示，2015年归属于携程股东的净利润为25亿元，相比2014年为2.43亿元。若不计股权报酬费用，2015年归属于携程股东的净利润为32亿元，相比2014年为7.39亿元。

（1）营业收入概况

财报显示，携程2015年全年的总营业收入为115亿元，同比2014年增长了48%。携程网第一季度营收23亿元（3.73亿美元），比上一年同期增长46%；净亏1.26亿元（2000万美元），上一年同期净利1.15亿元（约1900万美元）。携程第一季度股权奖励费用为1.59亿元（约2600万美元），占净营业收入7%，对

2015年第一季度每存托凭证盈利的影响为1.13元（约合0.19美元）。第二季度携程净营收为人民币25.3亿元，同比增长47%。相比Q1携程亏损1.26亿，本季度携程扭亏为盈，归属股东的净利润达1.43亿元（non-GAAP）。携程网第三季度净营收为32亿元（约合5.01亿美元），同比增长49%；净利润为24亿元（约3.80亿美元），较上年同期增长10倍。携程第四季度总营业收入为30亿元（4.68亿美元），同比增长50%。2015年第四季度主要受季节性因素影响，总营业收入环比下降10.3%。

（2）机票和酒店收入

数据显示，2015年全年，携程住宿预订营业收入和票务服务营业收入分别为46亿元和45亿元，同比分别增长了44%和51%，取得较好成绩。以酒店为例，就整个在线旅游市场中的企业来比较，在体量本已相对较大的情况下，携程仍能在产品、价格和服务等方面保持足够的竞争力，成为领先于业界的翘楚。而携程机票业务同样保持快速增长势头，其中，国际机票预订维持更高速增长。

携程第一季度住宿预订营业收入为9.52亿元（约1.54亿美元），环比增长13%，同比增长45.1%，这一增长主要是由于住宿预订量同比增长60%。携程第一季度交通票务营业收入为9.48亿元（约1.53亿美元），环比增长23%，同比增长46%，这一增长主要是由于交通票务预订量同比增长104%。第二季度住宿预订业务收入达11亿，同比增长47%。住宿预订量同比增长55%。交通票务收入达11亿，同比增长45%。交通票务预订量同此增长106%。携程第三季度住宿预订营业收入为14亿元（2.16亿美元），同比增长45%，增长主要来源于住宿预订量50%的同比增长，第三季度住宿预订营业收入环比增长24%。携程第三季度交通票务营业收入为12亿元（1.9亿美元），同比增长51%，增长主要来源于票务预订量150%的同比增长。2015年第三季度交通票务营业收入环比增长15%。携程第四季度住宿预订营业收入12亿元（1.83亿美元），同比增长41%，主要受益于住宿预订量增长。2015年第四季度住宿预订营业收入环比下降14%，主要受季节因素影响。携程第四季度票务服务营业收入为12亿元（1.92亿美元），同比增长61%，增长受益于票务预订量143%的同比增长，2015年第四季度票务预订营业收入环比增长3%。

（3）旅游度假

作为中国最大的旅游度假平台，携程旅游度假收入比2014年第四季度同比增长了50%，就2015年全年看，旅游度假业务营业收入为17亿元，相比2014年增长58%。

携程第一季度旅游度假业务营收为3.96亿元（6400万美元），环比增长70%，主要由于季度性因素影响；同比增长53%，主要是由于团队游和自助游预订量同比增长及自助游业务增加。携程第一季度企业旅行业务营收9300万元（1500万美元），环比下滑14%，同比增长31%，同比增长是由于商业活动带来企业旅行服务需求增长，环比下滑是由于季度性因素影响。第二季度，旅游度假业务收入达3.29亿元，同比增长 61%。增长主要来源于团队游与自由行业务量上升。商旅业务营业收入达 1.21 亿元，同比增长 34%。增长主要来源于商务活动使商旅需求上升。携程第三季度旅游度假业务营业收入为 5.93 亿元（9300 万美元），同比增长 66%，增长主要来源于团队游和自由行业务量的增长。携程第三季度旅游度假业务营业收入环比增长 80%，主要受季节性因素影响。携程第三季度商旅管理业务营业收入为 1 亿 2400 万元（2000 万美元），同比增长 19%，增长主要来源于商务活动带动的商旅需求的增长。携程 2015 年第四季度旅游度假业务营业收入为 3.5 亿元（5400 万美元），同比增长 50%，增长主要来源于团队游和自助游预订量的同比增长。携程第四季度旅游度假业务营业收入环比下降 41%，主要受季节性因素影响。携程第四季度商旅管理业务营业收入为 1.36 亿元（2100 万美元），同比增长 26%，增长主要来源于商旅活动带动的商旅需求增长。第四季度商旅管理业务营业收入环比增长 9%。

（4）运营利润

携程 2015 年第一季度运营亏损 1.8 亿元（约合 2900 万美元），上年同期为运营利润为 7100 万元（约合 1100 万美元），上一季度运营亏损为 4.01 元（约合 6500 万美元）；携程第一季度净亏损为 1.26 亿元（约合 2000 万美元）。截至 2015 年 3 月 31 日，携程网持有的现金、现金等价物、限定现金及短期投资余额共计为 120 亿元（约 19 亿美元）。第二季度运营利润为 6100 万元（1000 万美元），相比 2014 年同期运营利润为 9100 万元（1500 万美元），相比上季度为运营亏损 1.8 亿元（2900 万美元）。2015 年第二季度归属于携程股东的净利润为 1.43 亿元（2300 万美元），相比 2014 年同期为净利润 1.35 亿元（2200 万美元）。携程第三季度的运营利润为 4.5 亿元（6400 万美元），相比 2014 年同期运营利润为 8800 万元（1400 万美元），相比上季度运营利润为 6100 万元（1000 万美元）。携程第三季度归属于携程股东的净利润为 24 亿元（3.8 亿美元），相比 2014 年同期为净利润 2.17 亿元（3500 万美元），相比上季度为净利润 1.43 亿元（2300 万美元）。携程 2015 年第四季度营业利润为 9500 万元（1500 万美元），相比 2014 年同期运营亏损为 4 亿零 100 万元（6500 万美元），相比上季度运营利润为 4.5 亿元（6400 万美元）。携程第四季度净利润为 7600 万元（1200 万美元），相比 2014 年同期归属于携程股东净亏损 2.24 亿元（3600 万美元），相比上季度净利润 24 亿元（3.8 亿美元）下降 97%[①]。

3. 2015 年大事记

（1）企业事件

2015 年 2 月，携程首个购物电商平台"游易购"正式上线。

2015 年 3 月，Wi-Fi 万能钥匙与携程达成深度合作，为旅游达人提供 O2O 服务。

2015 年 5 月，携程宣布出资 4 亿美元联手铂涛集团（7 天连锁）和腾讯收购 Expedia 持有的艺龙股份，收购后携程持有艺龙 37.6% 股份成最大股东。

---

① 携程财报图解：2015 年 Q4 携程净利润 7600 万元扭亏为盈. http://www.199it.com/archives/449925.html.

2015年5月，途牛完成京东等5亿美元投资时，携程曾参与投资2000万美元。

2015年6月，携程首推导游讲解在线预订服务。

2015年7月，携程高级副总裁江浩离职，就任艺龙CEO。

2015年8月，携程与酒店O2O集团HOTEMALL达成战略合作，进一步在高端酒店以及游后体验方面进行拓展。

2015年9月，携程开辟微商新战场：机票等向微商开放。还公布了针对微店主的补贴政策，额度最高可达5%，以真金包银扶持微商行业。

2015年10月26日，携程与去哪儿合并，合并后携程将拥有45%的去哪儿股份。此次携程与去哪儿合并的形式为百度出售去哪儿股份，然后控股携程，百度将拥有携程25%的股份。

2015年10月26日（美国时间），携程旅行网宣布与百度公司达成一项股权置换交易。根据交易内容，百度将通过此交易完成前拥有的178702519股去哪儿网A类普通股1和11450000股去哪儿B类普通股置换成11488381股携程增发的普通股。该项交易的股票置换比例是每个去哪儿美国存托凭证可转换成0.725个携程美国存托凭证。交易完成后，百度将拥有携程普通股可代表约25%的携程总投票权，携程将拥有约45%的去哪儿总投票权。

2015年11月，携程增发500万股股票给去哪儿员工期权。

2015年11月，携程将团队游、自由行和邮轮三个SBU合并，成立新的度假BU（旅游事业部），同时发布新的BU人事、架构调整。

2015年12月，携程推出首款电视应用，协同创维酷开首发。此款首发，是携程布局电视应用市场的第一步。

（2）战略合作

2015年1月，携程斥资1亿元收购英国廉价航空机票信息集成和直连预订平台travelfusion，与境外公司达成资本合作。

2015年2月，携程第一大股东奥本海默基金已经抛空其持有的携程股票。

2015年3月，携程发行亚洲首款多币种电子旅行支票产品——携程环球电子旅行支票。该产品为一款采用国际通用的EMV标准的多币种电子芯片卡，支持9个常用币。

2015年4月，携程遭第二大股东TRPA减持。

2015年5月，携程获PRICELINE2.5亿美元的进一步投资。本次携程与Priceline的合作采用了可转债形式，作价2.5亿美元，Priceline将持有约10.5%的携程总流通股。

2015年7月，携程1亿元收购蒜芽科技，将进一步加强携程在内包括机票、火车票、汽车票的大交通领域的绝对领先地位。

2015年8月，全球差旅费用管理市场领导者CONCUR宣布与中国领先差旅管理公司携程商旅正式达成战略合作，旨在通过结合CONCUR丰富的行业经验，并依托携程商旅在中国商旅管理行业的优势，为中国及全球市场提供优质的一体化解决方案,共同打造差旅与费用管理行业的全新时代。

2015年9月,三星与携程达成合作,观光事业部发力旅游业。

2015年12月,携程与去哪儿合并后,推出全新机票销售系统"穿山甲",消费者今后能自行预订更为低价的机票。

4. 战略剖析与企业解读

(1)战略剖析

①携程与去哪儿宣布联姻,助力全方位发展

携程和去哪儿合并,携程将拥有45%的去哪儿股份,两家公司依旧独立发双方通过合作,未来将更快地拓展二三线城市的业务,并获取市场份额。此外,双方的合作也将提高机票业务的运营效率。双方合作可以完善产品组合,帮助携程更快进入三四线城市。携程和去哪儿的合作刚刚开始,在营销领域,携程提供的产品都非常独特,与去哪儿的合作可以提高营销,广告和流量获取方面的效率。另外,在产品促销方面,双方合作可以减少非理性的竞争。在产品研发方面也可以减少不必要的支出。携程、去哪儿二者合并后市值有望超过1千亿元,这是一个必然事件,也是标志性事件,意味着资本市场对中国旅游产业保持看好长期繁荣和发展的信心,有助于旅游产业的持续健康发展。除了传统的旅行社、酒店和景区以外,具有互联网基因的携程和去哪儿的合并就意味着整个产业创新能力的增强,具有世界影响力和强竞争力的旅游集团开始成长起来,对于旅游强国的发展战略是一个重要的支撑。旅游市场结构也愈加趋于稳定①。

同时,百度对旅游市场的调控与介入,有以下两个层面的影响:首先,对于旅游产业原始创新,特别是对商业模式和技术应用的创新将会带来极大的推动。百度为旅游业带来一个创新的增量,同时形成"鲶鱼效应"来推动整个旅游产业体系的竞争性创新。其次,百度的战略性介入将会对中国的旅游企业,特别是具有互联网基因的OTA企业快速冲击到世界旅游产业格局中的第一方阵,起到积极的促进作用。这包括来自资本、技术和人才等要素的推动,相信随着百度的介入,中国的旅游企业不仅在规模上、游客体验,特别是在技术创新和商业模式创新上,将成为全球旅游业发展的新引擎,并将进一步拓展中国旅游产业的投资格局和成长空间。百度对旅游市场的介入进一步推动了旅游市场的整合②。

②携程网站瘫痪事件

2015月28日中午携程网站无法打开,其APP也无法使用,直到28日23点29分才完全恢复正常。受此影响,28日携程股价盘前暴跌11.67%。携程的正式表态:故障原因是代码被误删除,进而导致系统大面积故障。从事件中所执行的操作看,是敏感的删除操作;从事件引发的后果看,被删除的代码应是极为敏感、重要的代码;从事件发生的时间看,这一敏感操作发生在上午11点左右的正常营运时间,数

---

① 携程对去哪儿的并购. http://tech.163.com/15/1028/08/B70IQ40K000948V8.html.
② 中国旅游研究院院长:携程去哪儿合并事件将成旅游强国战略发展动因. http://tech.gmw.cn/kjcm/2015-10/28/content_17521153.htm.

据恢复、内部调试的时间长达 12 小时，暴露了携程存在严重的内部管理漏洞：第一，内部人员在业务运营时间、在生产环境，执行重要、敏感的操作，表明携程缺少对重要生产变更风险的基本控制；第二，作为 NASDAQ 上市公司，需要遵守美国 SOX 法案的有关要求，携程应有较为完备的数据备份措施，但是在有备份的情况下，通常数据恢复应在 1~3 个小时内完成，携程的实际处置时间为 12 小时，显现出携程对于信息系统突发事件的应对能力存在较大的缺陷，其备份数据恢复测试、突发事件的应急预案与应急演练方面很可能都存在漏洞；第三，由于未见到有关携程启动灾备措施的报道，作为一家规模较大、客户众多、对服务响应时间要求较高的互联网公司，应建立自己的灾难备份系统。同时，此次事件也对高舆论压力下的信息系统灾难事件恢复有所借鉴[①]。

③携程启动微商计划

携程于 2015 年 5 月提出"十万微店计划"，目的是打造旅游行业首个微信社交电商平台。在此之前，"微店风"其实已经在旅游行业悄然兴起。此次携程"十万微店计划"里，几乎完全取消了代理门槛。只要有手机，用手机和身份证号在"携程微商"里注册账号，就可以开始代理售卖携程商城里的海量产品。同时携程微店还给店主们提供百分百个性化定制功能，只要用户通过微店链接成功付款，店家就能获得的 2%~3% 的返利。但同时，如何对微信店主的实际情况进行监督与把控，店主微店里销售出去的产品品质、安全等问题是否全部由携程承担是主要问题。而微店店主转发销售产品存在任何问题，是否会出现供应商、携程微店、微店店主三者之间无法分清的责权问题，也缺乏现有解决方案。微信营销具有低门槛、体量高、传播快等特点，作为旅游产品传统销售渠道的一种补充，具有巨大的市场潜力[②]。但其运营模式及相关监管与法律问题需进一步落实。

（2）企业解读

①核心能力

a. CTMS。携程主要的核心创新能力。商务旅行管理系统是携程投入大量人力、财力进行开发的自学习知识积累的成果。它满足了客户的需要，还为携程赢得了客户忠诚。它是携程多种业务的稳定来源，因而拥有较好的价值创造性和可延展性。携程网希望通过提供更有力的后台服务来获得竞争的优势。

b. 管理团队。携程主要的核心员工能力。携程的管理团队的中西合璧式的梦幻组合是独一无二的。在风险融资、公司管理、信息技术、旅游行业上拥有丰富经验与洞察力/预见力是公司迅速稳健创造价值、延展业务的基础。虽然精英间的有效组合有难度，携程提出相应的策略如"有所为，有所不为"。

c. CTRIP 理念。携程主要的核心组织能力。CTRIP 理念是指导性的学习型的经营理念。携程目前所取得的一切都是 CTRIP 理念的展开与物化。

---

① 2015 年 5 月末携程、支付宝事件简析 .https://www.douban.com/note/502000044/?type=like.

② 携程"十万微店"转战微商迷雾中的新玩法 . http://b2b.toocle.com/detail—6261257.html.

d. 3C 商务模式。携程主要的核心营销能力。电子商务的成败不在"电子"而在"商务"。携程探索出的适合中国电子商务 3C 携程模式,不仅结合网上服务平台和网下的各种软、硬件设施,全方位地满足客户的旅行需求,还巧妙地找准了市场切入、规避了制约电子商务的配送瓶颈。

e. 商业联盟与风险融资。携程主要的核心关系能力。旅行网站是第三方"人流"。与上游企业的商业联盟是至关重要的。同时电子商务是新生事物,风险融资万万不可或缺。在此方面,携程不仅建立了商业联盟,还获得了风险资本的持续注入,赢得了核心关系能力[①]。

②加强大数据运用

2015 年,携程将旗下主营酒店业大数据挖掘及增值服务的慧评网与酒店管理系统(PMS)供应商中软好泰重组合并,成立众荟信息技术有限公司。由于酒店行业的封闭性,不能实现 OTA 与酒店的订单实时传送、不能直接提高酒店的分销效率的直连业务,导致了这个行业对数据的利用程度十分低下。该项目将通过基础软件、信息通道以及数据智能推出系列产品,打通酒店行业的信息通道基础建设和行业数据链生态建设,建立良性生态圈以实现行业的良性运营,为提升酒店智慧提供全方位解决方案。此外,携程攻略社区正式宣布成立携程智慧旅游公司,并重磅推出以大数据为核心的 4 大产品:智慧目的地与景区解决方案、目的地白皮书、携程大数据及携程目的地旗舰店。智慧旅游部除了目的地营销业务之外将更多地运用大数据进行智慧旅游管理开发、市场预测等。同时还会通过 API 的方式和各目的地智慧旅游系统对接,与目的地政府共同打造最权威的目的地资讯,并且目的地政府可以通过 API 的方式直接使用在自己的智慧旅游系统。通过加强大数据的整理运用,携程将提高酒店与旅游管理的效率[②]。

③携程平台化战略

价格战和平台化,是梁建章 2012 年回归携程带来的两个最主要的变化。在当前行业发展的阶段,以价格战夺取市场份额是 OTA 的主要战略。2013 年末,携程宣布全面推行平台化战略,向旅行社业界开放其旅游 B2C 服务体系,提供包括产品代理、技术支持、营销推广、客户服务等在内的一站式旅游电子商务开放平台,推动传统旅游行业网络化、移动化。所有的业务趋于平台化,这是携程对于自身无法将所有细分市场做到极致的觉醒。而携程推行平台化之后,对以低端市场起家的去哪儿、艺龙和途牛都造成了冲击[③]。中国休闲旅游增长迅速,自助旅行的市场在扩大,携程必须打破过去集中做商旅的局限。之后携程采取了更为开放的方式,在不损害自营产品销量的前提下引入第三方作为补充,此外,携程还从消费体验出发,制定

---

① 范徽,范敏,于震来,宣国良.携程旅行网的核心能力剖析[C].第一届海峡两岸暨港澳地区中国企业管理案例研究学术研讨会论文集.
② 携程成立智慧旅游公司,向大数据延伸. http://www.traveldaily.cn/article/88191.
③ 携程保老大地位投 10 亿应价格战净利已降近八成. http://travel.ifeng.com/news/detail_2015_04/07/40984427_0.shtml.

一套通用于自营和第三方商品的搜索排序规则。在推行平台化的过程中，除了流失原有的丰厚佣金，减少了净利润，供应商的不可控导致投诉类案件不断，2015年媒体曝光的在线旅游投诉案件中，携程的投诉频率也颇高。如何平衡平台化战略中旅游投诉事件是携程面临的主要问题之一，同时，提升顾客满意度也是众多在线旅游电商面临的主要问题。

5. 2016年发展布局

总体看来，2015年携程成为在线旅游市场巨头，在百度的推动下，成功并购去哪儿网，成为去哪儿网最大的股东，加之之前并购艺龙，携程能够很快地切入酒店市场，成为机票、酒店等各个层面的领军企业，是2015年在线旅游市场红海中最大的赢家。

根据携程2015年国际化战略的部署，预计2016年其发展中心也会更多地偏向于国际旅游市场。预计携程在2016年的发展过程中，将会更多地对海外的在线旅游公司进行投资，以加强海外经营。

公开数据显示，目前中国每年举办会议高达几千万场，参加会议人数上亿之多，会议带来的交通、餐饮、住宿等相关行业产值超过万亿元，会议市场也在2015年吸引了越来越多的玩家进入。因此，在2016年的发展经营中，预计携程会投资会展市场，通过PC端对相关产品进行设计并开通预订。

此外，随着携程开拓国际市场，预计2016年携程将会更加关注与旅游市场相关的要素的相关合作，如交通。包括航运、公路、水运等。涉及具体的如航空公司，在线打车软件等。

最后，移动端发力。从2014年以来，移动端巨大的市场价值被旅游电商纷纷挖掘，并展开了激烈的角逐，携程依靠大数据及移动端占据了巨大的市场份额，同时，移动端目前已经成为携程出售其产品和服务的主要平台，并且已经成为公司主要的发展板块。携程会继续布局移动端，注重服务，并推出相应营销活动，提高营收效益。

（二）去哪儿网

1. 企业简介

去哪儿网（Qunar.com）是中国领先的无线和在线旅游平台，其网站上线于2005年5月，公司总部位于北京。去哪儿网致力于建立一个为整个旅游业价值链服务的生态系统，并通过科技来改变人们的旅行方式。去哪儿网通过其自有技术平台有效匹配旅游业的供需，满足旅游服务供应商和中国旅行者的需求。对旅游服务供应商而言，去哪儿网通过移动客户端及在线平台为其提供技术基础设施；对旅行者而言，去哪儿网通过网站及移动客户端的全平台覆盖，随时随地为其提供国内外机票、酒店、度假、旅游团购及旅行信息的深度搜索，帮助旅行者找到性价比较高的产品、较优质的信息和便捷的预订方式，聪明地安排旅行。截至2015年3月31日，去哪儿网可实时搜索约9000家旅游代理商网站，搜索范围覆盖全球范围内超过28万条国内及国际航线、约103万家酒店、85万余条度假线路、近万个旅游景点，并且每日提供超过 20 万种旅游团购产品。去哪儿网移动客户端"去哪儿旅行"是中国旅行类较受欢迎的移动应用，截至第一季度末拥有超过 8 亿的激活下载量[①]。

图 1-12　去哪儿企业 LOGO

2. 去哪儿网 2015 企业财报分析

根据去哪儿网（NASDAQ：QUNR）2015 年第四季度及全年财务报告显示，去哪儿网 2015 年全年总营收为 41.712 亿元（6.439 亿美元），同比增长 137.4%；毛利润为 27.380 亿元（4.227 亿美元），同比增长 110.3%；无线收入为 29.480 亿元（4.551 亿美元），同比增长 316.1%，占总营收的 70.7%，2014 年该占比为 40.3%。

（1）机票+酒店

2015 年全年机票以及机票相关收入为 22.069 亿元（3.407 亿美元），同比增长 88.4%。机票以及机票相关收入的同比增长主要得益于单张机票平均收入的增长以及总机票量的增长；2015 年全年酒店收入为 14.729 亿元（2.274 亿美元），同比增长 324.1%。扣除按营业额计算收入的包房项目收入，住宿预订收入为 9.569 亿元（1.477 亿美元），同比增长 175.5%。住宿预订收入的同比增长主要得益于酒店间夜总数的增长。

（2）毛利率

2015 年全年毛利润为 27.380 亿元（4.227 亿美元），同比增长 110.3%。2015 年全年毛利率为 65.6%，2014 年毛利率为 74.1%。2015 年全年毛利率同比下降主要源于一些按营业额计算收入的住宿预订收入增加。毛利润的同比增长主要得益于总营收的显著提高。

（3）产品及市场相关费用

2015 年全年产品研发费用为 25.785 亿元（3.981 亿美元），同比增长 232.9%，该增长主要采用新的股票激励计划和员工换股方案带来的股权支出的显著增长，以及产品研发团队扩大而产生的薪资、福利以及其他人员相关费用的同比增长。除员工股权支出以外的产品研发费用为 12.789 亿元（1.974 亿美元），同比增长 79.0%，占总营收的 30.7%，2014 年该占比为 40.7%。

2015 年全年产品渠道费用为 7.854 亿元（1.212 亿美元），同比增长 147.8%，

[①] 去哪儿官网. http://www.qunar.com/site/zh/Qunar.in.China_1.2.shtml.

主要源于新的股票激励计划和员工换股方案带来的股权支出的显著增长,以及地推团队人员数量增加。除员工股权支出以外,产品渠道费用为6.335亿元(9780万美元),同比增长101.8%,占总营收的15.2%,2014年该占比为17.9%。

2015年全年销售及市场推广费用为26.716亿元(4.124亿美元),较上年同期增长199.9%,该增长主要源于新的股票激励计划、员工换股方案带来的股权支出的显著增长以及线下渠道拓展新移动用户的支出迅速增长,其次是线上推广费用的增长,以及销售及市场团队扩大而导致的薪资和福利费用的增长。销售及市场团队员工费用主要为运营相关员工的费用,包括客服人员、摄影师、内容编辑和运营数据分析师。除员工股权支出以外的销售及市场推广费用为23.610亿元(3.645亿美元),同比增长168.8%,占总营收的56.6%,2014年该占比为50.0%。

2015年全年企业管理费用为33.885亿元(5.231亿美元),同比增长747.3%,该增长主要源于采用新的股票激励计划、员工换股方案带来的股权支出的显著增长,以及员工数量增加导致的薪资与福利费用的增长。除员工股权支出以外的企业管理费用为3.680亿元(5680万美元),同比增长76.1%,占总营收的8.8%,2014年该占比为11.9%。2015年全年公司因百度知心合作协议产生的线上推广费用为3720万元(570万美元),同比下降94.7%。该下降主要源于2015年第二季度终止百度知心合作。

(4)运营利润

2015年全年运营亏损为67.232亿元(10.379亿美元),2014年运营亏损为18.448亿元。2015年全年非美国通用会计准则下运营亏损,其中剔除47.826亿元(7.383亿美元)员工股权支出和3720万元(570万美元)知心合作协议产生的线上推广费用,为19.035亿元(2.938亿美元)。2015年全年非美国通用会计准则下运营亏损率为负45.6%,2014年为负46.1%。运营亏损的同比扩大主要源于以投资回报率为核心的、积极的市场战略,以及为加速扩大市场份额,尤其是酒店直销业务的增长,在产品研发和产品渠道方面的持续投资。

2015年全年归属于去哪儿网股东的净亏损为73.427亿元(11.335亿美元),2014年归属于去哪儿网股东的净亏损为18.469亿元。2015年全年每股基本及稀释后存托凭证净亏损均为57.42元(8.85美元)。截至2015年12月31日,去哪儿网现金、现金等价物、限制现金、应收账款以及短期投资总价值为69.298亿元(10.698亿美元)。

3. 2015年大事记

2015年1月21日,加多宝与去哪儿网达成合作,推出春节回家优惠产品。

2015年1月22日,去哪儿网推出智能门锁,可免手续直接入住。

2015年1月29日,去哪儿网和22家高端酒店集团在上海宣布达成同盟,以期在"大数据时代"共同整合在线旅游产业链,打造高端住宿出行"生态圈"。而这22家酒店集团则包括温德姆、Club Med、洲际、悦榕庄、千禧等高端集团品牌。

2015年3月,去哪儿网CEO兼联合创始人庄辰超获评2015达沃斯"全球青年领袖"。

2015年3月12日,去哪儿网推出了机票、酒店"先行赔付"计划,即使是由于消费者或者是供应商的失误造成的损失,去哪儿网也会采取"先行赔付",来提升服务质量。

2015年4月29日,去哪儿网人事变动:孙含晖升总裁,赵轶璐任CFO。

2015年5月6日,去哪儿网宣布全网"先行赔付"保障用户权益。

2015年6月,去哪儿网季度GMV首次突破300亿元,营收同比增速连续第四个季度达到或超过100%。

2015年6月,去哪儿网与百度签署了业务合作协议,百度将独家提供去哪儿网在百度地图电脑和手机版本中展示酒店信息和产品的权利。

2015年6月,去哪儿网获得由银湖投资集团领投的5亿美元(约合31亿元)战略投资。

2015年9月7日,去哪儿网宣布组织架构改组总裁孙含晖离职做创投。

2015年9月29日,去哪儿网结盟喜达屋,加速高星酒店布局。

2015年10月22日,去哪儿网携手湖南旅博会推动"互联网+旅游"深度融合。

2015年10月,去哪儿网酒店业务达到单日50万夜量,创历史纪录。数据显示,去哪儿网的酒店业务已经接近或者峰值达到市场第一。

2015年10月26日,携程宣布与百度达成股权置换交易,百度将持有的去哪儿网股份的绝大多数出售给携程,并置换成携程的股份。交易完成后,携程拥有约45%的去哪儿网总投票权,变成去哪儿网的最大机构股东,百度将拥有携程25%的股份。股权置换交易完成后,去哪儿网继续作为独立的上市公司运营,与携程在在线旅行市场切磋并进,为旅行者创造差异化的产品与价值。

2015年12月15日,去哪儿网宣布在酒店频道上线"会场"。

2015年12月17日,韩亚航空宣布,其在中国首家网络旗舰店正式登录中文在线旅游网站去哪儿网,韩亚航空与去哪儿网在北京举行了战略合作启动仪式。

4. 战略剖析

(1)携程与去哪儿网合并

2015年10月26日晚,携程宣布与百度达成一项股权置换交易。交易完成后,百度将拥有携程普通股可代表约25%的携程总投票权,携程将拥有约45%的去哪儿总投票权。"去携联姻",意味着在线旅游行业机票、酒店、门票标品市场份额大局已定,疯狂烧钱的模式将告一段落。二者业务各有侧重,对于酒店业务,携程在中高端酒店部分十分强劲,而去哪儿网在三四线城市十分有竞争力、业务范围很广,携程通过与去哪儿网的合作,会迅速在二三线城市拓展业务,吸引更多用户,为其提供更好的产品业务,取得更多市场份额。对于机票业务,携程用户多是看重服务质量的商务旅客和高端旅客,而去哪儿的用户更年轻,更看重价格,二者的合作也可增强工作效率,更加全面地掌握整个市场。

携程与去哪儿的合作提高了旅游电商的行业集中度,有利于改变旅游行业散小弱差的局面。两者合并后，国内在线旅游格局从原本的两强对峙、多头发展格局转变至相互持股，一头独大，会对广大消费者产生重大影响。在资本寒冬的情况下，各家开始改变过去流血发展的路径，思考让行业回归理性竞争、努力开始赚钱。如果一味停留在已有业务的价格战和补贴战，则无法抽出精力来拓展新的产品和业务。随着商旅市场的成熟和饱和，下一个战场将是大众休闲旅游，而携程和去哪儿在该领域的份额均不高，需要尽快在新兴市场中寻找更大的增长机会。同时，此次合并完成后，百度将进一步巩固其在百亿美元级旅游O2O市场的战略地位[①]。由于阿里系已经拥有阿里旅行去啊和穷游，腾讯也投资了同程和艺龙，在线旅游行业BAT三分天下格局将形成。

（2）架构改组，启用事业群模式

在互联网行业中，在线旅游业的竞争已经白热化，去哪儿网正在积极推进组织变革，谋划战略版图。去哪儿网未来组织最重要的功能已经越来越清晰，那就是为员工创造更好的生态环境，持续激发组织中每一个人的创造力，同时通过架构重组，减少瓶颈，令企业迅速掌控新的业务方向，因此，去哪儿网缩小总部，采用把更多总部职能变化为事业群事业部模式。

早在2013年上市之前，去哪儿网就启动了事业部模式，将机票、酒店和无线单独分拆了三个事业部，之后又不断增加新的事业部，同时将一些业务部门提升为事业部。酒店领域的战争对于OTA来说至关重要，尤其是中高端酒店是利润的核心来源，这些都是机票及其他业务无法比拟的优势。2015年上半年去哪儿网已经和22家高端酒店集团宣布达成同盟，去哪儿网在高端酒店发力，对于目前占30%的高星酒店业务加大投入力度，大力拓展东南亚及日韩的市场，酒店事业部升级为高星酒店及海外业务事业群，以期在"大数据时代"共同整合在线旅游产业链，打造高端住宿出行"生态圈"。同时，去哪儿网新成立的旅游SaaS平台事业群，由原CTO吴永强担任事业群CEO；酒店事业部升级为高星酒店及海外事业群，原COO彭笑玫担任CEO；目的地事业部升级为事业群，而张强晋升为目的地事业群CEO、集团执行副总裁，战略战术双管齐下，欲实现"轻公司、创业"模式。此外，2015年，去哪儿网实行了对内部优秀员工一年晋升四次的机制，特别突出者一年可拿30个月工资。通过释放事业部的自主权，协调成本大大减小，战术灵活，化整为零，随时可以扁平化，进一步促进去哪儿网"生态圈"的多样性和活力[②]。另外，这一番战略上的重新思考和彻底改造，通过架构重组，减少瓶颈，迅速掌控新的业务方向，也使去哪儿网对行业生态链的颠覆具备了最大的可能。

（3）以消费者为核心

2015年4月22日，去哪儿网发布了在线旅游业的"消费者保障计划"，在

[①] 携程与去哪儿网合并，舆论担忧一家独大．http://dwz.cn/4G4LQe．
[②] 去哪儿网：公司如何演绎"变形计"？http://money.163.com/15/0909/17/B33B689S00253B0H.html．

全网实施"先行赔付",范围包括去哪儿网的酒店、机票、度假、门票等所有产品。过去去哪儿网主要做供应商和消费者之间的信息对接,但随着产品的演进,很多交易趋于闭环,要求更短的交易路径。同时,随着业务量的快速增长,用户行为的改变,用户对去哪儿网的要求也越来越高,已经不仅仅把去哪儿网当作一个比价平台,而是全方位地提供产品服务的旅行助理,迫使他们不断去想创新的和彻底解决问题的办法。发起消费者保障计划,就是去哪儿网不再只满足于扮演供应商和消费者之间的媒介角色,而是引领整个产业链去更好地满足消费者的需求。在去哪儿网的消费者保障计划,是每个供应商在加入去哪儿网平台时都会缴纳一定金额的保证金,消费者一旦遇到问题,不用去找代理商,直接由去哪儿第一时间进行赔付。后期去哪儿网会根据责任归属,判断是由供应商还是去哪儿网来承担这笔费用。去哪儿网推出的消费者保障计划,充分保障游客自由旅游的基础,秉承消费者第一的原则,为其提供更好的服务[①]。此外,去哪儿网发布了一项"新福利计划",即一个全新的交易体系,将更大的价格选择权交由消费者,由消费者出价,代理人抢单。这个新系统诞生的理念正是"以消费者为核心",在线旅游业已经从B2C(企业到消费者)进入到了C2B(消费者到企业)时代。

(4)智能技术支撑

从纯信息对接的后台,走向直面消费者的前台,去哪儿网认为实现目标的最佳路径就是技术。目前去哪儿网超过70%的订单来自手机端,无线将是数字营销的一个大趋势,去哪儿网之所以能在短短数年内成长为中国最大的机票平台,正是得益于对数字化的坚定信念。无线技术一直是去哪儿网的强势领域,2015年2月,去哪儿网发布高星酒店趋势报告,为了满足报告中显示的80后、90后对高星酒店的消费需求,去哪儿网与22家高端酒店集团结盟并获得其全球高星酒店库存,而去哪儿网则运用数据分析、收益管理等工具为消费者争取价格上更大的优惠。此外,去哪儿网有一支强大的地面部队主攻团购市场,但实际上这支地面部队的作用是向旅店老板普及手机APP,以此提高其信息化水平,为未来的智能化管理做铺垫。

去哪儿网还有许多隐藏在幕后的智能技术悄然改善消费者体验。移动互联网正全面走向智能化的时代,去哪儿网已经投入了大量的技术实力,将在智能自动化客服、智能自动化订单筛选方面最先为消费者服务。同时,去哪儿网的呼叫中心正在日益智能化,可以把很多打到供应商那边的电话全都通过部分的云技术进行优先排序,亲自接听一些最高紧急的电话,以提升服务的质量。这一服务不仅限于呼叫中心,用户还可以在APP上收到信息推送或者手机短信反馈,帮助他们自助地把问题解决,常见问题甚至通过去哪儿网APP上语音识别分析系统就能了解情况并帮助处

[①] 去哪儿网发布"先行赔付". http://news.163.com/15/0427/01/AO60BFIE00014Q4P.html.

理，避免了输入订单号或者打电话的烦琐流程①。

5. 2016年发展布局

综观2015年，去哪儿网稳定发力酒店，成功占领移动端市场，其最大的变动就是与携程"联姻"，携程成为去哪儿的最大机构股东，同时，高层领导变动，并面临众多航空公司集体抵制，是较为动荡的一年。2016年去哪儿网会继续发挥其酒店市场的优势，重点提升服务，全面提高消费者体验，进一步推进酒店信息化。此外，去哪儿欲在2016年底实现盈利，被携程并购后，有利于盈利目标的实现。还有，在2015年底面临的航空公司集体抵制事件，是去哪儿在2016年初首先需要解决的问题，去哪儿注重消费者服务为第一位，供应商第二位，需要进一步协调、平衡与各大航空公司间的合作关系。最后，以消费者为核心，通过互联网技术提升服务水平，是去哪儿网的发展方向。

（三）途牛旅游网

1. 企业简介

在线休闲旅游处于高速增长阶段，发展空间广阔。途牛作为专注在线休闲旅游市场的企业，坚持不懈实现"让旅游更简单"的使命。为广大游客提供以下产品，跟团游：包括周边短线游、国内长线、出境游，行程透明、质量可靠；自助游：海岛、港澳、三亚、丽江、九寨沟等既有国内外自助游套餐亦可单订某项产品或任意搭配组合；公司旅游定制服务：针对游客的独特需求量身定制个性化的旅游产品。途牛具有以下优势，产品丰富：精选出性价比高的优质线路，组成丰富的产品线，满足游客国内外出游需求；性价比高：同类产品选择途牛更实惠，数百位专业的旅游顾问专业筛选出市场上高性价比的旅游产品；省心便捷：在线轻松预订，专属客服24小时快速反应，更有牛到家服务，足不出户，服务到家；量身定制：专业旅游顾问团，丰富的产品线，满足游客量身定制的个性化需求；双重保障：售中、售后跟踪服务以及质检，使游客的权益得到切实保障。综观2015年，途牛在企业增长及财务营收等方面都有了巨大的进步，2015年12月30日，途牛对外公布了2015年成绩单：通过在品牌、服务网络、产业链及金融等领域的长期投资和创新，途牛交易规模持续高速增长，已跃居在线休闲旅游市场第一名。

2015年10月13日，途牛正式启用全新LOGO。与途牛老版LOGO相比，新LOGO将原先的"途牛旅游网"字样变为更简洁的"途牛"，卡通牛头形象也"长出了"身体，老版LOGO中代表24小时服务的左右眼中"日月"标志升级为微笑的"对眼"，凸显年轻与活力的萌牛娃形象。

---

① 去哪儿网市值跨过50亿美元大关. http://news.163.com/15/0429/02/AOB98QNJ00014Q4P.html.

图 1-13 企业 LOGO

色彩上，途牛新 LOGO 沿用了品牌色橙色，辅以包容性、时代感强的黑色。简单的冷暖色对比，使得新 LOGO 更易识别，且更具现代感。主色调橙色，既代表阳光般的温暖视觉感受，也展示了途牛对"三大阳光保证"服务的坚持[①]。

2. 途牛 2015 企业财报分析

根据中国领先的在线休闲旅游公司途牛旅游网（NASDAQ：TOUR）发布 2014 年全年的财报显示，截至 2015 年 12 月 31 日，途牛 2015 年第四季度净收入为 19 亿元，同比增长 104.1%。2015 年全年净收入约为 76 亿元，（合 11.802 亿美元），较 2014 年增长 116.3%。2015 年总共接待出游人次为 4 449 053，较 2014 年的 2 181 834 人次增长 103.9%，总出游人次为 4 449 053，较 2014 年的 2 181 834 人次增长 103.9%。其中跟团游和自助游的交易额（不含门票等单项旅游产品）106 亿元（合 16 亿美元），同比增长 114.6%。

收入增长主要来自于跟团游、自助游及其他收入的增长。同时，途牛在亏损扩大的同时，连续四个季度同比增速超过三位数。途牛的高速增长，使其稳居在线休闲旅游市场第一名。根据易观智库发布的《中国在线度假旅游市场季度监测报告 2015 年第四季度》显示，2015 年第四季度，中国在线度假旅游市场交易规模达到 129.97 亿元，同比增长 54.3%。其中，途牛 2015 年第四季度市场份额由 2014 年第四季度的 17.4% 增长到 2015 年第四季度的 26.2%，市场份额高出携程 2.6 个百分点。

表 1-1 途牛 2015 年各季度财务数据

季度	跟团游同比增长（%）	自助游同比增长（%）	营收（亿元）	增长（%）	亏损（亿元）
第一季度	154.80	200.20	12.48	115.90	2.33
第二季度	99.10	176.20	15.2	111.90	2.46
第三季度	142.10	181.80	30	127.50	4.34
第四季度	101.40	82.40	19	104.10	5.50

资料来源：途牛财报。

---

① 途牛启用新 LOGO 萌牛娃活力诞生. http://tech.xinmin.cn/3c/2015/10/13/28740599.html.

（1）跟团游营收

2015年跟团游收入（绝大部分以全额确认）为74亿元（合11.36亿美元），较2014年增长114.4%。这一增长主要源于欧洲、东南亚、日本、北美等出境目的地以及国内旅游收入的快速增长。2015年跟团游（不包括跟团周边游）的出游人次为1 632 955，较2014年的711 847人次增长129.4%。跟团周边游的出游人次为1 701 821，较2014年的1 074 335人次增长58.4%。

（2）自助游营收

2015年自助游的收入（以净额确认）为1.942亿元（合3000万美元），较2014年增长108.5%。这一增长主要来源于国内、一些境外海岛和日本等目的地旅游收入的增长。2015年自助游出游人次为1 114 277，较2014年的395 652人次增长181.6%。

（3）毛利率及其他营收

2015年毛利率为4.8%，2014年为6.4%。毛利率的下降主要是由于公司实行了有竞争力的定价策略，以及新增区域服务中心相关成本的增加。2015年营业成本为73亿元（合11.23亿美元），较2014年增长119.9%。2015年，营业成本占净收入的95.2%，2014年为93.6%。

2015年运营费用为18亿元（合2.818亿美元），较2014年增长161.1%。2015年计入运营费用中的股权报酬费用合计为6440万元（合990万美元），计入运营费用中的收购产生的无形资产摊销为5650万元（合870万美元）。2015年，非美国会计准则的运营费用，即不包括股权报酬费用和收购产生的无形资产摊销，为17亿元（合2.632亿美元），同比增长158.0%。

2015年研究与产品开发费用为2.982亿元（合4600万美元），同比增长184.3%。2015年非美国会计准则的研究与产品开发费用，即不包括股权报酬费用350万元（合50万美元）及收购产生的无形资产摊销70万元（合10万美元），为2.939亿元（合4540万美元），较2014年增长185.6%。这一增长主要是由于上线新产品品类、区域服务中心直采相关人员的增加和提升在线技术等方面的投入，以及技术和产品开发人员相关费用的增加。

2015年销售与市场营销费用为12亿元（合1.782亿美元），同比增长165.8%。2015年，非美国会计准则的销售与市场营销费用，即不包括股权报酬费用110万元（合20万美元）及收购产生的无形资产摊销5510万元（合850万美元）在内，为11亿元（合1.695亿美元），较2014年增长153.4%。这一增长主要是由于加强了品牌营销和拓展移动业务相关的广告投入，以及计入了之前与京东交易相关的无形资产摊销。

2015年管理费用为3.854亿元（合5950万美元），同比增长130.8%。2015年，非美国会计准则的管理费用，即不包括股权报酬费用5970万元（合920万美元）及收购产生的无形资产摊销60万元（合9.51万美元）在内，为3.251亿元（合5020万美元），较2014年增长147.4%。这一增长主要是由于如区域服务中心增加和产品品类拓展等业务扩张带来的管理人员数量的增加以及上市公司专业机构服务费用的上升。

2015年其他收入为1.277亿元（合1970万美元），较2014年增长344.2%。这一增长主要来源于保险服务费收入、旅游景点门票收入及其他旅游相关产品和服务费收入的增长（以净额确认）。

2015年运营亏损为14.55亿元（合2.246亿美元），2014年运营亏损为4.73亿元人民币。2015年，非美国会计准则的运营亏损，即不包括股权报酬费用和收购产生的无形资产摊销在内，为13.331亿元（合2.058亿美元）。净亏损为14.624亿元（合2.258亿美元），2014年净亏损为4.479亿元。2015年，非美国会计准则的净亏损，即不包括股权报酬费用和收购产生的无形资产摊销，为13.405亿元（合2.069亿美元）。

2015年归属于普通股股东的净亏损为14.594亿元（合2.253亿美元），2014年归属于普通股股东的净亏损为4.635亿元。2015年，非美国会计准则下归属于普通股股东的净亏损，即不包括股权报酬费用和收购产生的无形资产摊销，为13.375亿元（合2.065亿美元）[①]。

3. 2015大事记

（1）企业事件

2015年1月，CEO于敦德获"2014中国旅游十大影响力人物"称号。

2015年1月，CEO于敦德荣获"2014苏商创变者"称号。

2015年3月，并购中山国旅、经典假期，获台湾游牌照。

2015年4月，途牛遭旅行社抵制股价下跌。

2015年5月，CEO于敦德获省委宣传部"江苏最美人物"称号。

2015年6月，首个境外服务中心——马尔代夫服务中心成立。

2015年10月途牛成立途牛影视传媒有限公司，以旅游节目的形式配合主业发展。

2015年10月10日，途牛加速O2O战略落地区域服务中心增至140家。

2015年10月13日，途牛旅游网"出发吧我们·途牛2015产品发布会"在北京举行。发布会上，途牛正式启用全新LOGO，品牌迎来全新升级。并宣布周杰伦正式成为品牌代言人。同时拥有周杰伦和林志颖两位明星代言人，首创国内在线旅游行业的双代言人模式。

2015年11月3日，途牛1.48亿拿下《跑男4》特约合作权。

2015年11月10日，途牛在南京举办以"共成长·同分享"为主题的旅游网第五届合作伙伴大会。

2015年12月16日，途牛获《成功营销》2015年度行业创新营销奖O2O行业金奖。

[①] 途牛发布2015年Q4及全年财报：营收大增亏损扩大. http://tech.qq.com/a/20160229/054779.htm.

2015年12月30日，途牛通过在品牌、服务网络、产业链及金融等领域的长期投资和创新，跃居在线休闲旅游市场第一名。

（2）战略合作

2015年4月，途牛旅行网与以色列旅游局签署战略协议。

2015年4月，途牛旅行网与法属留尼汪大区签署战略协议并全国首发20款产品。

2015年5月8日，途牛旅游网与京东集团联合宣布，途牛与京东等投资者签订了协议，途牛将获得总计5亿美元的投资。几方将携手合作，致力于为中国消费者提供优质的在线休闲旅游服务。

2015年11月12日，宏图三胞两位高管加盟途牛。其中宏图三胞前执行总裁张伟任职途牛高级副总裁，全面负责打包旅游产品的战略规划和日常运营管理，并分管自由行事业部、供应链中心、自驾、邮轮、产品研发中心。而宏图三胞的前副总裁王巍则任职西部大区执行总裁，全面负责大区的相关管理工作。

2015年11月24日，海航旅游通过5亿美元战略投资，取代京东成为途牛的第一大股东。

2015年12月17日，建设银行与途牛旅游网在江苏省南京市签署战略合作协议，并发行"途牛龙卡"联名借记卡，双方还将在旅游金融、供应链金融等领域开展深度战略合作。

2015年12月29日，旅游网与会唐网合作布局会议商旅市场。

4. 战略剖析与企业解读

（1）战略剖析

根据途牛财报相关数据，2015年亏损增加的原因主要是：提速海外服务中心布局，上游直采力度加大（包括对旅行社的收购）、品牌推广和营销力度提升，同时，途牛在2015年进行了一系列的战略布局，长远看来，取得了一定的成效，战略剖析主要从以下三个方向展开。

①资本加持，扩大市场占有率

2015，途牛在资本和战略资源整合方面进行了一系列布局，5月8日，途牛获得由京东领投的5亿美元投资，并获得京东旅行—度假频道网站和移动端的5年免佣金独家经营权，在该频道独家销售打包旅游产品、邮轮、景点、签证、火车票以及租车等产品及服务。2015年11月23日，途牛获得海航旅游5亿美元战略投资，双方将利用各自优质资源，在线上旅游、航空、酒店服务等领域开展深度合作。这种战略合作关系将带来强大的协同效应，途牛对海航旅游的资源利用将有效提高其在产业链上的议价能力，带动营收继续加速增长。同时，一系列的投资带动了途牛的市场评估值，12月9日，摩根士丹利发布最新报告，看好途牛增长，调高评级至增持。12月16日，中金公司（CICC）发布最新报告，重申途牛股票买入评级，短期目标价格18美元。

②布局旅游金融业务

根据Analysys易观智库发布的《中国互联网旅游金融市场专题研究报告2015》

显示，2014年中国互联网旅游金融市场的交易规模为19.7亿元，渗透率为5.9%。在未来3年内，互联网旅游金融将加速渗透，其交易规模的增速将远高于在线旅游市场的增速。途牛发力旅游金融领域，领先行业的竞争对手，2015年8月，途牛上线了"首付出发""出境保"等多款旅游金融产品，将支付、理财等金融产品与旅游消费场景相结合，提供出境游服务。9月16日，途牛宣布旗下两个商业保理公司已获批，注册资金共计13亿元，成为国内首个进军旅游商业保理市场的在线旅游企业。9月18日，途牛宣布已获批独立基金销售牌照，并由此成为首家拥有基金销售业务资格的在线旅游企业，进军基金销售领域。其中，途牛自营旅游分期产品首付出发，截至2015年12月底授信额度超过82亿元，获得预授信用户超过136万，取得了较大的收益。途牛从"旅游"向"旅游+金融"的转变，在于淡化纯旅游概念。通过金融服务可以吸引更多游客，而客单价在5000元以上的出境游是最适合分期付款和开展各类金融业务，途牛不仅有对个人的理财、担保、分期付款等产品，而且还有针对供应链上游厂商的理财及预付款产品[①]。此外，出境保还与途牛金服平台其他业务相互融合，除了提现，用户可以将到期后获得的"出境保"资产，用于购买途牛金服平台上提供的理财产品，如途牛宝、牛稳赚、月月赢、预约理财等，途牛通过加强在新业务上的投资，例如酒店、机票预订以及在线金融服务等，与其核心的休闲旅游业务发挥协同效应，为游客提供更多个性化的服务，增强协同效应。

③途牛下线旅行社产品事件

2015年4月23日，旅游业内途牛的17家旅行社和批发商发出联合声明，将于2015年7月15日集体断货。批发商与途牛的矛盾由来已久，以下为联合声明内容。

旅行社联合声明：

我们共同决定，停止向途牛旅游网供货2015年7月15日及以后出发的旅游产品。继上个月国家旅游局责成江苏省旅游局就低价销售问题约谈途牛旅游网，并在其后又召开制止"不合理低价"行业座谈会后，作为业者，我们认为应该与途牛旅游就共同维护正常的市场秩序、良性的行业发展以及合理的定价等问题进行讨论。

鉴于双方在上述问题上存在重大分歧，已严重影响双方合作的基础，我们决定待达成新的共识后再行下一步合作。值此中国出境游百年难逢的重大发展机遇期，我们希望通过全体业者的不懈努力，不断提升旅游产品质量与服务体验，为共同维护并促进中国出境旅游市场的健康、可持续发展贡献更大的力量。

署名企业：国旅总社、中青旅、中旅总社、中信旅游总公司、中国妇女旅行社、神舟国旅、北京青旅、众信旅游、凤凰旅游、竹园旅游、华远旅游、凯撒旅游、捷达假期、海涛假期、南湖国旅、俄风行、北京春秋

途牛旅游网关于下线众信旅游全部产品的声明：

途牛自2006年成立，践行"互联网+旅游"融合发展，凭借高效的IT系统与

[①] 途牛上线多款旅游金融产品全面出击"旅游+金融". http://www.askci.com/news/chanye/2015/10/18/1517557xjh.shtml.

互联网理念,有效地提升了产业效率与客户体验,为客户提供了实惠的旅游服务,到目前为止已经服务约 1000 万客户出游,满意度 95%。在 2014 年,途牛通过品牌提升与区域拓展,取得了超过 80% 的高速增长,同时与旅游行业同仁深度融合、共同发展,合作伙伴超过 6000 家。

4 月 23 日,众信旅游不遵守契约精神、无视客户体验,在没有任何事先沟通的情况下单方面中止与途牛的合作,直接影响了即将出游客户的体验,与所称的"通过全体业者的不懈努力,不断提升旅游产品质量与服务体验"严重相悖。目前有十九位游客已经签约确认了 7 月 15 日后众信旅游出发的产品,且订单经过众信旅游确认接待。众信旅游对该部分游客未做出任何安排也未提出任何解决方案,粗暴中止服务。途牛坚持任何竞争都不能影响客户体验,第一时间排查了可能受影响的客户清单,并将坚持以客户体验为先,会积极与游客沟通,为他们提供更优质的产品和升级方案,坚决不让消费者因此受到损失。

途牛在 2015 年增加了目的地服务中心的拓展,年内途牛将新开 10 个以上境外目的地服务中心,并在一些目的地提升了直采的比例,这些举措旨在提升游客出游体验。途牛近年来一直处于高速发展,众信旅游的产能增长无法满足途牛 80% 年增长的需求,因此在接待途牛客户的服务上也存在一些跟不上的情况造成客户投诉。为了更好地提升用户体验,途牛不得不发展直采业务以满足发展的需求、提升客户服务的水平。但是供应商在途牛的供应链中仍然占据重要地位,通过直采与合作采购,共同为客户提供最优的服务。

途牛的产品全面、价格透明、服务更优,在一定程度上动了众信旅游的奶酪。我们本来认为旅游行业发展融合共生,互相促进,不会出现类似其他行业的供应商非理性抵制线上服务商发展壮大的情况(例如京东发展过程中也曾遭遇类似情况),今天突然遇到这样的事情是未曾预料到的。经过多年的发展,途牛目前有超过 6000 家的合作伙伴,SKU 数量达到 55 万种。任何一家供应商的中止合作都不会对途牛发展产生重大影响,但是受伤害的往往是消费者,我们强烈反对以牺牲消费者利益为代价的不理性行为。

途牛一方面站在客户角度来思考,另一方面站在供应商的角度上来思考,当两者发生矛盾的时候,途牛更加倾向于客户,保证客户第一。但是途牛同样也在维护合作伙伴的利益,对于非供应商责任而是飞机延误等客观因素导致客户出游体验不佳的情况,途牛会对客户进行赔付补偿,并不要求供应商来承担。综合来看,线上线下的矛盾主要原因有:一是途牛的低价策略引起市场价格混乱;二是途牛加大直采力度,对批发商造成冲击;三是结款账期让中小批发商的资金压力大;四是传统旅行社的实力增强,随着资本对批发商的投入,众信上市,凯撒借壳,凤凰假期得君联资本投资,华远加入携程等,使"传统旅行社"有更大的话语权[①]。从长远来看,旅游市场的虽然拥有较大的根基,但企业间的竞争合作更需基于理性,更加注

---

① 众信等 17 家旅行社宣布抵制途牛:不合理低价. http://tech.qq.com/a/20150423/045912.htm

重为游客提供良好的体验，以开放的心态进行线上线下的融合。

（2）企业解读

①增大推广力度，重视品牌营销

通过价格战扩大市场占有率是在线旅游企业市场布局的主要渠道，但树立自己的品牌，整合产业链条，获得稳定的客户群体能够得到较为长远的收益。途牛的发展很大程度上得益于以品牌建设和品牌强化为目标的营销战略的成功。"客户第一"是途牛的核心价值观之一，途牛大力投入服务和产品升级，通过电视、户外广告等渠道的持续投放，稳步提升了途牛品牌认知度。2015年途牛T2O营销升级，前三季度，市场费用分别为1.9亿元、2.3亿元和3.4亿元，途牛广告全国认知率近65%。同时，途牛涉足跨界品牌营销，与第四季《中国好声音》《花样姐姐》《花儿与少年》《非诚勿扰》《最强大脑》等节目进行合作。此类电视节目收视率高，节目观看群体以80后、90后为主，途牛致力于通过这些节目上的品牌宣传在年轻人中树立休闲度假旅游良好形象，对于年轻人的旅游选择起到引导作用。第四季《中国好声音》一期节目大概有200万以上的用户参与互动，途牛旅游APP新用户下载量、移动端访问量猛增。此外，11月3日，途牛斥资1.485亿元获得第四季《奔跑吧兄弟》独家冠名和特约播出权，并成立了途牛影视传媒有限公司，邀请著名音乐人周杰伦与林志颖共同代言，首创国内在线旅游行业双代言人模式，并启用新LOGO，完成品牌全新升级。通过冠名娱乐节目，途牛快速、高效地将"要旅游找途牛"的品牌知名度进行提升，获取更多的潜在用户。

②加强移动端技术升级

移动互联网迅猛发展，各大在线旅游电商企业每年都会加大对移动端的布局，通过提升技术、增加研发成本，扩充在线流量入口。根据途牛的企业财报显示，其2015年第一季度移动流量占总在线流量超过70%，移动订单数占总在线订单数超过55%。2015年第二季度移动订单数占总在线订单数超过60%。2015年第三季度移动订单数占总在线订单数超过70%。2015年第四季度移动订单数占总在线订单数超过75%。途牛开展长期的战略投资，并持续投入供应链管理、移动技术和研发等领域，进一步提升客户的消费体验。

③加速服务中心布局，丰富旅游产品

2015年途牛在区域扩展方面取得了巨大的进展，2014年途牛区域服务中心共75家，2015年增至170家，极大地增强了途牛对二三线城市的覆盖率及影响力，进而带动了公司业务的增长。途牛立志于加大线上线下的资源融合，把采购渠道进一步下沉到酒店、景区、租车等领域，努力构建旅游"吃、住、行、游、购、娱"的产业闭环。此外，在境外旅游市场，途牛先后在马尔代夫、巴厘岛等地设立了海外目的地服务中心，为出境游用户提供更全面的目的地服务。现途牛可以提供240个出发城市的旅游产品预订，目的地产品覆盖全球150个国家和地区。

在产品层面，2015年途牛完成大交通和小交通最后一公里布局，通过"机+X""酒+X"不断丰富休闲旅游打包产品，以便满足消费者不断增长的个性化需求，同时通过途牛统一的服务保障，提升客户体验。在产品 SKU 总数不断增加的同时，途牛通过布局产品 IP 品牌，以打造出更丰富、个性化、高品质的旅游产品矩阵，满足细分人群的差异化需求。2015 年 12 月，继"牛人专线"之后途牛推出第二个独立产品品牌"瓜果亲子游"。途牛第二季度直采产品的贡献达到了 25%。第四季度直采贡献度超过 30%。目的地成团的发展是途牛开展直采、缩短供应链的有益尝试。2012 年底途牛上线国内目的地成团产品，至 2014 年，国内目的地成团产品交易额已占途牛国内跟团游市场的 50%，2015 年 1—10 月，成团产品交易额已达 80%。通过不断寻找当地旅游资源，进行线下直采，强化出发地和目的地覆盖，进一步控制产品质量[1]。

5. 2016 年发展布局

途牛 2016 年布局会延续 2015 年的整体格局，同时更加注重金融及亲子等领域，并继续以品牌营销为根基，通过娱乐节目的投资进行企业文化宣传及企业品牌树立。公司内部，与其他 OTA 类似，将继续进行组织架构的调整，以便更好地整合产业链条，为消费者提供服务。2016 年布局主要有以下方向：

①打造继"牛人专线"之后第二个独立产品品牌："瓜果亲子游"，并计划用三年时间建设千人亲子教练团队；②发布自营出境 Wi-Fi 产品"牛无线"，首批泰国 12 元 / 天产品已上线；③途牛与中国扶贫基金会正式签约，未来三年投入 300 万元，设立途牛关爱留守儿童专项公益基金"团圆行；④全面布局互联网金融，将上线融资租赁业务和供应链保险平台，如批量和汽车经销商购买汽车，再通过租赁的方式提供给合作伙伴，付清租金后即能转让车辆所有权，可缓解中小合作伙伴一次性付款的压力，适合于提供周边游、国内地接、境外地接产品和服务的供应商；⑤继续发力大交通领域布局，不断延伸服务场景并与休闲旅游产品加深整合，强化途牛在在线休闲旅游市场的领先优势。

二、B2B2C 类综合性旅游服务电商：同程 + 欣欣

随着经济的增长和人民生活水平的提高，游客的出行方式变得多样化和差异化，自助游、半自助游、机票 + 酒店等散客化、定制化的旅游方式逐渐成为市场的主流，这一转变使得经销商从习惯的关系营销方式向散客营销方式转变。同时，游客个性需求的增多，营销进入 3.0 时代，在线旅游电商也愈加认识到游客需求的重要性，不论从产品前期设计到后期评价都愿意让旅游者参与其中，2C 的重要性愈加显现，贯通 B 端与 C 的平台的需求增大，B2B2C 平台应运而生。较为典型的旅游电商为同程旅游网和欣欣旅游网，二者从 B2B 平台发展而来，再逐渐向与顾客对接的平台发展，构建 B2B2C 的旅游生态圈。

B2B2C 平台主要是在某一细分行业或市场由生产商或品牌商与零售商之间；零售商与消费者之间；品牌商与消费者之间，集批发，分销，零售于一体的综合性平

---

[1] 途牛发力直采加强资源把控. http://www.ctnews.com.cn/zglyb/html/2015-11/20/content_118253.htm?div=-1.

台，主要适用于标准化和非标准化产品行业。B2B2C 平台帮助商家直接充当卖方角色，把商家直接推到与消费者面对面的前台，让生产商获得更多的利润，使更多的资金投入到技术和产品创新上，最终让广大消费者获益。这是一类新型电子商务模式的网站，该平台颠覆了传统的电子商务模式，将企业与单个客户的不同需求完全地整合在一个平台上。打通上下游，形成一个生态的闭环体系[①]。

与专注于 B2C 平台的旅游电商不同，同程网和欣欣网可以说是找到了综合性服务角色，并且，相对于 B2C 的转型，以 B2B 为基础进行扩展具有更大的优势，随着线上旅游竞争的加剧，越来越多的线下旅行社不得不纷纷转型，寻求线上的出路，大旅行社通过设立自己的网站与旅游电商合作寻求出路，而发展规模较小的中小旅行社成为巨大的市场，B2B2C 模式为其提供了一个走入线上的平台。B2B2C 模式发展潜力巨大，比较易于回避在线旅游价格战的激烈竞争，通过寻求准确的市场的定位，助力于旅行社信息化的服务与转型，同时提升 C 端服务质量，打造线上旅行社发展的综合平台，具有广阔的发展前景。

（一）同程旅游网

1. 企业简介

同程网络科技股份有限公司（简称同程旅游）是中国领先的休闲旅游在线服务商，创立于 2004 年，总部设在中国苏州，员工 12000 余人，注册资本 20 269 万元。同程旅游的高速成长和创新的商业模式赢得了业界的广泛认可，2014 年先后获得腾讯、携程等机构逾 20 亿元投资。2015 年 7 月，同程旅游再次获得万达、腾讯、中信资本等超过 60 亿元的战略投资。

图 1-14　同程旅游企业 LOGO

同程旅游是国家高新技术企业、商务部首批电子商务示范企业，"同程"商标荣获"中国驰名商标"，同程旅游连续四年入选"中国旅游集团 20 强"，2015 年位列第 8 名，是中国在线旅游行业三大企业集团之一。新的十年，公司以"休闲旅游第一名"为战略目标，目前公司在中国景点门票预订市场和邮轮领域处于领先位置，并积极布局境外游、国内游、周边游等业务板块。同程旅游旗下运营同程旅游网和同程旅游手机客户端，2014 年服务人次约 3000 万，年均增长 100%，2015 年

---

① B2B2C 百度百科. http://dwz.cn/2qlXke.

服务人次突破 1 亿，同比增长 200%①。让更多人享受旅游的乐趣，感受生活的美好是同程旅游努力和奋斗的目标。

2. 2015 年大事记

（1）企业事件

2015 年 1 月 28 日，同程旅游集团申请获工商部门核准通过。

2015 年 3 月 5 日，佟大为代言同程旅游，主攻女性消费者。

2015 年 4 月 23 日，同程旅游任命出境游事业部 CEO 柳青担任公司副总裁。

2015 年 6 月 7 日，同程旅游与湖南卫视就《爸爸去哪儿》第三季达成一系列战略合作并于北京签约。

2015 年 7 月 3 日，万达文化集团宣布出资 35.8 亿元领投同程旅游，共同投资方还有腾讯产业共赢基金、中信资本等多家机构，投资总额超过 60 亿元。

2015 年 7 月 17 日，中国旅游出版社前社长、中国旅游报社前总编辑李志庄加入同程旅游任副总裁，分管媒体公共关系和政府事务。

2015 年 7 月 24 日，同程旅游太原分公司正式成立。

2015 年 10 月 21 日，同程旅游与高邮市签订"互联网+城市旅游"战略合作协议。

2015 年 10 月 26 日，同程旅游 APP 获"2015 增速最快旅行服务应用"大奖。

2015 年 10 月 30 日，同程旅游并购南通辉煌国旅。

2015 年 11 月 4 日，同程旅游宣布和挪威海达路德游轮公司签订全球战略合作协议，成为 2016 年和 2017 年南极航次在华独家合作伙伴。

2015 年 11 月 19 日，同程与河南省旅游局达成智慧旅游战略合作。

2015 年 12 月 2 日，同程旅游启动全球旅拍项目。

2015 年 12 月 3 日，同程旅游供应商大会在苏州召开，宣布其用户总数突破 2 亿。

2015 年 12 月 8 日，同程宣布推出一款活期理财产品——"同同宝"正式上线，消费者可以提前开始预约。借此同程旅游正式涉足金融领域。

2015 年 12 月 22 日，"全站通用"同程旅游卡上线无论是出境度蜜月还是周末陪家人看电影，都可以使用"同程旅游卡"在线预订同程旅游预付费类全线产品，首日销售额近 300 万元。

2015 年 12 月 28 日，同程旅游山东分公司成立，加快线下布局。

2015 年 12 月 18 日，同程旅游正式推出 8.0 版 APP。

（2）战略合作

2015 年 1 月 20 日，同程旅游与在路上达成战略合作，在其无线客户端"同程旅游"的攻略频道引入在路上的攻略和游记。

2015 年 5 月 12 日，同程旅游与妇基会达成合作积极参与旅游扶贫工作。

2015 年 6 月 18 日，同程旅游与海涛旅游合作，逐步上线所有热门线路。

---

① 同程官网. http://www.ly.com/public/about17u/intro.

2015年8月17日，江门与同程旅游战略合作。

2015年10月21日，同程旅游负责人来江苏高邮考察高邮旅游资源，并与高邮市人民政府签订了"互联网＋城市旅游"战略合作协议。

2015年10月30日，同程旅游并购南通辉煌国旅，以开放共赢理念完善产业布局。

2015年11月4日，同程旅游与日本HIS成立合资公司。

2015年12月1日，同程旅游与邦城规划达成战略合作，双方将共同开拓广阔的旅游目的地市场。

2015年12月10日，梅州市旅游局与同程网合作开发建设的梅州旅游旗舰店，日前在同程网正式上线。

3. 战略剖析与企业解读

（1）战略剖析

①资本与战略整合

2015年7月3日，同程旅游获得万达、腾讯等机构60亿元投资，为在线旅游行业迄今为止最大金额的单笔融资。60亿元融资的完成为公司休闲旅游生态的构建和战略升级奠定了良好的资本基础和外部格局。同程与万达、腾讯等投资者的业务整合将在最短时间内构建一个休闲游O2O闭环，增强企业核心业务的竞争力。2015年9月，月活跃用户超6亿的微信向同程旅游独家开放了休闲旅游入口，同程旗下全线产品全部入驻。同时，手机QQ也向同程旅游开放了火车票、门票等入口。这是腾讯在连续三次投资同程旅游后，双方在具体业务的整合方面实施的最大动作，同程获得了在线旅游无线端的巨大竞争优势[①]。

②构建休闲旅游生态链

同程旅游的竞争策略包括以下四点：第一是频度＋满意度；第二是产品＋产业链；第三是出发地＋目的地；第四是线上＋线下的结合。2015年同程休闲旅游生态链的构建愈加完善。同程旅游率先推出了本地玩乐、全球旅拍等新业务，除门票业务继续保持行业第一外，邮轮、周边自由行等业务的市场份额均位居行业第一，周边跟团游业务上线后实现了5倍的增长，火车票单日订单突破30万单，机票单日订单突破10万单，整体旅游大交通全年服务人次突破8000万，同时出境游和国内长线游的业务规模均已进入行业前三名。并且还率先在业内推出南极邮轮等高端邮轮旅游产品。

③提升品牌影响力

2015年同程旅游启用了首个品牌形象代言人，并宣布本年为其休闲旅游品牌元年。在公布品牌代言人的同时，同程旅游还发布了"快乐每一程"这一全新的品牌口号。并在同程旅游节中首次提出了"私人定制"的理念，强调为用户提供最适合的产品。根据人民网旅游频道"315投诉平台"数据显示，同程旅游2015年度对

---

① 同程旅游2015交了一份漂亮的"年报". http://www.sootoo.com/content/658980.shtml.

用户投诉的反应速度排名第一，投诉回复率达100%，而且在总体业务规模高速增长的同时保持了较低的投诉率。同程加大了用户口碑和用户体验方面的投入力度是其旅游休闲旅游品牌化战略的重要步骤，同时也是其应对行业新竞争环境的最新举措，同程旅游宣布进入口碑时代，不仅对用户负责，企业内部也公司致力于在最短时间内建立起以用户口碑为核心的考核指标闭环体系，将考核目标落实到每个事业部 CEO 及每一位同事身上，建立基于用户口碑的增长机制，通过为用户提供非常好的线上、线下体验，让用户认可同程，传播同程。同程进入品牌竞争时代[①]。

④娱乐营销

2015 年同程旅游通过加大品牌方面的投入力度，使得同程旅游的知名度、美誉度、核心区域的核心数据等都有快速的提升。同程旅游与著名演员佟大为签订品牌代言合约，其后在暑期时候牵手湖南卫视《爸爸去哪儿》，推出全新亲子游品牌"快乐童心"，被视为品牌化方面的一次新鲜尝试。进入 9 月，同程旅游又与浙江卫视就《奔跑吧兄弟》第三季达成系列战略合作协议，成为"跑男 3"独家旅游合作伙伴，而在近期，同程旅游还策划发起了全国"100 城奔跑接力"活动，借助《奔跑吧兄弟》这一现象级节目共同打造主题旅游产品、营销互动合作。同程旅游开创 OTA 行业"T2O"营销的先河，同时还与腾讯视频、爱奇艺等联合开启在线旅游娱乐营销[②]。

同程旅游也创新开启了更多线上线下互动的新玩法，如《爸爸去哪儿 3》开启品牌互动新模式，引导观众参与互动，参与摇一摇；此外，随着节目的播出、镜头的推进，节目中景色也随之改变，而在这时视频中则会出现和节目中景色相关的旅游信息、目的地、产品、线路特色资讯等的提示，观众可以随时点击互动；同程旅游也借助此次《爸爸去哪儿 3》的战略合作，在亲子游品牌营销及产品创新上深耕细作，给更多选择亲子游的家庭带去更好的旅游体验。

同程旅游注重娱乐营销的发展，在 2015 年底，宣布与更多的文化节目进行合作，如《世界辣么大》自制剧签约、《世界辣么大，Yi 同去看看》活动签约、《世界，我来了》电视综艺投资签约、网络综艺项目投资签约以及与旅游卫视的战略合作签约等。同程品牌在一些领域的探索属于业内首创。同程同更多的内容生产方和平台达成更多更深入的合作，并在娱乐营销方向上探索更多的模式。

⑤深入目的地布局

同程旅游注重目的地的深入布局，包括国内外的体验店或合资公司等的设立。同程在 2015 年并购通辉煌国际旅行社，并在温州、宁波、烟台等地新开 11 个线下体验店，从而将其线下体验店的数量扩充了近一倍，同步覆盖客源地和目的地，构建一个从线上到线下、从出发地到目的地的全面 O2O 业务体系。值得注意的是，同程旅游的大规模开店计划并未刻意区分一线城市和二三线城市，除线下体验店外，

[①] 2015 年同程旅游交了一份漂亮的"年报". http://travel.ce.cn/gdtj/201512/04/t20151204_3204042.shtml.

[②] 同程旅游：口碑竞争时代来临. http://news.xinhuanet.com/travel/2015-04-28/c_127743170.htm.

同程旅游的"同程驿站"也正在快速进驻热门旅游目的地的热门景点，这也是其全面O2O布局的重要一环。在海外，同程旅游在2015年与日本HIS国际旅行社成立合资公司，致力于当地旅游资源的整合与采购，目标是要成为一家海外目的地资源的提供商，为同程旅游的海外出行客户提供更加便利的产品购买途径、更多的产品选择，从而提升的服务口碑，增强客户黏性，从而可以引导更多的客户来购买、消费我们的产品，形成一个良性循环。同程旅游后续还将在日本寻求酒店等目的地资源的收购机会[①]。

在景区和目的地中间，同程还专门设立了景区托管公司，目前已经与100多个景点签订了托管协议；此外，同程和主要股东万达及其他几家基金公司欲设立中国景区投资基金，帮助中国景区更快地升级和面对未来的挑战。在横向上，同程旅游有飞机票、火车票、酒店、景点门票、周边游、国内游、出境游，几乎覆盖全产业链。加速目的地的布局及产业链的完善，并取得了良好的效果。

（2）企业解读

①大数据分析

2015年同程旅游的服务人次首次突破1亿，用户总数突破2亿，这主要得益于移动端的高速增长以及来自微信端的流量支持。根据劲旅咨询发布的10月份旅游类APP监测报告，同程旅游安卓版客户端的累积下载量已达7.37亿，总下载量已超过10亿，稳居在线旅游无线三强之列。另外，2015年9月，腾讯正式向同程旅游独家开放了微信休闲旅游入口，从而使得同程旅游无线端的领先优势进一步加强。依托移动端的领先优势，同程旅游核心业务有望在未来5年内继续保持年均200%的增速，同程旅游2016年服务人次预计将达到3.5亿。

a.百度指数分析

同程旅游从旅交汇B2B业务的基础上发展同程旅游B2C综合平台（一站式旅游预订平台），并构建一起游旅游资讯类门户网站，在自己的生态内完成闭环。从B2B旅行社平台开始，把采购来的酒店、机票直接卖给同程固有的两三万家旅行社（B2B2C新模式，可节省开支），之后拓展C端客户。

以"同程旅游"为关键词的百度指数分析，收录了2015年1月—12月的数据，主要用户在东部地区，长三角一代为核心用户群，江苏省搜索量最多，与其总部在苏州相一致，在其辐射范围内，上海排名为第二位，浙江省排名第五位。广东作为出入境旅游人数大省，排名第三位，北京排名第四位，中部省市河南、湖北上榜，西部的四川排名第七位。同程旅游用户主要以东部地区为主，由东南沿海向西北部依次递减。

图1-15为2015年1月—2015年12月以"同程旅游"为关键词的时间搜索量。搜索指数平均为7041次，搜索数量与国内小长假保持大体一致，7月到9月出现搜

---

① 同程旅游率先进入娱乐+时代尝鲜娱乐营销助推品牌 http://travel.people.com.cn/n/2015/1211/c41570-27915598.html.

索高峰，搜索量最高为8月15日，达22 831次，8月21日，达22 813人次，其次波峰为10月2日，搜索量为22 303次。搜索平均值为7041次。PC端搜索量全年波动比较平稳，移动端与整体趋势保持一致，根据小长假浮动。

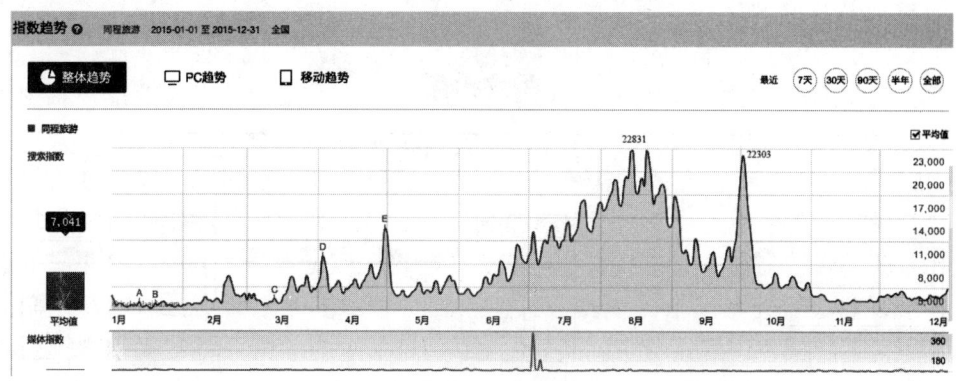

图1-15　2015.01—2015.12同程旅游搜索量

资料来源：百度指数。

图1-16为2015年1月—12月以"同程旅游"为关键词的百度指数人群画像，从图中可以看出同程旅游用户男女比例较为均衡，男性占比76%，女性占比24%。在年龄分布中，30~39岁占比55%，是主要客户群，其次为20~29岁，占比27%，其余占比为21%。同程旅游定位休闲游，用户主要为具有一定经济实力的中青年群体组成，消费潜力巨大，可以继续进行深入挖掘。

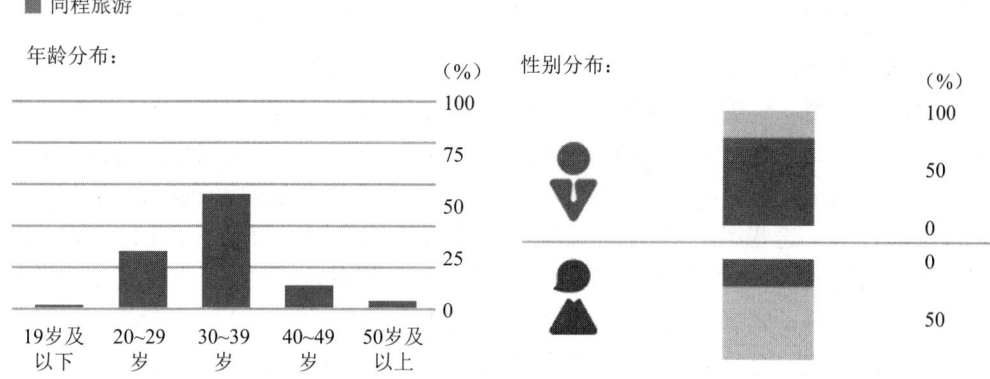

图1-16　2015年1月—2015年12月同程旅游搜索百度指数人群画像

资料来源：百度指数。

b. APP客户端分析

图1-17为同程旅游APP客户设计，从结构层可以看出同程想要竖立的核心竞争力，以及同程对"旅游"管理分类是从距离上分为周边、国内、出境，从点上分为景点门票、酒店等。同程采用差异化的方式，发力休闲旅游，主要为客户提供专

题性旅游套餐选择，首页、发现、抢购都围绕这一点展开，把预订功能做到了第二优先级，是产品导向型，但同时，同程界面基本上以推荐的形式展示，没有榜单之类辅助决策的工具，需要进一步进行优化①。

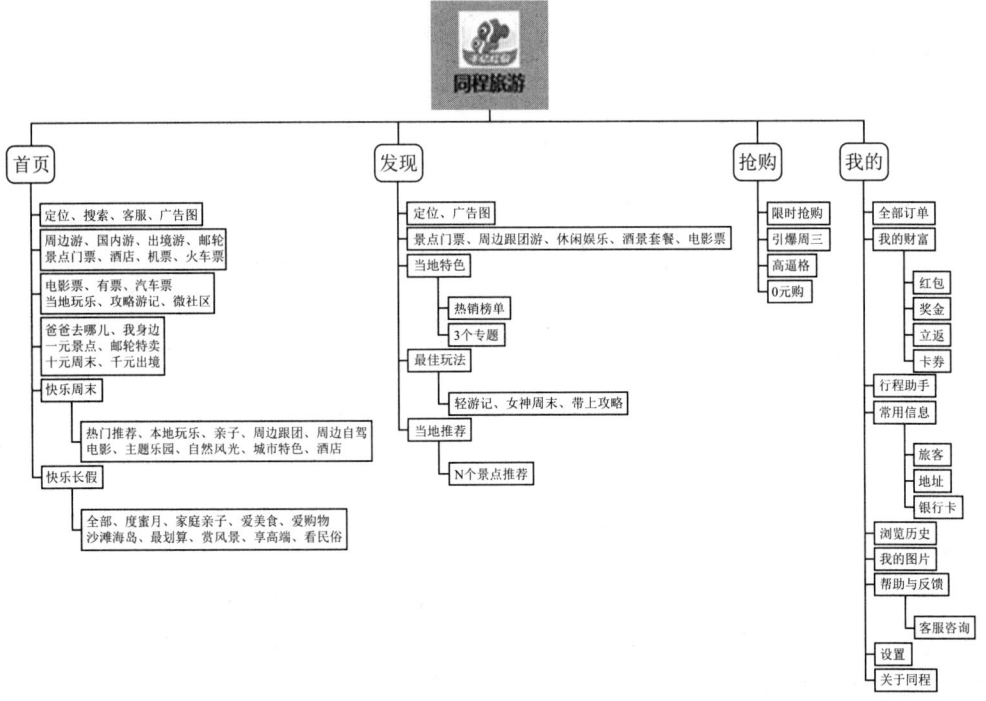

图 1-17　同程旅游 APP 设计

②同程布局

旅游分两类：一类是商务旅行，另一类是休闲旅游，同程专注休闲游方向，其业务布局主要是三大块：周边游、国内游和出境游。景点门票是周边游最核心的一个产品线，周边游的核心是能够带来消费用户。同程通过周边游的景点门票和打包产品吸引用户，这些产品相对高频，客单价略低，成为吸引用户和流量的入口，同时节省了营销成本。PC端流量主要来自于搜索引擎或者是导航网站，真正用户登录的流量不大，移动客户端用户忠诚度高。周边游和门票是进入休闲旅游的入口，景区门票和周边游的绝对优势是同程领先于竞争对手的一个核心优势。同程与8000多家景区建立了紧密联系，为景区持续输送客人。

出境游分出境和邮轮两部分。出境游产品线采用自营加平台的形式。自营分两种，一种是从采购、销售和落地的服务全流程控制的较重的模式。另一种是卖客的模式，关注服务流程的管控，与合作商来做自营的专线。平台化是让供应商进来放产品，或者从供应商采购，进行销售。自营和平台二者相辅相成，自营的价值在于

---

① 同程旅游将与日本HIS成立合资公司. http://travel.cnr.cn/list/20151104/t20151104_520391460.shtml.

让产品线有质量的保障，平台化让产品更丰富、有数量的保证。既有数量又有质量才能让平台更正向的发展。纯平台压力会比较大。另外一个层面是收益的提升，自营的毛利更高[①]。

4. 2015年发展布局

同程在2015年取得了巨大的进步，用户口碑和用户体验的提升也成为其2015年的战略核心。成功融资为同程上市及目的地网络的布点打下了坚实的基础。2016年同程会进一步加大目的地战略布局，布局旅游文化生态产业链，占领休闲旅游市场。

2016年同程旅游将重点发力出发地战略、目的地战略以及大交通战略。出发地战略主要是将人力和资源向重点出发城市配置，省级城市至少部署200人团队，地级城市至少部署50人团队。出发地是O2O闭环的重要一环，同程将进一步加强对出发地的投入力度，深化与本地供应商的合作，建立更加完善的本地化产品运营体系。目的地战略一方面是通过战略合作或资本手段获取优质资源，另一方面是服务重心前移，提高对服务过程质量的把控，同程旅游计划在2016年设立华东、华北、华南、华西四大运营中心，目前华北和华南运营中心已基本筹建完成并开始运转。此外，同程旅游会着重发展大交通业务，在保持现有业务领先优势的同时，从最底层搭建同程旅游大交通体系。

2016年同程品会布局整个旅游文化生态的产业链，通过投资文化产业、代理优质媒体、自造专属IP、参股版权IP等方式打造全新的旅游文化生态，并为旅游目的地、酒店、航空公司提供多元化服务。

（二）欣欣旅游网

1. 企业简介

厦门欣欣信息有限公司（以下简称欣欣）创立于2009年，总部设在中国厦门，并在北京、苏州、青岛三个地区设立了区域运营中心，目前在职员工超400人。其独特的商业模式赢得了广泛认可，2014年获得腾邦国际（股票代码：300178）1.95亿元注资。

欣欣旅游网作为中国首创的旅游P2C平台，会集了上万名旅游顾问，为游客提供专属的、贴心的出行前、出行中、出行后的全方位服务。欣欣平台为旅游顾问对接旅游线路、机票、酒店、门票、用车等各类旅游要素，并保证这些产品真实可靠和服务质量。同时，还为旅游顾问提供多种便捷高效的分销工具和管理系统，结合移动分销，为旅游从业者和游客架起新型对接桥梁。

目前欣欣平台聚集了超过10万家旅行社，在售旅游产品超过200万件，交易流水突破25亿元人民币，是中国最大的旅行社平台。未来这些旅行社从业者将逐渐转变为旅游顾问，为广大游客提供最贴心和专业的服务[②]。

---

① 同程旅游：在线旅游代理商（OTA）分析. http://www.woshipm.com/evaluating/234265.html.

② 同程旅游总裁马和平：专注休闲游年内启动A股上市. http://finance.sina.com.cn/stock/newstock/zxdt/20150530/020822304473.shtml.

图 1-18　欣欣旅游企业 LOGO

欣欣象形文化：①形：形为"象"，沉稳，大气，温和却具有力量，名副其实的百兽之王，象征欣欣平台形象；②神：神为"善"，目光有神，象鼻扬起，传递出欣欣友善、亲切、热情、周到的客户服务理念；③音：音通"祥"，亦通"向"，吉祥如意，欣欣向荣，寄托欣欣对于未来发展的美好愿景；④义：万象更新，推进旅游行业信息化进程，打造一番旅游欣气象。

2.2015 年大事记

2015 年 1 月，欣欣旅游顾问 APP 正式上线，CRM 系统、M 版、微店开发完成。

2015 年 3 月，欣旅通开展旅行社走访活动。

2015 年 4 月 23 日，欣欣旅游网助力山东旅游迈入"互联网+"。

2015 年 5 月，欣欣旅游成功获得福建省智慧旅游云集群项目的建设运营权。

2015 年 6 月，欣欣金融平台上线。

2015 年 7 月，欣欣旅游顾问发出"全球悬赏令"。

2015 年 7 月，欣欣旅游正式顾问突破 1800 名，月度在线流水突破 1000 万。

2015 年 8 月，欣欣旅行社实用 ERP 系统上线。

2015 年 9 月 21 日，推出旅行社 ERP 系统。

2015 年 9 月，荣获中国电子商务协会颁发的"中国电子商务最具影响力行业门户"称号。

2015 年 11 月，携手欣欣旅游厦门宝中信息化再升级。

2015 年 12 月，全国首创旅游 O2O 项目——腾邦欣欣旅游产业园启动。

2015 年 12 月，腾邦旗下欣欣旅游山东运营中心正式成立。

3.战略剖析与企业解读

（1）战略剖析

①注重旅行社信息化转型

早在数年前，旅游 ERP 就已进入中国，但发展非常缓慢，因为价格高昂无力承担或系统不成熟无法满足业务需求等原因，装配并长期启用的旅游企业非常少，可能占整个行业 5% 不到，因此，大多数旅行社们还是依赖纸质报表以及"电话+传真"的方式经营，低效而又混乱。欣欣专注于市场需求与难题，发挥其优势，以技术切入的方式，来帮助和服务旅行社。

欣欣自 2009 年进入旅游行业，就一直给中国旅游行业专业的旅游信息化专家形象，提供旅游信息化整体解决方案，帮助旅游企业实现在线化、信息化。欣欣旅游为旅行社以及旅游从业者定制 C2B 工具"移动分销"，大力推广"脸商"概念，通过商务社交化，以信息化网络技术为手段，帮助旅行社和旅游从业者满足游客的多样化需求。2015 年欣欣旅行社实用 ERP 的上线，初步搭建完整的信息化体系[①]。ERP 系统由四大模块组成：计调管理系统、客户管理系统、财务管理系统和信息管理系统。计调管理系统包括发团管理、产品设计、资源调度、旅游元素管理；客户管理系统包括客户管理及客户营销；财务管理系统包括金融服务整合、授信管理、报表管理、财务管理；信息管理系统则包括内部资料管理、人员信息管理、合同管理、辅助决策系统等功能。欣欣旅游为旅行社提供了完整的信息化整体解决方案，帮助旅行社更高效地开展产品制作、单团管理、散团收客、库存价格管控、财务管理、同业分销、直客分销、移动分销等业务，解决了动态管理库存和自动清位、统一归集供应链和分销渠道、移动办公等长期困扰旅行社的困难和问题，最大化释放旅行社管理效能，帮助旅游企业最大化节约管理成本[②]。

②欣欣旅游顾问

欣欣旅游顾问已经为 50 多万人提供了 161 个国家 493 个城市的旅游定制，并且全国 180 个城市也可免费提供上门服务，被誉为"在线旅游的 Uber"。主要有以下三点：第一，与顾客自由对接的桥梁式平台。欣欣旅游顾问提供游客与旅游顾问对接的平台，游客在欣欣定制游上发布自己的旅游需求后，顾问会进行方案投标，每个方案可以获得多个顾问的投标，游客可以选择喜爱的方案，并根据自己的实际需求进行方案整改，1 对 1 沟通方案细节，核实报价，最终确认方案，顾问的服务理念会渗透到游客出行的整个过程，确保游客出行质量和旅游体验。第二，安心的服务体验。与传统的旅行服务都只是一锤子买卖不同，旅游顾问的模式是一种朋友式的关系营销，让每位游客从始至终参与自己的专属行程定制，顾问以朋友的身份与游客建立长久的联系，有任何的服务偏差都能通过顾问去进行调整和改善，避免了传统旅行社将游客甩手给地接而无法把控旅游服务质量的问题，将服务贯穿到旅游的整个过程。第三，安全的支付方式。欣欣旅游提供的腾付通在线支付工具，旅游满意后再确认付款，未出游 100% 保证退款，承诺品质服务，有效投诉先行赔付，全球免费旅游救援服务，让游客支付完全没有后顾之忧。未来，依托欣欣旅游平台整合的强大资源以及自身的技术实力和发展眼光，欣欣旅游顾问在服务好当下的同时，还将会创新迭代出更多的符合行业发展新需求的好产品，旨在做推动旅游与定制融合发展的新引擎。欣欣旅游与 Uber 模式相似，立作在线旅游界的黑马，为游客提供更放心的服务[③]。

③一站式全网营销管理

在线旅游的兴起，消费习惯的改变，让旅行社的运营模式也发生了很大的改变。营销的渠道从单一的门店收客，已经发展到建设自己的旅游网站、在第三方平

---

① 欣欣旅游官网．http://www.cncn.com/corp/about1.html．
② 推出旅行社 ERP，欣欣继续布局"大旅游"版图．http://dwz.cn/4GU6Jp．
③ 欣欣旅游剖析旅游信息化"一站式全网营销管理"是关键．http://dwz.cn/4H2r71．

台开设网店等方式。欣欣定位为旅游信息化专家，致力于为旅游行业互联网化提供服务，从营销平台、营销工具、管理工具、资源整合等方面具有极大的优势。实现一站式全网营销管理主要通过以下平台实现：首先，欣欣旅游旗下两大运营平台，一个是面向直客端的国内最大的在线旅游超市——欣欣旅游网，旅行社可以通过在欣欣旅游网开网店的形式收取直客。另一个是面向旅游同业的采购分销平台欣旅通。为旅游从业者提供集营销、供销、应用、社交为一体的综合功能。其次，从产品线来说，有专为旅行社快速搭建自有官方网站的"欣欣建站"，有为旅行社在欣欣旅游网上开设专业级网上店铺的"欣欣旺铺"，还有将旅行社升级成"脸商"，建立与游客一对一专属关联的"欣欣旅游顾问"，还有只要开通"欣欣建站"或"欣欣旺铺"就配套赠送的"欣欣手机网店"和"欣欣微店"。所有的这些产品只需要一个后台录入，就可以把产品信息同步发布到各个渠道。全网同时覆盖，大大地提升了旅行社的工作效率。再次，专为旅游从业者打造的旅游业务管理应用，叫欣欣"旅行社助手"。使旅行社日常业务处理不再局限于PC端，可以进行业务移动处理，同业采购，汇集旅游业最新最全资讯的旅游界板块，轻松管理同行人脉。最后，加之腾邦国际与欣欣旅游的资源整合，更多的中小旅行社加入到欣欣旅游B2B2C的生态圈中，形成一个良性循环，带动更多的中小旅行社向信息化稳步转型，通过一站式全网营销管理，促进在线旅游行业的健康发展。

（2）企业解读

①旅游同业供销平台模式

欣欣旅游网作为"国内最大的在线旅游超市"，已于2014年6月正式启动了旅游采购分销平台战略，打造集旅游资源采购与分销于一体的综合平台，构建旅游行业B2B2C生态圈。欣欣已经吸纳超过8万家旅行社会员，覆盖全国，精确到县一级行政单位，同时整合了大量的优质旅游产品。随着欣旅通旅游B2B平台的推出，基于欣欣庞大的分销商优势以及分销平台产品价格的透明化，将有力提升中小旅行社的议价能力，无论分销商的规模大小，均可以享受到极具市场竞争力的供应商统一价格。同时，欣欣作为交易平台，更充分发挥了在业内良好的资金基础和诚信经营优势，为平台会员解决了旅游同业常见的三角债以及坏账率，重点打造欣旅通同业信用体系，以双方互评作为交易终结以及资金分润依据，提供金融与信用担保交易，有效保障供销双方的利益，打造一个公开、公平、公正的信用平台。

欣欣旅游B2B2C生态平台的建立与完善，意味着分销商可以直接在欣旅通平台采购供应商产品。继而在欣欣旅游网完成销售，直接转型为线上零售商，快速提升产品周转效率。欣旅通最终打造的是一个旅行社工作平台，实现旅行社一体化营销。欣欣旅游的定位就是通过自己的技术帮助旅游企业实现信息化，为旅行社合作伙伴提供完整的电子商务解决方案，旅游同业供销平台模式是其发展核心①。

②构建"前店后厂"B2B2C 平台

2007 年时，中国已经陆陆续续出现了旅游 B2B，但无论是渠道运营模式还是供应商自建，或是开放平台模式，大多都存在着强地域规模小、开放度不足、中立度不够等根本性问题。2013 年后，去公款化，散客化，O2O 热，极大地释放出市场对 B2B 的需求，B2B 在旅游业中开始越来越受到资本关注，也有越来越多企业参与进来。2014 年，欣欣旅游推出 B2B 平台"欣旅通"，构建了旅游产品的采购信息化体系，用以帮助旅行社提升采购效率、降低采购成本。同时，欣欣旅游已有帮助旅行社迎合在线预订需求的成熟 B2C 平台"欣欣旺铺"，有帮助旅行社自建网站、实现自主经营的"欣欣建站"，有帮助旅行社收客、留客的手机网店和微信店，全方位为旅行社提供信息化服务。2014 年 10 月，腾邦国际牵手欣欣旅游，双方业务互补，打造旅游＋互联网＋金融的大生态圈，腾邦国际通过与信息的合作在商旅行业积淀多年的资源中注入"轻""快"的互联网基因，同时欣欣"前店后厂"的模式也更为稳健地发展。欣欣旅游为旅行社以及旅游从业者定制 C2B 工具"移动分销"，大力推广"脸商"概念，此时，B2B2C"前店后厂"的模式基本完整。与其他的旅游同业平台相比，欣旅通具有海量的分销商资源和突出的线上营销能力。传统供应商和分销商入驻欣旅通旅游 B2B 平台，将大幅度的降低供应商和分销商之间的沟通成本、打破了传统旅游行业普遍存在的地域性壁垒，极大提升了供应链效率。其独特的 B2B2C"前店后厂"的模式，极大地推进了旅社信息化，有利于整个中国在线旅游行业的转型与发展。

③企业文化与愿景

欣欣拥有一支既懂旅游又懂互联网的专业技术型团队，始终专注于旅游行业的信息化建设与研发。富有经验、沉稳、坚定、耐心、执行力强，对行业理解非常深刻，互联网产品能力突出，与行业结合紧密，拥有长期的产品规划和储备。欣欣目前拥有 400 多名员工，其中研发人员占 60%，半数以上是 6~10 年的资深软件工程师，研发流程严格遵照 CMMI3 级标准执行，具备开发运营千万级系统平台的能力。

欣欣的文化均致力于维护客户的利益，希望其所打造的平台和产品，能让旅游产业链包括游客、旅行社、产品供应商和其他人士在内的所有参与者，都能从中获得成长和收益。欣欣品牌文化主要包含以下六点：a.追求简单，欣欣旅游善于把复杂的事物分解成简单的事物，崇尚把最简单的事情做到极致和完美；b.拥抱激情，欣欣团队年轻向上积极乐观；c.协作共赢，欣欣人愿意为了美好的愿景努力拼搏不断奋斗，与客户携手创造共赢；d.团队协作，相信伙伴，也视客户为伙伴，共享共担，追求卓越去不断超越；e.客户第一，坚信要更加了解旅游，更加了解客户的需求，致力为客户创造价值；f.诚信为本，一言一行秉持本心，重诺守信，坚持做对的

---

① 欣欣旅游顾问——在线旅游的 Uber. http://gb.cri.cn/44571/2015/08/11/7872s5062796.htm.

事情。

欣欣愿景主要包含以下五个方面：a.提高行业运行水平，优化旅游业体系。依托欣欣平台与技术，为旅游企业提供专业网络运营系统，提升旅游业整体形象，优化行业交易过程与行业体系，增强旅游行业竞争力。b.实现服务价值化，让游客享受优质服务。欣欣旅游创新的旅游顾问平台，对接旅游线路、机票、酒店、门票、用车等各类旅游要素，会聚了上万名专业旅游顾问，为游客提供贴心、专业的旅游定制，并全程为游客提供一切相关服务。c.整合行业资源，促进行业信息的传播和推广。基于"欣欣旅游网"信息交流和产品促销的网络平台，已为全国10万多家旅行社实现旅游产品的在线发布和销售。为旅游者与旅游企业之间提供一个交互平台以实现知识共享与增进交流的网络化运营模式。d.通过信息技术，提升旅游企业竞争力。欣欣网店系统，帮助优化旅游产品的结构，提升企业管理效率，提高经营效益，提升旅游目的地形象。为整个旅游行业提高工作效率，简化工作流程，缩短工作时间，控制人力成本，增加企业营收。e.产购销一条龙，打通B2B2C电子商务交易。创建全国首个实现即时价格和动态库存的集旅游同业资源采购、同业客户管理及旅游分销于一体的在线交易平台。实现了入场即交易，上架即销售的商业模式。

4. 2016年发展布局

2015年，欣欣旅游专注于旅行社信息化转型，完善了"前店后厂"B2B2C平台，同时，其为旅行社以及旅游从业者定制C2B工具"移动分销"，大力推广"脸商"概念也受到了极大的好评，为旅游同业者搭建了良好的平台。2016年，欣欣旅游将会继续稳扎稳打，深耕旅游信息化。

首先，成立区域运营中心，专注旅游平台搭建，致力于提供单一旅行社解决不了的信息化解决方案。成立运营中心，是欣欣旅游未来战略布局，欣欣旅游与腾邦集团就内部机票、互联网金融、境外商旅等优势资源的打包与对接，平台上的旅行社将可以共享腾邦资源，并且在当地获得更便利、快捷的服务，欣欣旅游会逐步成立中国各大区的区域运营中心，进行市场布局。其次，打造的互联网+旅游的O2O新模式，完善旅游金融，实现平台交易闭环。欣欣旅游将借助腾邦国际小额贷款、互联网理财等金融工具，最大限度挖掘现有业务的盈利潜能，深化打造旅游行业B2B2C平台。最后，发挥旅游顾问价值，提供专属的个性化定制，提升产品质量与服务质量。

第三节　旅游攻略社区类电商介绍及企业解读

旅游攻略社区类电商是以内容为导向，以用户共享为核心，通过UGC的模式进行网站的运营，搭建旅行服务平台。随着自助游的兴起，旅游攻略成为出行必备，以 LonelyPlanet 为代表的旅游指南开创了旅游攻略先河。然而，随着互联网的快速发展，用户在线分享旅游经历意愿越来越强，互相沟通交流旅游心得的需求也越来越大，在线旅游攻略社区应运而生，传统付费形式旅游指南路书逐渐被在线旅游社区免费攻略内容取代。在线旅游攻略社区以众包形式的 UGC 攻略内容日益丰富，攻略社区功能日渐完善，马蜂窝、穷游及携程等旅游网站攻略频道等众多 PC 网站成为用户查找攻略的主要渠道。与此同时，攻略社区 PC 端的商业模式崭露头角，从广告费到导流佣金，再到推出酒店等产品预订，企业商业化逐步布局。随着移动互联网快速发展，攻略社区企业 APP 逐一上线，同时纯移动端企业如面包旅行、淘在路上等也渐渐涌现，移动端更新迭代迅速。随着智能设备的普及，用户移动阅读已成习惯，移动端占据用户碎片化时间。用户由 PC 端向移动端转移，APP 逐渐成为出游或者计划出游用户设备里的查询攻略的必备利器。同时攻略社区商业模式逐渐成形，攻略社区企业纷纷推出移动端产品预订，根据海量信息抽离标准 POI，接入自由行等资源，帮助用户完成消费决策，旅游攻略社区 APP 端迅速崛起。

根据艾瑞咨询统计数据显示，2014 年中国旅游攻略社区用户规模达 2.5 亿人，2015 年中国旅游攻略社区用户规模达 3.6 亿人，出境人次达 1.2 亿人次。其中，移动端用户增长迅速，达 1.8 亿人，占整体用户 49.6%。预计 2016 年在线旅游攻略社区用户将达 4.8 亿人，移动端用户将继续渗透，达到 2.6 亿人①。

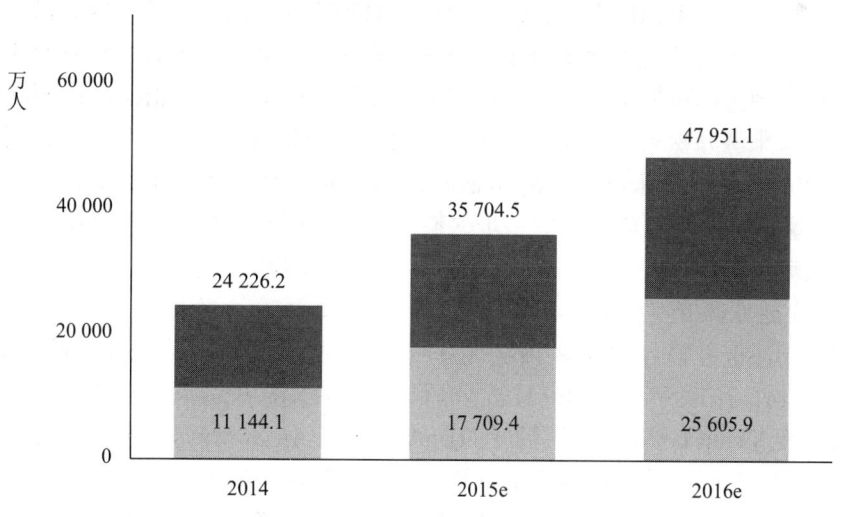

图 1-19　2014—2016 年中国在线旅游攻略社区用户规模

资料来源：《中国旅游攻略社区移动出境市场研究报告 2015 年》。

---

① 艾瑞咨询. 中国旅游攻略社区移动出境市场研究报告 2015 年.

旅游攻略社区类电商拥有众多忠实用户，发展潜力巨大，但如何实现商业变现是其面临的最核心问题。穷游、马蜂窝从 PC 版开始的网站代表了国内第一代旅行 UGC 网站，第二代便是 2013 年前后逐渐兴起、主打移动端的 UGC 应用，比如淘在路上、面包旅行、蝉游记、游谱旅行等，多以照片为切入点，往轻游记的方向发展。游谱旅行的做法是招募旅行家制作 PGC 的攻略，在用户端构建图片社交，人均单日启动次数和使用时长很可观，提高转化率的方式是咬紧用户从内容到交易过程中的不同需求，尽量加速用户的决策，缩短内容到下单的距离。与此同时携程、途牛、驴妈妈等已经拥有了大量交易的 OTA 也在推进社区及内容的建设，一方面增加用户黏性，另一方面帮助用户进行消费决策。总体而言，UGC 和 OTA 的趋势是相互融合。比如现在阿里去啊、艺龙、同程上的不少酒店点评来自 TripAdvisor（猫途鹰），而在马蜂窝上也能预订到携程的产品。

本部分旅游攻略社区类电商主要对以下企业进行介绍，一是以猫途鹰（原名到到网）为代表的社区点评类在线旅游服务平台，二是为以马蜂窝和穷游网为代表的社区攻略类在线旅游服务平台。两种皆是以 UGC 内容共享为导向。

一、社区点评类在线旅游服务平台：TripAdvisor（猫途鹰）

TripAdvisor（猫途鹰）从酒店点评起家，在欧美国家的成功有代表性，这是早在 2003 年凭借酒店点评链接酒店预订赚取佣金而盈利的在线旅游商。TripAdvisor 为用户提供及时、可信的全球化旅游信息、周到客观的酒店评论、酒店索引、酒店选择工具、酒店房价比价搜索以及社会化的旅途图片分享、视频上传和在线驴友交流等服务。酒店预订一直都是一个稳定的商业价值入口，TripAdvisor 的布局是在酒店核心利益来源外探索新的路径。例如收购欧洲最大的参观预订公司，收购美国最大的景点预订公司。此外，TripAdvisor 于 2015 年 7 月正式发布其全新中文名"猫途鹰"，推出中文手机应用，进一步深耕中国在线旅游市场，全面升级其中国品牌的发展战略。

（一）企业简介

TripAdvisor（官方中文名猫途鹰）是一家旅游点评网站，拆分前的 Expedia 旗下子公司；2011 年 12 月 20 日拆分后以代码 TRIP 在纳斯达克独立上市交易。TripAdvisor Media Group 旗下拥有 TripAdvisor, Airfarewatchdog, BookingBuddy, Cruise Critic, Family Vacation Critic, FlipKey, Holiday Lettings, Holiday Watchdog, Independent Traveler, OneTime, SeatGuru, SmarterTravel, SniqueAway, Travel Library, TravelPod, VirtualTourist and Kuxun.cn 等 19 个旅游媒体品牌。在中国，TripAdvisor 于 2009 年 4 月创建中文旅游点评网站到到网（Daodao.com）；2009 年 10 月，收购中国旅游搜索引擎酷讯网（Kuxun.cn）。其兄弟公司 Expedia 在中国控股了 OTA 艺龙网，2015 年 7 月，TripAdvisor 进行品牌升级，为中国旅行者量身打造了全新中文名"猫途鹰"，更贴近 TripAdvisor 的全球品牌标识，也更便于中国用户的识别和认知。TripAdvisor 月访问量达 3.4 亿人，同时拥有超过 7800 万的注册

会员以及超过 2 亿条旅游点评和评论,并且数量还在不断增加中。目前 TripAdvisor 已成为一个大型的在线"数据库",在全球 45 个国家设有分站,包括美国、英国、西班牙、印度、中国等地,覆盖 28 种语言,包含了全球超过 1 650 000 家住宿和度假租屋,530 000 个景点,和 2 700 000 家餐厅的信息。旅行者的真实评论是 TripAdvisor 最大的特点[①]。

图 1-20　猫途鹰企业 LOGO

TripAdvisor 及其旗下的网站组成了极具规模的全球化旅游社区,旨在帮助全球旅行者规划和预订行程,并享受优质的旅游体验。在中国,TripAdvisor 的愿景是汇聚全球智慧,为中国旅行者带来极具参考价值的出境旅游点评及建议,展现全球各个目的地的酒店,景点和餐厅的真实情况,帮助中国旅行者以不同视野看世界,规划并预订完美的出境旅程。

TripAdvisor 与国内外的旅游预订网站均建立了紧密合作,用户可根据地理位置、酒店星级、销售价格等条件搜索全球酒店信息;同时,网站的智能比价功能可快速查询同一家酒店在不同预订平台的最佳价格及房态信息,结合点评、评分及照片,让用户在计划行程时做出更好更明智的选择和决定。目前 TripAdvisor 在中国的合作伙伴包括:携程(Ctrip)、艺龙(eLong)、同程、Hotels.com、Booking.com、Agoda.com、HRS.cn 及希尔顿(Hilton)、万豪(Marriott)、香格里拉(Shangri-la)、洲际(IHG)、喜达屋(Starwood)、港中旅维景(HKCTS)、格林豪泰(Greentree)等。

(二)2015 年企业财报分析

根据 TripAdvisor 发布的 2015 年第四季度及全年财报显示,2015 年全年总营收为 14.92 亿美元,上年同期为 12.46 亿美元,同比增长 20%(按固定汇率计算增长约 27%);2015 年全年调整后息税前利润为 4.66 亿美元,占总收入的 31%,净利润为 1.98 亿美元,或摊薄每股收益 1.36 美元,这主要是由于 TripAdvisor 慈善基金会增加了 3600 万美元的税后慈善捐赠支出。非美国一般公认会计准则(Non-GAAP)基础上,2015 年全年的净利润为 3.02 亿美元,或摊薄每股收益 2.05 美元;全年运营活动产生的现金流为 3.82 亿美元,占总收入的 26%,自由现金流为 2.73 亿美元,占总收入的 18%,平均每月独立用户访问量达到 3.5 亿。

---

① TripAdvisor 官网 . http://www.tripadvisor.cn.

表1-2 2015年Q4及全年业绩表

单位：百万美元（除百分比和每股数量外）

	2015Q4	2014Q4	变化	2015年	2014年	变化
总营收	309	288	7%	1492	1246	20%
调整后自税前利润	87	98	（11%）	466	468	0%
净利润GAAP	3	56%	27%	198	226	（12%）
净利润Non-GAAP	66	52	27%	302	284	6%
每股利润GAAP	0.02	0.25	（92%）	1.36	1.55	（12%）
每股利润Non-GAAP	0.45	0.35	29%	2.05	1.93	6%
运营产生现金流	74	62	19%	382	387	（1%）
自由现金流	58	36	61%	273	306	（11%）

注：（ ）内为负值。

资料来源：劲旅网资讯。

同时，截至2015年12月31日，用户评论和意见达3.2亿，涵盖了995 000个酒店和住宿地、770 000个度假公寓、380万个餐厅和625 000个景点，移动端用户量达到总独立用户数的53%、应用下载量达到2.9亿。

表1-3 2015年Q4财务摘要

单位：百万美元（除百分比和每股数量外）

	2015年Q4	2014年Q4	同比增长（%）
点击付费广告	180	181	1
展示付费广告	42	36	17
订阅、交易以及其他收入	87	71	23
总收入	309	288	7

注：（ ）内为负值。

资料来源：劲旅网资讯。

TripAdvisor目前主要营收来源为酒店业务，2015年酒店业务收入占比在84%左右，收入方式主要是点击付费广告（约占比60%），展示付费广告（约占总收入的10%），订阅和其他收入在上升，为30%左右。与2014年第四季度相比，TripAdvisor的展示付费广告、订阅交易及其他收入都有明显的增长，点击付费广告基本保持不变。2014 年，TripAdvisor 正式推出了为单体酒店打造的即时预订功能，但合作方不限于单体酒店，吸引了大批合作伙伴。

2015 年第四季度总营收为 3.09 亿美元，2014 年同期为 2.88 亿美元，同比增长 7%（固定汇率计算增长约 12%）。2015 年第四季度美国通用会计准则的成本和支出为 3.34 亿美元，同比 2014 年第四季度增长了 46%；调整后息税前利润为 8700 万美元，调整后税前利润率为 28%。酒店调整后息税前利润为 9500 万美元，调整后税前利润率为 37%。其他部分调整后息税前利润为负 800 万美元，调整后税前利润率为负 16%。截至 2015 年 12 月 31 日，TripAdvisor 集团的现金及现金等价物、短期和长期有价证券为 6.98 亿美元，同比上年增加了 1.04 亿美元；截至 2015 年第四季度 TripAdvisor 有员工 3008 名，去年同期为 2781 名员工，截至 2015 年第三季度末有 2961 名员工[①]。

（三）企业大事记

2000 年，Stephen Kaufer 创立 TripAdvisor。

2004 年，TripAdvisor 被 IAC（InterActiveCorp）以 2.19 亿美元收购。

2005 年，IAC 将 Expedia 分拆出去 2004 年，同时包括 TripAdvisor。

2009 年 4 月，TripAdvisor 中国官方网站到到网正式上线。

2011 年 7 月，到到网被旅游业界权威媒体：旅讯 TravelWeekly 评为——最佳旅游资讯网站（Best Travel Information Website）。

2011 年 12 月 21 日，TripAdvisor 在纳斯达克上市。

2014 年 7 月，TripAdvisor 到到网荣膺"最具成长性企业"奖。

2014 年 6 月 27 日，TripAdvisor 到到网被评为最具成长型企业。

2014 年 7 月 8 日，"铂涛酒店集团"宣布与全球最大的旅游网站 TripAdvisor 开展战略合作。由此，铂涛也成为进入 TripAdvisor 企业名录服务的第一个中国酒店。

2014 年 8 月，TripAdvisor 正式宣布任命郑嘉丽女士为亚太区总裁。郑女士除了继续担当中国官网到到网常务董事一职外，还将肩负日本以及印度公司在亚太地区进一步增长及管理的职责，不断推动 TripAdvisor 在亚太区的发展。

2014 年 12 月 27 日，苏州旅游部门与 TripAdvisor 到到网达成战略合作协议。

2015 年 2 月 2 日，桂林市旅游局与 TripAdvisor 达成战略合作协议。

2015 年 3 月，雅高旗下酒店将被纳入 TripAdvisor 网站。

2015 年 7 月 28 日，TripAdvisor 中文更名猫途鹰，二次入华。

2015 年 8 月 4 日，TripAdvisor 发布其中国定制化 APP。

2015 年 8 月 19 日，美团宣布完成整体收购 TripAdvisor（官方中文名：猫途鹰）旗下的酷讯旅游网。

2015 年 8 月 26 日，猫途鹰宣布"全球点评志愿翻译工程"正式更新上线。

2015 年 11 月 18 日，到到网 CEO 吴皓表示其母公司 TripAdvisor 将于年底 IPO，

---

① 搜狐旅游. http://travel.sohu.com/20160215/n437425647.shtml.

而作为其中国子公司的到到网仍将保持独立发展,未有盈利压力。

2015年12月,同程旅游宣布与全球领先旅游平台 TripAdvisor(猫途鹰)达成战略合作,双方将发力境外游相关产品的中文点评服务。

(四)战略剖析与企业解读

1. 战略剖析

(1)更新名称推广中国本土化战略

猫途鹰作为全球最大的旅游垂直媒体 TripAdvisor 的中文官方网站,致力于打造中国最大的、信息最全的、用户最多的旅游社区,为中国的旅行者提供最及时、可信的全球化旅游信息。作为全球最大的旅游客源国,在过去四年间,中国出境游市场保持着每年两位数的强势增长,而在迎来最佳机遇的同时,中国游客的出境之旅也面临诸多挑战,例如实际旅游居住体验与心理期待的落差,踏上异国旅途时所遇的信息不对称不通畅等困难,这些都呼唤着值得信赖的服务者帮助中国旅行者不断提升出境游体验。为了进一步扩展中国旅游市场,TripAdvisor 正式发布其全新中文名"猫途鹰"及相关品牌标识,同时推出全新版本的中文手机应用,更新中文网站,全面升级其中国品牌发展战略,帮助更多中国旅行者规划完美的出境旅程,进一步提升全球华语用户在 TripAdvisor 上的归属感及忠诚度。

总体上看,首先,发布全新中文名是 TripAdvisor(猫途鹰)在中国品牌战略全面升级的第一步,打消中国用户对"到到网"和"TripAdvisor"两个品牌形象的困惑;其次,全新中文移动 APP 及网站是 TripAdvisor(猫途鹰)首次为单一国家研发定制化的产品,是吸引中国游客的良好途径。

(2)与国内相关机构合作

TripAdvisor 与苏州旅游局达成战略合作协议,苏州旅游局利用 TripAdvisor 将其独特的园林、古城、美食与"苏式慢生活"等旅游资源向全球旅行者推广。同时,丰富并完善 TripAdvisor 上的苏州旅游目的地的信息,推广苏州的主题景点和节日活动等,让全球旅行者发现苏州、了解苏州。同样,桂林市旅游局与 TripAdvisor 达成战略合作协议,将其旅游资源进行网络推广。此外,除各省市的本土化推广,TripAdvisor 还与中国国家旅游局于2015年9月达成了"全球战略合作伙伴"关系,并签署了以旅游大数据为核心内容的战略合作协议,TripAdvisor 通过与官方的战略合作进一步为猫途鹰在国内市场的渗透打下了坚实的基础。从旅游受众及旅游目的地宣传机构两个层次入手,加快其本土化进程。

(3)目标聚焦战略及第三方推广

TripAdvisor 自身的转型需求,在从垂直搜索过渡到结合在线预订和元搜索平台的过程中,TripAdvisor 的卖点是旅行者的真实评论,猫途鹰核心也在于通过 UGC(用户创造内容)来引导用户做出选择,以开放、分享模式,为网友提供最有价值的信息。对猫途鹰来说,如何迅速壮大会员基数和点评量是摆在他面前的首要问题。猫途鹰借助第三方的推广,先后和当当、豆瓣等网站进行了合作推广,通过活动提高网站的知名度,并吸引这些网站的会员来到到网注册、贡献内容。还同时在百度、谷歌等搜索引擎上投放大量广告。除了线上推广，其还采用了线下拦截的方式，通过在酒店、机场旅游景点等地，通过问卷、访问等直接接触受访者的方式收集相关的旅游点评。随着微信用户的增加，猫途鹰也与自媒体及其他网络加强合作，进行营销推广。

2. 企业解读

（1）突出真实点评优势

TripAdvisor 成功的原因在于网站信息量的实用性和网站的公正性，其最大特点是为旅行者提供有真实游览经历游客的评论。这样的评论对即将出行的旅游者就有相当大的参考价值，特别对于打算自助游的游客来说，这些评论让他们了解目的地的概况及风土人情，帮助他们合理制订游览计划并获得最完整的游览体验，有些评论还会推荐当地最富特色的餐饮场所和住宿选择，消除了初到一个新城市旅游的游客心中的恐惧感和陌生感。2015年8月，猫途鹰宣布成立"全球点评志愿翻译工程"，目标年翻译100万条最新、最有价值的英文点评内容，针对中文用户持续优化阅读体验，包括新版翻译云平台、更多内容翻译种类、设立专属微信公众号等，进一步加强真实的点评优势[①]。

（2）UGC 内容的转化

TripAdvisor 与其他传统的 UGC 网站面临同样的问题：拥有巨大的访问量，却不能从中盈利。其原始的经营模式是将搜索引擎许可连接到其他旅游网站上，其他旅游网站需要更好的搜索功能进行流量的转化。有很多游客登录其网站查看目的地城市酒店的评价，TripAdvisor 通过在每个酒店的页面上增加了一条链接，"查看 Expedia 上的价格并预订"，产生了第一位客户。因为点击链接的人们中，会有一小部分完成预订。如果他们完成了500美元的预订，Expedia 会得到20%的佣金，得到100美元，并支付给 TripAdvisor 50美元。如果100个点击链接的访客中有1人完成预订，其便得到50美元。反过来推算，每次点击 TripAdvisor 能挣50美分。所以一次点击50美分就是其经营模式。通过足够多的流量和酒店及预订的转化。不直接向游客出售旅游产品，但通过提供方便游客快速预订酒店机票的链接为其关联公司 Expedia.com 等增加业务量，另外通过提供真实全面的旅行信息吸引大批自助游爱好者，积累大量人气，进而获得广告商的广告费用收入，便是 TripAdvisor 盈利模式，而如何提升其在中国本土市场的转化率，是猫途鹰面临的主要问题。

（3）本土化的资源共享

本土化运营层面：猫途鹰2009年进入中国市场，在资金方面完全依靠母公司 TripAdvisor，其运营团队全都由本土员工组成。同时，与其他外企不同，猫途鹰团队根据中国市场完全掌握决策权，不受到美国总公司干扰，可快速做出决定。受到出国签证流程简单化和国外航班进入大陆市场使得机票价格降低的影响，出境游开

---

① 猫途鹰首次收录本案例，包含2015年前企业事记。

始成为中国旅游市场的主要趋势，猫途鹰根据中国市场的走向及时调整策略。其将核心放在了出境游领域，凭借母公司 TripAdvisor 多年积累的丰富点评内容和结构化的信息，其国外酒店信息受到用户的认可。与此同时，对于出境游中一部分没有特别丰富经验的用户，猫途鹰将不同内容打包成一些路线，让刚开始出境游或自助游的用户更方便使用。

资源共享：TripAdvisor 拥有丰富海量的真实点评资源，母公司为猫途鹰提供的资源也是其掘金中国市场的另一砝码：在产品层面，猫途鹰的国内点评很详细，50 字以上的完整的点评及丰富的用户共享照片让其在其他 OTA 网站中脱颖而出；其次，猫途鹰在国内平台上的结构与 TripAdvisor 完全同步，其酒店排名等采用世界点评进行同步计算，凭借 TripAdvisor 的数据库庞大的数据库，其点评及相关资源具有所真实可靠性；此外，在资源层面，TripAdvisor 作为全球第一旅游评论网站为猫途鹰提供许多战略合作伙伴，如 Booking、Agoda 等，通过对 TripAdvisor 的投放，可直接完成对猫途鹰的投放，使用户在到到网上有更多比对和选择；最后，母公司提供的充足现金流和多年的运营经验，减轻了猫途鹰资金和变现的压力[①]。

（五）2016 年发展布局

总体看来，2015 年 TripAdvisor 实现了对中国本土化市场的"二度"进入，并且与多方展开合作，进一步扩大市场占有率，也表明了其对中国市场的重视。根据猫途鹰的总体战略布局，其在 2016 年的发展方向依然定位于国内的出境游游客但更多的将投入以下几个方面：首先，增强其营销攻势，继续通过 UGC 媒体对中国市场进行渗透，除传统的投放广告，利用第三方推广外将加强微信等轻媒体的软性植入，通过其进行产品的预订，这不仅是猫途鹰的主要分销渠道，也是诸多 OTA 的发展方向之一。其次，提高整体收益，TripAdvisor 继续增强与中国地区的战略合作，完善旅游生态链。再次，持续进行企业的收购，完善其配套产业，提升变现转化，TripAdvisor 业务已慢慢向餐厅预订以及景点门票购买扩展，这就包括其在 2014 年前收购的法国和西班牙盛行的餐厅预订服务提供商 LaFourchette，以及提供景点门票服务的 Viator 等，提升预订环节的转化率是其发展的主要痛点，通过收购及战略合作等可向 OTA 转型，并提供给用户更多旅游的选项。最后，持续注重科技于创新，TripAdvisor 诞生于全球第一轮互联网泡沫破裂之际，分享到了近 20 年来科技进步的好处，其会继续注重科技的发展与创新，将旅游与科技进行融合，提升用户体验。

二、社区攻略类在线旅游服务平台：马蜂窝 + 穷游网

马蜂窝是中国领先的自由行服务平台，通过良性的生态和数据循环，帮助用

---

① 全球最大旅游网站 TripAdvisor 将升级其中国发展战略. http://fortune.chinanews.com/cj/2015/05-27/7305035.shtml.

户作出最佳的旅游决策。UGC（用户创造内容）、旅游大数据、自由行交易平台成为马蜂窝的核心竞争力，基于旅游问答、点评、游记、攻略之上的社交基因特色鲜明。合作伙伴包括线下旅行社和当地旅游服务供应商，包括当地游这样的合作伙伴，马蜂窝是一个平台的模式及而不是专卖的模式。2015年开始，旅游攻略社区马蜂窝把战略方向全面升级为自由行，自由行的核心是让用户随时随地购买旅游产品和服务，更加灵活组合自己的行程，进行自己的旅游决策，结合旅游大数据，这些都是马蜂窝大数据的核心价值。穷游网定位于中文海外自助，依靠用户贡献内容，积累了大量UGC内容和众多有经验的旅行者，其中网站5%的UGC内容更是直接来自于长期居住在海外的旅行爱好者，以中国旅行者的视角思考注意事项，并提供更加实用的内容。穷游目前在原来核心产品"行程助手"的基础上新推出了企业端的定制工具和针对用户的免费定制服务，通过结构化的游记、攻略内容，帮助用户做出规划行程，并促成在平台上完成交易。产品交易、广告收入以及包括JNE装备品牌等周边产品收入，构成穷游目前收入的三个来源。

（一）马蜂窝

1. 企业简介

马蜂窝旅行网由陈罡和吕刚于两个旅游爱好者创立，最开始其并不是商业项目，而纯粹是出于喜好搭建的业余平台。自2006年开始，这个社区网站倡导蚂蚁和蜜蜂的团结互助精神，马蜂窝并以此起名为"马蜂窝"，用户以游记的形式，分享旅行路书、攻略、经历等。2010年陈罡和吕刚从原公司离职，正式开始将马蜂窝公司化运营。马蜂窝的用户主要通过口碑获得，其中大部分用户来自北京、上海、广州、深圳、香港等一线大城市，也不乏海外旅居人士。马蜂窝旅行网站在自由行消费者的角度，帮助用户做出最佳的旅游消费决策。UGC（用户创造内容）、旅游大数据、自由行交易平台是马蜂窝的三大核心竞争力，社交基因是马蜂窝区别于其他在线旅游网站的本质特征。马蜂窝的用户热爱户外旅行，钟情于自驾游，拥有专业的摄影技术，因此，马蜂窝凝聚的是一个高质量的旅游爱好者群体。凭借自身的优势，马蜂窝现有的用户基本都是靠口碑宣传获得，人们在社交媒体上看到了马蜂窝的旅游内容，觉得很独特，通过人人网、微博、微信等各种社交平台口口相传。并吸引着更多的网友源源不断地加入马蜂窝旅游社区。马蜂窝多年来沉淀出的独特气质和文化氛围，也为其每年吸引来银行、汽车、航空公司等大量的品牌广告投放。2015年7月，马蜂窝日活用户数已超过300万，截至2015年10月，马蜂窝注册用户达1.06亿，APP累计装机量达2.9亿，其中80%的用户来自移动端（马蜂窝自由行APP）；月活跃用户数8000万，点评数量达2100万条。

"心若自由，行必无忧"。马蜂窝旅行网的目标是为全球的自由行消费者提供靠谱、有爱、值得信赖的旅行信息，以帮助他们更好地进行消费决策，并获得高性价比的自由行产品及服务。2011年获今日资本独投500万美元；2013年4月，获启明创投 1500 万美元投资，2015 年获高瓴资本、Coatue、CoBuilder、启明创投共同投资，发展势头强劲。

图 1-21　马蜂窝企业 LOGO

面对不断扩容的细分市场，旅游企业纷纷开始重新定位，围绕自身资源优势、目标用户群等特点，进行差异化品牌运营。2015 年 4 月开始，马蜂窝旅行网以 64 万元人民币在全球范围内征集蚂蚁、蜜蜂两种自由行吉祥物，吸引了全球 1000 多位设计师参与，27 万人进行线上投票，累计有 1600 万人点击浏览了活动页面。吉祥物也从 600 余件入围作品中产生。在 2015 年 7 月 22 日举行的中国互联网大会上，马蜂窝旅行网推出了全新的"马蜂窝自由行"品牌 LOGO。

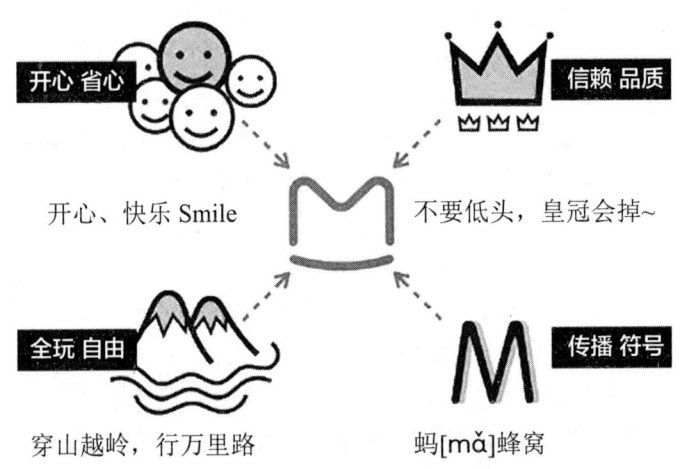

图 1-22　企业 LOGO 含义解析

新的品牌 LOGO 设计风格简洁明快，如同一幅山水简笔画，同时蕴含多重寓意：意指穿越千山万水，崇尚自由的状态；一抹笑脸象征着自由行更开心、更省心；标志像王冠，表示值得信赖的、高品质的旅行产品；大写的 M，让品牌符号化，是主流的国际化表达。马蜂窝希望通过全新的视觉形象，拉近与用户的距离，提升自由行品牌调性。蜂窝发布全新的品牌 LOGO 和视觉系统，也意味着其自由行战略的进一步升级，2015 年 8 月 6 日，马蜂窝旅行网也正式发布了"小蚂""小蜂"两款自由行吉祥物[①]。

2. 2015年大事记

2015年2月，用户数突破8千万，80%来自移动端。

2015年3月，马蜂窝完成C轮融资，累计融资逾亿美元。

2015年5月，马蜂窝旅游攻略下载量破亿。

2015年5月，马蜂窝旅行网联合亚洲航空，在北上广以及成都、重庆、昆明、长沙、武汉的多家高校，举办鼓励年轻人行走世界的公益活动——"撒野行动"。

2015年7月，马蜂窝推出全新"马蜂窝自由行"品牌LOGO。

2015年8月，旅游攻略APP升级马蜂窝自由行。

2015年8月，发布自由行吉祥物，同期发起全球自由行产品"砍呗"大促。

2015年11月，马蜂窝与滴滴联合，首推主题旅行专车增值服务。

2015年11月，马蜂窝发布《全球旅游购物报告2015》。

3. 战略剖析与企业解读

（1）战略剖析

①发力"自由行"

马蜂窝联合中国旅游研究院发布《全球自由行报告2015》，全球自由行市场规模为42.5万亿元，同比2014年增长5.6%。增长主要来自以中国、日本、韩国为主的亚太地区。从区域分布来看，2015年自由行在亚洲所占市场份额为50%~60%，欧洲为70%~80%，北美高达90%。2015年，中国出境自由行市场规模已达9300亿元，出境自由行人群高达8000万人次，人均消费11 625元；2015年中国国内自由行市场规模为3万亿元，国内自由行人群高达32亿人次，人均消费937.5元。中国自由行市场的强劲增长有力带动了全球的旅游消费，中国自由行市场的增速为16.7%，是全球的3倍。马蜂窝注重自由行市场布局，在2015年3月的"自由行"战略发布会上，马蜂窝发布了"马蜂窝自由行"APP[②]。独家产品包括入台证9元起、签证99元起、日韩往返含税机票999元起等优惠活动，也包括了当地游门票、接送机等"1元自由行"等独家产品。此外，马蜂窝也曾联合了数百家自由行产品供应商和包括Booking、Agoda等约20家国内外知名OTA，专门针对清明、五一、端午三个假期举办了"3.18自由行特卖"活动，交易额超过2000万元。马蜂窝2015年新的融资以"自由行"为方向进行商业战略升级，发力酒店、当地游等下游业务以及O2O移动商业闭环打造。同时，UGC（用户创造内容）、旅游大数据、自由行交易平台为马蜂窝的核心竞争力。马蜂窝现在把自己定义为一个"自由行交易平台"，显示了其准确的定位与战略布局。

②与其他OTA差异

马蜂窝是基于旅游社交和旅游大数据的自由行决策与交易平台，通过用户的交

---

① TripAdvisor企业案例分析.百度文库.http://wenku.baidu.com/view/bb57f47e5bcfa1c7aa00b52acfc789eb172d9e4a.

② 马蜂窝联合中国旅游研究院发布《全球自由行报告2015》.http://www.dotour.cn/article/19154.html.

互生成海量内容，提供个性化的自由行产品及服务。其 UGC 内容经过多年发展形成以"足迹、点评、问答、行程、游记"的结构。马蜂窝评论每天产生3000篇游记，生成旅行问答5000多条，新增1万个点评、10万"足迹"，通过海量的 UGC 内容进行信息筛选帮助用户作消费决策是马蜂窝主要运作方式，马蜂窝的酒店预订频道覆盖了国际度假酒店、青旅、客栈、民宿、短租等，平均每天超过30万的自由行用户通过马蜂窝查询和预订全国各地酒店。

与其他的旅游攻略网站相比，马蜂窝定位为国内唯一一个具备全球旅游内容资源的网站，具有独特之处。TripAdvisor 通过在搜索引擎里获取位置的能力来获得排名，继而获得流量，主要为帮助用户做出决策的商业模式，它的搜索引擎是建立在一个良好的信用体制下的，但国内互联网的状态不一定适合。途牛把参团的过程整个互联网化，去哪儿是做机票搜索起家，是一个非常具体的交易网站。携程是 B2C 模式，马蜂窝是交易平台模式。携程相当于后端，一对一的供应商，进行旅游产品的 OEM。马蜂窝给所有旅游厂商和服务商提供了一个平台，让他们直接和用户沟通和联系，机票、酒店和当地游是马蜂窝交易量的核心组成部分，还包括租车、保险和一些旅游周边产品。

马蜂窝与国内的其他在线旅游网站的最大区别是，浏览马蜂窝的人未必一开始就有一个明确的目的地，而是通过浏览攻略或者游记来确定自己的目的地，而其他的在线旅游一般都是用户有了明确目的地后前来搜索信息。"马蜂窝自由行"与"旅游攻略"形成了战略协同，马蜂窝游记或攻略渗透在整个体系，用户通过阅读、浏览，最后做出决策——这个过程已经是自由行前期的服务。旅游攻略是大家旅行的第一步，它在这个体系已经完成了第一阶段的服务[①]。第二步，就是要把这么多的 UGC 内容，以另外一种方式，呈现在一个自由行产品，比如酒店的相关介绍信息中——比如用户点评。马蜂窝通过自己的数据，打通了企业内部和外部的信息流、产品流和服务流，协同供应商对自由行产品进行优化和重构，进行自由行的商业战略升级。

③ C2B 的发展

马蜂窝的社交有两个维度：一种是来自于熟人之间的，可能是同学或同事；另一种是基于同样的兴趣爱好，比如说去过同样的地方，同样爱好摄影、爱好潜水或者爱好滑雪。现在，更多的是基于后者，基于同好延伸出来的这样一个社交网络。马蜂窝逐步根据一些数据的分析处理，让更多的人产生关联。这一工作的核心是与供应商紧密合作，对自由行产品进行符合用户需求的优化、重构、建立保障体系，为供应商提供实时、可视化、可检测的数据，以便其及时了解自己提供的自由行产品销售情况，并作出相应调整。马蜂窝最终的方向是一种平衡了个性化和批量化的自由行 C2B（用户反向定制），C2B 的核心是旅游大数据在用户、马蜂窝、供应商等产业链条中各环节的分享。按用户需求产生定制，通过社区的 UGC 数据——包

---

① 马蜂窝：从旅游社交平台开始到自由行。C2B. http://www.ebrun.com/20150425/132332_3.shtml.

括用户的游记、点评以及分享产生网络口碑,进而还原出用户的消费点,并以此形成旅行线路,符合个性化市场的发展①。

(2)企业解读

①以用户为核心

为了减少流失,马蜂窝在 2015 年将之前分散的多个 APP,包括旅行家游记、旅游攻略、旅行翻译官、嗡嗡等合并,统一更名为"马蜂窝自由行",当时马蜂窝约八成用户来自移动端。为了带来高效转化,马蜂窝的做法是其不久前宣布"攻略2.0"战略中提出的用户画像,根据用户年龄、性别、行为数据等,推荐可能最符合其需求的产品,以此提高转化。马蜂窝系统中每天有 2 亿个计算单元,对应用户的每个行为,比如打开一个页面,在上面停留了多久,点击了什么产品。通过对用户越来越多的了解,能够进一步掌握用户需求,从而有针对性地进行推送或营销,在进入"攻略2.0"后的一个月内,马蜂窝自由行产品的销量提升了 30 倍,通过大数据计算,用户对推荐产品的点击转化率从 5.6 提升到 9.1,取得了一定的成效。

② UGC 的商业模式

马蜂窝社区每天源源不断地产生庞大的旅游的信息,来自世界各地的旅游达人的分享能让用户分了解到最真实、最客观的旅游的评价。马蜂窝特有的自然云的处理和属于挖掘的技术,能把旅游评价里的餐厅、景点、酒店,包括交通一系列的信息变成结构化的数据。当自由行的用户来到马蜂窝的平台进行消费决策的同时,后端的合作伙伴也能获得更精准的订单和更忠诚的用户,这其实就是马蜂窝的模式。拥有了大数据,用户在马蜂窝的平台里面会更加容易地进行消费决策,尤其进行酒店的预订,大家可以通过不同酒店的分区可以知道住什么样的区域是最合适的,这样一个选择绝对是非常理智。通过旅游评论筛选可以很清晰地能迅速地帮助用户抓住重点,很快进行旅游消费决策。比如说大数据之后,马蜂窝对于在线这个行业会带来变革性的变化,传统的旅游行业其实是一个 B2C 的时代,是渠道为王,这个新的时代是利用用户的行为和分析,反向匹配用户的信息。反向 C2B,以大数据作为核心,通过深挖用户潜在需求,为 OTA 导流实现精准交易,形成一个自然的用户生态系统②。

③注重大数据挖掘

马蜂窝注重大数据的研发。旅游与移动密切相关,马蜂窝把资金投入到以大数据为核心的研发上面,以期创造出真正适合旅游者完美体验的产品,同时,在自由行交易平台转变中,投入更多的资源构建进行供应链的管理和系统搭建。马蜂窝作为中国最大的旅游社区平台,有超过 8000 多万的用户,每年有海量信息汇集。第二,马蜂窝通过自己独有的大数据技术,进行语义分析,可以把餐厅、酒店甚至关

---

① 马蜂窝 CEO 陈罡:用"C2B+ 大数据"打造自由行产品. http://finance.sina.com.cn/leadership/mroll/20150507/154722128166.shtml.

② 马蜂窝 CEO 陈罡:互联网公司和恐龙一样需优胜劣汰. http://www.iyiou.com/p/19340.

于门票价格或者用途对酒店是吐槽还是好评，都识别出来，这形成了马蜂窝的核心竞争力。通过大数据挖掘，能够减少行业内同质化竞争的情况，让更多优秀的自由行产品供应商在马蜂窝上开店，直接面对大数据筛选出来的精准终端客户，更好地为用户推送相关信息，解决用户痛点。

4. 2016年发展布局

蚂蜂网的2015年发展布局以"自由行"为战略目标，因为整个中国最大的机会来自于个人休闲度假旅游，尤其是80后、90后为主的核心旅游消费人群非常渴望自由行。针对市场情况，马蜂窝在移动互联网包括对自由行平台都进行更多投入，一方面进行产品投入，另一方面对供应链进行更深度的整合，这个是马蜂窝从2015年之后整个战略方向和布局，也是2016年主要前进方向。总体看来，马蜂窝主要有以下发展布局：首先，更积极地走出去，和更多合作伙伴进行沟通和协作，其模式为通过旅游大数据和交易平台的模式去整合后端产业链的资源，但为了避免过重的商业模式，不会去做自采的自由行业务。马蜂窝会继续注重线上线下，及当地的旅游机构的对接。其次，仍然注重平台模式的自由行发展，要立足于产品和口碑，让更多的用户去使用产品，去体验，提升用户黏性，提升转化率。最后，对马蜂窝旅游进行更高效率的整合，让产品更好地互联网化。中国的旅游企业拥有最多的数据，马蜂窝会继续对大数据进行挖掘，通过这些数据整合更好地为用户量身定做行程和规划。

（二）穷游网

1. 企业简介

穷游网由肖异创立，至今已经发展为国内领先的出境旅服务平台。2000年，创始人肖异远赴德国深造，一年后，肖异的女友也来到德国留学。两个人通过收集并利用欧洲旅游促销信息的方式，开始实现游遍欧洲的梦想。资讯的积累让时任雅虎德国员工的肖异有了搭建一个信息分享平台的念头。于是，穷游的前身——"穷游欧洲网"在汉堡上线，很快便聚集了近万名网友的关注，期间甚至因为访问量过大，服务器托管商提出要解约。此后，肖异单独租赁了服务器并将网站维护和运营正式纳入自己的生活，同时辞去了当时《足球》《体坛周报》特约撰稿记者的工作，专心投入网站运营。2006年，穷游欧洲网正式更名穷游网，开始引入北美等其他地区的旅游信息分享，2008年，肖异回国，穷游网回归。回国的肖异与一位神交已久的好友"周扒皮"，现任穷游副总裁的周彤，也是穷游的第1000个用户，决定一起壮大穷游网。2008年，北京穷游天下科技发展有限公司正式在北京成立，原网址成为永久镜像。当时，除肖异与周彤以外仅有两名员工，短短的一年，公司就实现盈利70万元。

肖异与周彤"鼓励国人拥有高性价比海外游"的定位得到了国内旅行者的认可，这也成就了穷游的商业模式，用丰富的出境游信息吸引客户群体，依托庞大的客户群寻找更优质的旅游服务资源，并鼓励用户再分享，丰富信息库。在内容流的正向循环中，穷游成为了拥有众多用户的出境游网站。穷游"鼓励和帮助中国旅行者以自己的视角和方式体验世界",经过10多年的积累和沉淀,穷游建立了从旅行灵感、旅行指南、游记攻略、行程计划,到预订产品的一整套完整生态体系,具有极佳的发展优势[①]。穷游核心产品主要有穷游社区、穷游锦囊、行程助手、"最世界自由行"商城、JNE、穷游海外之家Q-Home。旗下共拥有四款移动端APP:穷游APP,穷游锦囊APP,穷游行程助手APP,穷游最世界APP。覆盖各类旅行场景。总下载量超过6000万次。

图1-23　穷游网企业LOGO

2. 2015年大事记

2015年1月,穷游推出"行程助手"移动端APP,帮助用户快速制定旅行行程。

2015年2月,Uber(优步)联合穷游网在网站和手机客户端推出锦囊"Uber环球用车指南",为六千万穷游用户海外游即时用车提供贴心指南。

2015年3月,穷游网与中国国家地理联合举办"发现最世界"2014—2015全球榜单颁奖礼,发布《2014出境自助游行业报告》。

2015年4月,穷游网和英孚教育海外游学留学部发起"轻年计划×游学实习假期"活动。

2015年7月,美国知名户外运动品牌oakley携手穷游生活实验室专为亚洲人打造夏季款墨镜,姓名定制为主要卖点。

2015年8月,穷游首家Q-Home在清迈成立,定位为海外旅行综合体,集旅行咨询中心、旅行社、穷游er海外据点、文化交流平台等功能于一身。

2015年9月,穷游网发布《暑期学生出境游报告》《十一出境自助游预测》。

2015年9月,穷游网携手751国际设计节于9月26日至10月6日举办嘉年华活动,多国大使馆旅游局集体亮相。

2015年10月,众信、旅游卫视、穷游网共同打造了"大旅行时代环游世界"系列产品。

2015年11月,新版穷游锦囊APP上线,设计更优化,涵盖目的地更广泛。

2015年12月,行程助手作为唯一旅行规划类APP,成功入围苹果APP Store "2015年度精选"。同年也入选"小米应用商店的最佳应用"。

---

① 穷游网,百度百科. http://dwz.cn/4DXWBL http://dwz.cn/4DXWBL.

2015年12月,穷游携手首付游布局"出境游+首付"市场。

3. 战略剖析与企业解读

(1)专注于垂直旅游

2015年对新兴的在线旅游公司而言,最大的挑战将是用户获取的难度变大、成本增高,企业需要投入更多的资金在营销和回馈用户上。穷游拥有众多用户,其内部已经形成了一个小的生态圈。穷游网定位为对旅行有着高标准的高消费的"小而精"用户群体,专注做垂直旅游,结合UGC+PGC,在源头上控制输出的内容,做深度化的旅游产品,搭建高质量旅游社区生态,从而在旅游O2O这个闭环中占据核心的地位。通过精选的功能,站在用户的角度,根据性价比、真实性和产品的库存深度去筛选商家,创新的延伸产品如折扣和行程助手,为用户快速做出旅行决策,通过提高产品质量和服务来实现有机的增长。不去做大而全的商品和服务。

(2)布局海外市场

随着中国海外自助游市场的不断发展,穷游看到了用户对个性化旅游体验的强烈需求,穷游致力于打造海外综合旅行服务体。首家穷游Q-Home于2015年8月落户清迈,除办公室功能之外,清迈Q-Home还汇集旅行社、旅行资讯中心、穷游用户海外据点、清迈文化交流平台等多项功能,更好地实现线上线下融合。主要提供以下多种服务:其一,周边服务。为中国游客提供寄存行李、提供Wi-Fi。同时,Q-Home为中国游客提供数条Mini Bus线路,串联周边热门目的地。此外,为游客提供穷游独家的City Walk线路。其二,穷游排毒。定期举行穷游排队,为赴清迈的中国游客提供交流、沟通、娱乐的平台。其三,推动清迈当地文化。Q-Home将定期邀请泰国当地的手艺人,展示各种技艺,包括咖啡拉花、插花、手工皮具、手绘明信片、泰式按摩等,帮助游客了解当地文化。其四,提供旅游产品。提供特色小团队的旅游定制服务,为中国旅行者提供旅游咨询,推荐清迈及周边性价比最高和最有意思的旅游产品。清迈Q-Home中心的设立不仅可以为赴泰国旅游的中国旅行者提供更好的服务,同时也是穷游网海外市场探索的重要一步,穷游网将进一步开拓市场,建立更多的海外中心[①]。

(3)社区生态圈

随着行业不断深化发展,用户越来越重视体验,也对在线旅游平台提出更高的要求。穷游网近年一直依托强大的内容黏性,营造了一种高度互动的社群,并借助移动互联网不断优化用户体验,正是这点坚持,使穷游网从只有一个人的网站发展成为现在集"社区+搜索+电子商务"于一体的"出境自助游一站式平台"。穷游拥有庞大的社群及众多忠实的用户,通过推出一系列的周边产品增强用户黏性。穷游生活实验室是穷游网旗下制作创意生活类产品的新工厂,是穷游原创的旅行服饰、背包、手机壳等与旅行生活息息相关的创意产品,新颖、实用是穷游出品的标

---

① 穷游网升级海外业务:清迈设首家海外中心Q-Home.

志。在 2015 年第一次参与双十一淘宝主会场活动的完成订单 4660 个，售出 7895 件，转化率高达 40%；热销款"一泊二日"双肩背包以及"星期五"单肩斜挎包，全部售罄，总销售额也突破百万。此外，穷游与其他品牌也进行了一系列合作，如与向来以简约质朴"有腔调"为设计灵魂的笔记本品牌 Moleskine 的跨界合作；与美国知名户外运动品牌 Oakley 合作推出专为亚洲人打造的夏季款墨镜，姓名定制为主要卖点；双 11 与德国品牌 SympaTex® 出品的防风防水城市旅行风衣，首次参与淘宝众筹就已全部完成众筹额度。穷游生活实验室一直秉持创新、实用、高品质的制作理念，将对旅行及生活的深度理解注入每件产品。穷游自由开放的旅游社群经营思想，引起用户内心的共鸣[①]。

（4）商业模式

穷游网的商业模式就是：首先由用户生成海量旅游分享信息，以此来吸引用户访问，穷游网借助客户资源优势为用户提供廉价的旅游资源，然后用户通过穷游网平台预订酒店、机票等，穷游网从中可以获取预订佣金收入，交易完成并且结束旅游后，用户进一步丰富旅游攻略。在 2013 年 7 月阿里集团战略投资穷游网后，穷游的商业模式变成"社区＋搜索＋电子商务"的模式。穷游的商业模式始终围绕信息辅助决策，根据不同的平台而转换承载方式。目前穷游的重心是把信息结构化、碎片化，其未来的商业价值是把用户需求和商品体验结合起来，利用大数据手段，在前端把用户的需求做到精确。穷游网的团队的核心有两个特点，一是自由，二是好奇。在 10 年的时间里，穷游网秉持着服务好"人"的原则，从用户出发，将人和情感相互结合，取得了用户的认可。

4. 2016 年发展布局

总体看来，穷游网 2015 年的发展布局主要以移动端和用户核心服务为主，穷游围绕着旅行前计划、旅行中移动端使用场景对产品内容进行进一步的细化，更加注重用户体验的提升。2016 年布局会有以下几点：首先，继续注重社群用户的维护并加速商业的转化。UGC 变现效率慢主要原因为促进交易业务的动力不高，广告收入较为稳定，而随着出境游市场加速发展，用户规模、消费频次提升，越来越多的企业开始考虑转型。穷游首家海外线下旅游社区 Q-Home 在清迈设立，预见 2016 年及之后的几年内，穷游网会从周边国家开始逐渐建立线下综合体验店，发展线下地接，进行商业转化。其次，注重周边产品的售卖。零售周边产品，设立穷游生活实验室不仅是对穷游相关产品的推广，更是对其文化的一种营销。最后，丰富产品线，加大对大数据的投入。穷游拥有大量的社群，产生了海量的、多维度的用户数据，例如用户的一些轨迹、行为，甚至是跟一些第三方平台，例如微信、微博等，穷游通过对内容信息的结构化处理，继续提升用户生成内容的转化率及交易过程中的转化率。

[①] 小伙伴们都玩自由行爆款，不务正业的穷游网卖手机壳和背包也轻松破百万. http://www.dotour.cn/article/18266.html.

第四节 垂直细分型旅游电商介绍及企业解读

在"互联网+"时代背景下,旅游公司积极布局,探索新型商业模式。本报告将垂直细分型旅游电商单独划出,主要包括三类:定制旅游类、垂直搜索引擎类及市场细分类。其中垂直搜索引擎类应与传统OTA相并列,但由于国内发展势头较弱,因此一同归为本章节。此大类旅游电商主要业务类型或服务模式较为专一,如定制类主要提供私人定制或半定制类的旅游服务,市场细分专门从酒店或景区门票或亲子游、全家游等角度切入,通过打通一个卖点挖掘用户开拓市场。

一、定制旅游类旅游电商介绍

随着人们消费水平的提高,游客需求愈加多样化,定制旅游存在较大的市场。根据《福布斯》公布的信息,在2015年,中国个人可投资资产在60万~600万人民币的大众富裕阶层人数已达1528万人,其中可投资资产超过140万元以上的人数为1230万人,只有定制旅游才能满足这部分人群的旅游需求。高端定制旅游业务源于欧洲,英国、法国等国家率先将专属的个人私人定制作为一种时尚的个性化消费方式在本国中产阶级中推广,继而扩展到全民的旅游热。目前,国内的高端私人定制旅行线上旅游电商数量较少,除传统的OTA分板块切入外,现存多为创新型企业[①]。目前国内各大定制旅行网可以定制的主题有:豪华游艇之旅、直升机旅游、摄影之旅、极地之旅、环保之旅、海岛蜜月、婚礼假期、古堡会议、高尔夫假期、酒庄品酒之旅、奢华钟表之旅、时尚之旅等,囊括了海陆空三维一体化的专业私人定制旅行。相较于传统的旅游方式,私人定制旅游更舒心、更方便,但由于从前期的行程安排到后期的出行对服务水平均有较高要求,定制旅游模式较重,因此较难切入市场。现定制旅游类电商代表企业主要有6人游旅行网、指南猫、哈达旅行等,本章节以6人游旅行网为案例进行介绍。

(一)6人游旅行网介绍

6人游旅行网是一个主打高品质小团体旅行的服务网站,面对家庭、朋友等提供舒适的小团游服务,由此开启一种介于跟团游、自助游之间,面向中高端人群提供定制旅游服务的新消费方式。2013年6月6日,6人游旅行网正式上线运营,其定位于相对经济划算的3对情侣、2个家庭出游的小团游,通过在线上对资源进行整合开发,形成标准化或半标准化产品,为小团游用户服务。6人游定制旅游重

---

① 私人定制旅游,百度百科 http://dwz.cn/4I8qFn。

新回归旅行社业务的服务价值本质，主要有专业顾问、微信沟通、私家小团、专车专导、旅行管家以及安全保障六大特色，并致力于让所有供应商都能进入标准化服务平台，符合整体定价标准，是定制与集约、高质与低价间平衡的线上商业模式[①]。

图 1-24　6 人旅游行网企业 LOGO

2014 年 7 月 7 日，6 人游旅行网品牌视觉、理念全面升级，LOGO 形态结构灵动，布局均衡。相互支撑，相互联系。既棱角分明，又圆润流畅。新 LOGO 外形主体为抽象的数字 6，由不同颜色、大小的板块组成；6 是 3+3、也是 2+2+2 更是 6 个 1，象征着两对家庭、三对情侣、六个个体，他们相互联系，相互依存，共同构成组成了 6 人游；6 个板块颜色近似但各自又不同，好像一个完整的人。他的生活就是由亲情、友情、爱情相互交织在一起。而每个个体的自己，又是年龄，性别，性格的共同体；LOGO 颜色为绿色的渐变，代表了从广袤的草原，到苍翠的森林，从无限的蓝天，到深邃的大海。不同角度的三角板块，象征着错落的高山，交织的天际、蔚蓝的海岸，生命的绿色贯穿始终，生命的深度不断延展。绿色的主体，代表了生活纯粹的本质，丰富的渐变，代表了多元化的生活；整体看来，数字 6 的造型中，没有一条线是水平的，但是他的整体却稳定而平和。代表了一种饱满的个性。这是自由独立的精神释放，也是新的生活方式的演绎。是在矛盾与个性中追求完美的平衡。标识中，六个大小、颜色不同的板块，巧妙地组合成数字 6。相互衬托，相互联系。代表了 6 人游的专业团队，完美组合，密切合作，共同托起 6 人游的未来[②]。

6 人游旅行网拥有大量互联网精准旅游类用户流量，代运营酷讯、搜狗、金山的度假业务以及搜狐线路频道、360 旅游频道等部分业务，创始人贾建强也从 IT 转型切入旅游市场，他认为定制旅游的核心是人，不能用标准化的东西来衡量。6 人游销售的是一个动态的打包服务，是根据用户的需求安排所有的资源和行程，完成预订及落地的所有服务。

（二）2015 年企业事件

2015 年 1 月 23 日，6 人游成为 IBM 年度合作伙伴专注定制旅游服务。

2015 年 2 月 10 日，萨摩亚开拓中国市场，首选 6 人游合作。

[①] 郑红，钟栎娜，张德欣. 旅游创业启示录——思辨模式与多元化创业 [M]. 北京：旅游教育出版社，2016.

[②] 人游旅行网. http://www.6renyou.com/about/brand.

2015 年 3 月 11 日，6 人游成为可口可乐（北京）官方合作伙伴。
2015 年 3 月 18 日，6 人游联合深圳国际赛，品牌合作多样化。
2015 年 4 月 3 日，6 人游建首家亲子基地，为《爸爸去哪儿》电影版拍摄地。
2015 年 5 月 27 日，6 人游牵手红牛，再次实现跨界合作。
2015 年 6 月 8 日，6 人游出手并购两出境社——微旅程和百乘国际旅行社，扩张旅行顾问团队有上市意向。
2015 年 6 月 9 日，6 人游探路定制游：瞄准 1600 万个富裕家庭服务。
2015 年 10 月 23 日，6 人游旅行网跨影视联合出品海外真人秀。
2015 年 10 月 27 日，中国梦想秀晁夕加盟 6 人游，旅游营销涉足电视领域。
2015 年 10 月 30 日，6 人游拍真人秀节目《伴旅》推广定制游。
2015 年 11 月 24 日，6 人游除 VIE 结构：获得众信旅游投资。
2015 年 12 月 5 日，凤凰卫视 20 周年，6 人游独家定制香港文化之旅，征集全球限量的"至尊凤凰迷"。
2015 年 12 月 28 日，6 人游招募千名旅游体验师，推 APP 视频分享。
2015 年 12 月 28 日，6 人游首发智能行李牌。

（三）企业分析

不同收入水平、不同消费需求的人，对旅游服务的需求呈现多元化的形态，从传统跟团游，到自己做攻略订行程的自助游，以及到全程专业顾问服务的定制旅行服务，都拥有着各自的受众。6 人游不希望找到那些对旅行服务品质有所要求，没有时间和精力去独立安排行程的富裕阶层，为其提供服务。是一家在线旅游服务商，而不是一家在线旅游代理商，6 人游不想做旅行产品的搬运工。我们希望消费者选择的是 6 人游，从设计行程到行程中的体验都是 6 人游来全程保障的，这种保障属于专业的服务标准，高效的服务流程，完善的服务体验。从而带来的是 6 人游品牌的认可。

6 人游立志于做定制旅行第一品牌，定位为 OTS（Online Travel Service），做一家在线旅游服务商，而非一家在线旅游代理商，从设计行程到行程中的体验都由 6 人游来全程保障，这种保障属于专业的服务标准，高效的服务流程，完善的服务体验，从而带来 6 人游品牌的认可，形成忠实用户。相比较传统旅行社，6 人游有直客获取服务系统和动态打包系统，其服务效率达到传统旅行社的 10 倍，从一个用户的需求到最后如何满足用户，如何用大数据匹配，如何更贴合用户想要的方案，都可在最短的时间里去解决，而且基本是在线上完成。如该公司目前在微信服务号提供了很多和 APP 相似的功能，可完成快速下单，当需求进来后系统会有分单体系，自动分派给如欧洲部、澳大利亚部、东南亚部、南美部等部门，不同部门有专业的旅行顾问跟进，在这套服务系统下旅行顾问可以跟进 30 个订单，而传统旅行社只能跟进 3 个订单，大大提升了服务效率。2015 年 6 人游已经完成 3 轮融资，获得总计 5000 万元资金，其中包括众信旅游的投资。目前 6 人游已处于盈亏持平阶段，2015—2016 年收入有望突破 2 亿元。目前客单价为 5 万~10 万元，毛利率在

10%左右，未来将实现毛利率10%~15%。2015年每月交易规模比2014年同期增长500%，且95%的订单来自线上，90%的订单属于家庭旅行[①]。

6人游是一家做出境游定制的初创企业，早期其产品模式更像是"传统定制旅行社＋线上获客渠道"，即通过微信服务号，联系6人游的全职旅行定制师，获取定制行程，同时借助自己开发的CRM系统来提高定制效率。在线出境游定制平台6人游现已经完成拆除VIE结构，获得的首笔人民币投资来自上市公司众信旅游。根据相关数据观察，微信用户的增长速度和衰减速度已经趋于平衡，无论做何种推送，用户增长都相对较慢，同时微信的另外一个缺点是用户使用路径相对复杂，基于此。6人游之后发展方向主要为开发自有APP，构建线上内容社区，而社区核心元素则是旅游视频直播。一种是基于人工智能的行程规划，让用户可以不断的打开APP去尝试设计行程；另一种是基于视频内容的社区，进行旅游直播，6人游可与视频直播平台达成合作，由用户自己录制直播，构建视频内容的传播渠道[②]，让APP成为旅游视频内容的自媒体平台。

二、垂直搜索引擎类旅游电商介绍

旅游垂直搜索引擎类在线旅游服务平台是利用搜索引擎技术，使游客通过旅游产品的比对，根据对旅游产品的需求链接到相关网站完成交易，有效降低了游客获取信息的时间成本。面对众多的分行业网站，消费者在使用过程中会遇到网址繁多不易记忆、网站资历参差不齐、网站功能千差万别、网站信息无法对比等各种难题。消费者的使用障碍是垂直搜索网站出现的直接原因。搜索和导航网站首先解决了消费者的信息获取难题；其次基于海量消费者的搜索行为所形成的产品推荐，提升了交易的效率；最后垂直搜索网站根据上游合作商的资质、服务水平及用户评价等综合因素形成信息归集，降低了消费者的使用风险，提高交易安全性。在线上旅游市场也是如此，流量入口首先应当帮助用户获取准确、安全的信息，成为交易促成的加速环节。垂直搜索网站的庞大目标客户群聚集能力有效降低了商家的营销成本，提高了广告转化率及ROI。除此以外，多数与垂直网站合作的商家还能加入开放搜索联盟，分享用户搜索行为数据库、采用通过账户登录方式，缩短消费者的产品使用流程、降低中间环节流失率、提高下单及支付率、增加忠诚用户比例，最终达到垂直搜索网站及垂直行业网站的共赢。

旅游垂直搜索引擎同时也面临着发展问题。第一，垂直搜索在与综合搜索的竞争中并不占优势，往往被收购或只是在一些细分领域占有一隅之地。第二，垂直搜索的进入门槛很低，缺乏技术优势。第三，面临着大型OTA的市场掠夺，生存力较弱，单纯的垂直搜索模式或将面临成长瓶颈，需要进行模式拓展或依附于强势平台。以去哪儿为代表，其早已向综合性OTA成功转型，而酷讯旅游网作为国内领

[①] 定制旅游的蓝海争夺：6人游、携程豪赌上市．http://tech.sina.com.cn/i/2015-06-09/doc-icrvvsuv9027383.shtml．

[②] 人游除VIE结构：获得众信旅游投资．http://www.traveldaily.cn/article/97197．

先的旅游搜索引擎,是世界最大的在线旅游服务公司 Expedia 及全球最大旅游社区 TripAdvisor 旗下企业[①],2015 年 8 月,美团以数千万美元全资收购酷讯,美团将其与酒店旅游事业群整合,发展机票业务,布局旅游版图。

(一)酷讯旅游网简介

酷讯旅游网(www.kuxun.cn)是中国领先的在线旅游媒体。公司创立于 2006 年初,总部位于北京。酷讯旅游网凭借国内领先的垂直搜索技术,为旅行消费者提供国内外机票、酒店、度假和火车票的专业搜索服务,并利用先进的数据挖掘和智能推荐等技术手段,为用户提供最新、最准确的旅行产品价格和信息,从而帮助用户一站式高效地比较选择适合自己的旅行产品。酷讯旅游网可以实时搜索全部航空公司官网,覆盖全国的最便宜的机票,超过千万的酒店评论,还有火车票产品,帮助用户一站式获取全方位有效的旅游产品信息,目前,酷讯旅游月度访问量已突破 5500 万。

伴随着互联网应用以及中国旅游产业的蓬勃发展,酷讯旅游网作为中国领先的旅游媒体网站,已经被亿万旅游消费者广泛接受并喜爱,也逐渐成为众多旅行人士的首选互联网站点,帮助用户得到更好的旅行体验。同时,作为中国最具影响力的在线旅游媒体之一,酷讯旅游网同样得到来自航空公司、大型酒店集团、各地旅游局及景区广泛赞誉,他们将酷讯旅游网视为其拓宽业务以及吸引消费者最有效的平台[②]。

(二)美团收购酷讯旅游网

2015 年 8 月,美团宣布完成整体收购 TripAdvisor(官方中文名:猫途鹰)旗下的酷讯旅游网。通过此次收购,美团将借助酷讯旅游网在互联网技术系统方面积累,提高并完善旅游相关业务的数据能力,并通过商业智能系统,为消费者及广大商户合作伙伴提供服务。酷讯旅游网被收购总体有以下三个方面原因。

首先,自身定位和发展路径不固定。酷讯 2006 年上线,上线之初主要定位在火车票搜索和转卖,后引起了风险投资商的关注,几个月内迅速完成了两轮千万美元融资(据公开资料显示 2006 年 3 月,联创策源投资酷讯 200 万美元;同年 9 月,联创策源、海纳亚洲进行了 1000 万美元的投资)。此后的酷讯也相继扩展出了房产、餐饮、购物、招聘、特价机票、汽车等搜索频道,迅速跻身国内生活信息搜索引擎前列。但酷讯由于展开的业务线太多,本身发展时间较短,缺乏成熟的运营模式,团队资金和能力运转不开,在 2007 年底到 2008 年初陷入了内忧外患的困境。主要原因为开始定位过于宽泛,其实际体量和能力过小无法承担业务性扩张的布局。

其次,转型后没有成功突围。困境中的酷讯自身业务较为分散,公司开始谋求转型。创始团队看到在线旅游市场的机遇,于是在 2008 年 6 月开始转型之路,由生活类垂直搜索转向重点进军旅游搜索市场。在搜索领域,去哪儿从创立之初就专注

---

① 在线旅游主要模式分析. http://news.emoney.cn/n_00_0201_3733150.shtml.

② 酷讯官网. http://home.kuxun.cn/about/.

于旅游垂直搜索，尤其聚焦机票酒店搜索，酷讯转型介入时去哪儿在业务方面基本已经建立了机票垂直搜索领域的标杆，且运营模式已经相对成熟，酷讯跟进较难。另外，旅游领域对酷讯的创始团队较为陌生，在摸索模式时较为困难，难以落地。同时，创始团队出走另创业，造成较大打击。根据相关统计，2008—2009年先后出走的前酷讯员工近一两年已经创办了十几家公司。酷讯联合创始人陈华做了现在火爆的手机K歌应用"唱吧"；酷讯原COO吴世春创办了美食搜索应用"食神摇摇"；原酷讯技术委员会主席张一鸣如今是《今日头条》的CEO；原酷讯工程师曾廷坤是玩蟹创始人，并任CTO；小猪短租的创始人陈驰也曾负责酷讯销售业务，等等。创始团队不稳定，TripAdvisor收购酷讯。

最后，缺少有效的盈利模式。作为搜索类的平台，酷讯做生活类搜索引擎主要收益来源是关键字推荐以及旅游分销商投放的广告，其收入难以支撑公司的运作，在业绩上也达到投资方的预期。转入旅游搜索行业后，酷讯的主攻业务是机票和酒店业务，而这些也正是行业标杆去哪儿的强项，去哪儿相比酷讯有庞大的代理商资源和用户数据。因此对酷讯来说一直找不到适合自己的盈利模式，对于B2C类垂直搜索引擎网站，用户首先想到的就是去哪儿，酷讯的盈利愈加困难。摸索不到有效的盈利模式是导致酷讯衰落的关键因素。此外，酷讯的创始团队属于技术型，运营推广方面较为薄弱，推广效果不显著、产品缺乏创新、用户体验较差[①]。

通过此次收购，美团主要对旅游业务数据及酒店两个层面进行布局。酷讯回归技术，弥补并提高美团旅游相关业务的数据能力；此前，美团宣布设立酒店旅游事业群，将负责出行度假平台的建设，与产业上下游广泛合作，酷讯通过垂直搜索技术为用户提供"机票""酒店""度假""火车票"等信息服务，美团收购酷讯网将为原有的酒店业务补充机票、火车票、度假等服务，加快其在在线旅游领域布局。

三、市场细分类旅游电商介绍

旅游市场发展迅速，在线旅游平台越来越受到游客青睐，据易观智库发布的《2015中国在线旅游市场年度综合报告》中指出，去年中国在线旅游市场规模达2798.2亿元，增长率为28.3%，2017年预计将达到5000亿元，增速放缓。但经历了过去两年的烧钱大战后，整个OTA在亏损的路上越走越远，让资本低谷期下的投资者越发谨慎，融资难度加大，因此，各家OTA通过互联网大数据发掘更为精细的用户需求，开展细化市场的发展路线就显得很有必要。旅游行业进入门槛低较低，随着更多的资本注入，越来越多的新兴旅游平台出现，且多以细分类市场切入，此类企业的模式也大多为与线下达成协议，赚取佣金进行盈利。如专注于住宿业的途家、小猪短租，以韩国住宿切入的喊你玩旅行网，专注周边游的要出发网；专注于境外海岛游的趣旅网等。本章节以途家为案例进行介绍：

---

① 二度易手，被美团收购的酷讯为何红极一时后迅速衰落. http://www.chinaz.com/biz/2015/0717/424209.shtml.

（一）途家网介绍

途家网于 2011 年 12 月 1 日正式上线，是全球公寓民宿预订平台，作为中国住宿分享的引领者，途家致力于为房客提供丰富优质的、更具家庭氛围的出行住宿体验，又为房东提供高收益且有保障的闲置房屋分享平台。途家现已覆盖中国内地 325 个目的地和海外及港台地区 1085 个目的地，在线房源超过 42 万套，包含公寓、别墅、民宿等具有家庭氛围的住宿产品，可满足家庭出游、聚会团建、商务差旅、休闲度假和周租月租等各类出行住宿需求。游客可通过电脑、手机、平板、7×24 小时客服电话或微信等多种渠道轻松预订，即刻体验当地人的生活，同时享受家的温馨、舒适和便捷。2012 年 5 月，途家网 A 轮融资完成，领投方为光速创投，鼎晖、携程网以及全球度假公寓行业巨头 HomeAway，2013 年 2 月，途家网完成 B 轮融资，A、B 两轮融资合计金额为 4 亿元。2014 年 6 月，途家网完成 1 亿美元 C 轮融资，超过 100 多家投资机构共同投资，2015 年 8 月，途家网完成 D 及 D+ 轮融资，融资 3 亿美元，估值超 10 亿美元。

图 1-25　途家企业 LOGO

新 LOGO 中分享概念是浓墨重彩的一笔，"U" 和 "I" 在同一个屋顶下代表着连接你我，"家" 字的形象以及房子的造型具象地传达了 "家" 的核心概念，这也是对新时期途家的发展方向的准确诠释。一方面体现了途家希望能够更真诚地与用户沟通，另一方面途家也希望用户在旅行的过程中，可以通过这个标志找到一个像 "家" 一样的住处，并把这份温馨带给自己的家人、朋友以及身边的每一个人。旅行者在途家可以体验不一样的住宿方式，不仅有更优的价格和更大的空间，能够洗衣、下厨做饭的房子让人能体验到温馨的居家氛围；同时，途家贴心周到的服务还让人能够最大程度地体验到旅途中的家的感觉。

途家提供的房屋全部实地验真，并为房客提供高达 1000 万元的 "安心租" 先行赔付保障基金，确保游客的每一次安心入住。同时途家欢迎有闲置房屋的房东，感受全新的收益模式和分享体验。途家凭借其优质的客群及贴心的服务，通过最简便高效的途径，让房东在免费发布房屋信息、轻松赚钱的同时，还可以与来自世界各地的房客相互交流分享[①]。

（二）2015 年企业事件

2015 年 1 月 17 日，极客公园 2015 年度最佳技术风尚大奖。

2015 年 1 月 17 日，途家当选世界 O2O 博览会理事单位。

2015 年 2 月 6 日，陕西省旅游局与途家达成战略合作。

---

① 途家官网. http://content.tujia.com/dashiji.htm.

2015年4月10日，途家网CEO罗军入选2015中国最具影响力50位商界领袖。
2015年4月27日，海南航空"途家号"首飞。
2015年4月28日，途家入选GMIC全球移动互联网大会最佳应用TOP50。
2015年5月8日，途家助力第十一届海峡旅游博览会，启动"招募百名台湾店长"计划。
2015年5月21日，途家携手三亚市旅游委、旅游协会成立三亚市旅游协会度假租赁专业委员会。
2015年7月8日，途家参与无忧我房A轮融资，加速布局"非标准住宿"生态链。
2015年8月3日，途家完成D及D+轮3亿美元融资，估值步入10亿美元俱乐部。
2015年8月10日，途家启用全新LOGO形象，诠释"分享与家"理念。
2015年11月16日，云南省旅发委与途家网达成战略合作。
2015年11月18日，"途家号"高铁福州启程。
2015年11月18日，途家网与首开集团达成战略合作。
2015年12月13日，途家荣膺智联招聘2015中国年度最具发展潜力雇主奖。

（三）企业分析

中国存在庞大的空置房市场，同时度假租赁业务火速增长，人们的个性化需求增多，途家的定位为在线、个性化的住宿预订，连接个人房东与用户，顺应时代的发展，拥有巨大的市场机遇，途家公寓、民宿50%在城市核心区，覆盖商旅人群，50%在旅游景区周边，覆盖慢游人群。

途家运营流程主要为以下四步：首先，房源获取，包括房地产开发商、业主、各地政府等，重点区域进行重点覆盖，与已有经营方自主合作；其次，对房源进行改造，硬件相对标准化，装修标准与房价挂钩；之后通过途家网、OTA网站、移动客户端及其他线下渠道进行房源的发布；最后，以管家服务、托管服务或交换式入住进行运营维护。途家与很多OTA网站进行了合作，如途家充分利用携程的影响力来拉动流量。携程网度假租赁频道，由途家网提供运营。此外，途家还借助携程为客户提供其他旅行服务，比如租车等服务。途家也与其他合作伙伴达成了类似的联盟合作。比如，360是中国一大门户网站，其旅游网站上也有由途家提供的度假租赁频道。途家依靠自身品牌渠道和携程网、阿里巴巴京东等渠道来拉动销售。

途家采用了差异化的运营方式，途家通过互联网拿不要钱的房源，通过利润分成的形式，迅速扩张规模，与传统房屋租赁方式不同，途家奉行主人需求优先，主人的享受和自由完全不受影响，随时可以拿回房子，主人享受完了，途家利用空闲赚取收益，随时拿回使用权、自己不使用再发挥房源价值赚钱。同时，从房源筛选到运营维护到信息发布，途家作为第三方介入整条交易链条，重构了B2C生态链。此外，途家存在巨大的先发优势，拥有大量资本支持与规模优势，并与多家在线旅游商进行合作，拥有大量携程倒入流量，在信任体系方面也不停地完善，并通过大数据分享平台，进行一站式管理。

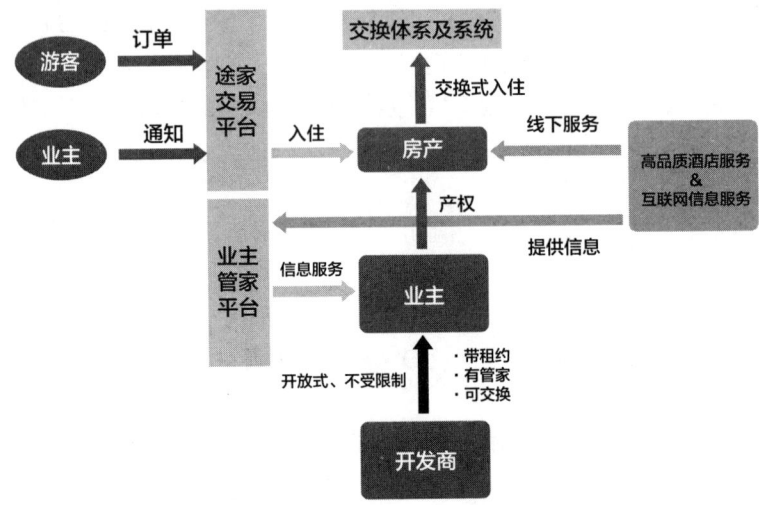

图 1-26　途家运营模式

资料来源：江苏新景祥商旅、途家模式专题研究。

作为在线短租企业，途家模式较重，也面临一些发展问题，如资产过"重"，管理难度和成本控制，政策和法律的存在风险，客源市场有限等。而未来的发展方向主要为在 B 端加深与 OTA 网站的合作，采取合作共用的模式，进一步拓展 C2C 业务，将进一步扩大房源规模和特色，延展不同产品线[①]。

---

① 途家模式专题研究，江苏新景祥商旅事业部. http://dwz.cn/1k29tH.

第二章
传统旅行社在线发展篇

进入 21 世纪以来，中国旅游行业进入了飞速发展期。尤其是近年来，在 OTA 在线旅游电商迅速崛起的背景下，我国旅行社行业在行业规模、从业人员规模、经营体制和经营环境等方面发生了巨大的变化。首先，旅行社由以前收散客发拼团模式，逐渐演变为资源向平台化过渡；其次，旅行社由以往接团为单一盈利模式，到现在上海春秋、北京众信等大型旅游集团的商业模式发生着转变，创造不同的商业盈利模式；最后，旅行社的构架和核心竞争力也在转变[1]。从市场发展趋势来看，邮轮旅游和商务会奖旅游将成为未来旅行社抢占的两大新兴市场。与欧美成熟邮轮旅游市场相比，中国邮轮旅游刚刚步入成长期，存在着巨大的市场发展潜力。而与公民旅游相比，商务会奖旅游定位于高端旅游市场，毛利率较高且淡旺季不明显。长期来看，在线旅游业务、连锁经营与产业链纵向整合已成为国内旅行社发展的主要趋势[2]。对于电商平台资源实力不强的传统门店来说，"线上 + 线下"是一种互利共赢的模式，也能够更好地服务游客。但值得注意的是，传统旅行社在积极发展电子商务的同时，要着力于自身优势和特点，寻求突围之路。旅行社应注重对目的地资源的掌控能力和资源的配置能力，大力发展品质旅游、个性化和定制化旅游，以满足部分高端市场的需求。此外，还应该发挥和放大"一条龙"服务，全程有保险等传统优势，以争取更多客源[3]。传统旅行社传统旅行社正在向在线资源型旅行社（OTS）转型。

---

[1] 当旅行社遭遇电商，未来是穷途末路还是别有洞天？ http://www.sc.xinhuanet.com/content/2014-12/02/c_1113483684.htm 2015-01-12.

[2] 中国产业调研网 .2015-2020 年中国旅行社行业研究分析及市场前景预测报告 .www.cir.cn 2015-01-13.

[3] 传统旅游企业"电商"路上的种种艰辛 . http://www.9tour.cn/info/192/395192.shtml 2013-02-05.

第一节 2015年传统旅行社发展概况

互联网时代，无论是前端的旅游消费需求，还是后端的资源供给，都在快速发生改变。2015年，携程、同程、去哪儿等OTA来势汹汹，即使是大型的传统旅行社也不得不承认互联网对整个旅游行业带来深刻影响。以携程为代表的OTA，其核心业务为机票和酒店的预订，同程等OTA的主要业务是做短线周边旅游和景区门票的倾销，途牛等OTA的主要业务是做产品定制和旅游产品；还有以马蜂窝、穷游等OTA为代表的主要业务是游记攻略块的发展。面对线上OTA的迅猛夹击，留给传统旅行社的市场空间似乎越来越有限[①]。对比而言，OTA是互联网产物，互联网的基因赋予其灵活性和形式的多元性，线上旅行社推介、营销能力强。传统旅行社的优势在于长期积累的产品创造力和品牌生命力，操作、落地能力强。此外，传统旅行社掌握的固定客源较多，能为景区和酒店提供比较稳定的客流，所以能享受到更好的优惠政策。在游客接待方面，传统旅行社大多亲自操刀，或交给长期合作、彼此信任的地接社操作，服务质量有保障。两者各有优势，只有巩固优势互相借鉴，才能永葆生命力。所以，采用电子商务进行营销，再用传统旅行社操作模式接待游客，这种线上与线下互动，"两条腿走路"的模式，最能体现传统旅行社的优势。加之，随着线下旅行社向线上发展，线上旅行社向线下延伸的趋势日益明显，两者间相互融合发展已成定势，这必将推动旅行社变革式的转型升级，催生新的旅行社业态[②]。

一、2015年度全国旅行社行业发展概况

产业规模方面，近十年来，我国旅行社规模不断扩大，2005—2015年全国旅行社数量见图2-1。国家旅游局《2015年第四季度全国旅行社统计调查情况的公报》数据显示，截至2015年底，全国旅行社总数为27621家，完成第四季度报表填报的为26342家，占总数的95.37%。23个地区填报率超过90%，其中黑龙江、湖南、吉林、内蒙古、宁夏、青海、山东、新疆生产建设兵团、湖北的填报率达到100%。从旅行社业务经营主体（包括以旅行社部门、办事处等形式存在的旅行社企业组织，及会展机构、网站、俱乐部等未取得旅行社经营权的经营实体）的角度来看，目前全国实际的旅行社业务经营主体超过7万家，这些产业组织共同构成了现

---

① 旅游电商和传统旅行社如何共存？ http://sanwen8.cn/p/126gIF2.html 2016-08-25.
② 2015年我国在线旅游行业发展趋势：线上线下融合. http://mt.sohu.com/20150718/n417035986.shtml 2015-07-18.

代旅行服务业的主体[①]。与旅行社规模增长相适应，2015年全国旅行社直接从业人员334 030人，同比减少2.13%，其中大专以上学历244 112人，同比增长0.30%。其中签订劳动合同的导游人数111 903人，领队人员45 503人。

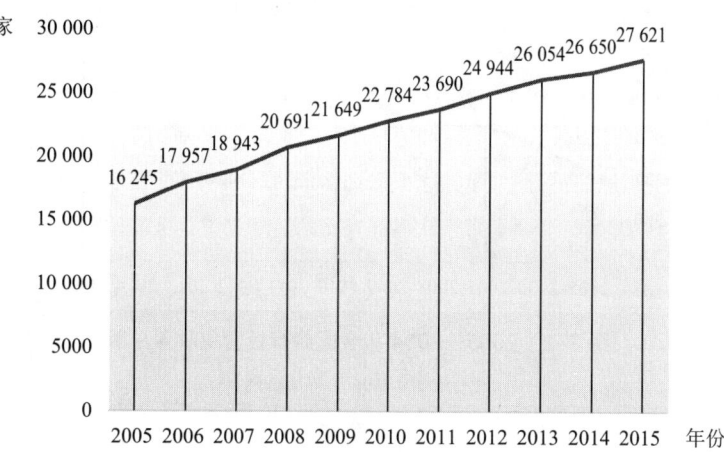

图2-1　2005—2015年全国旅行社数量

资料来源：国家旅游局官网。

产业绩效方面，近十年来，我国旅行社收入额总体呈上升趋势。国家旅游局数据显示，2015年度全国旅行社营业收入4189.01亿元，同比增长3.96%；营业成本3901.77亿元，同比增长2.08%；营业利润18.60亿元，同比减少29.41%；利润总额21.88亿元，同比减少34.14%；营业税金及附加16.12亿元，同比减少2.89%；所得税8.58亿元，同比增长13.49%；旅游业务营业收入3747.77亿元，同比增长10.29%；旅游业务利润198.79亿元，同比增长16.72%。

2015年传统旅行社规模和营收总额持续增长，但旅行社直接从业人员和营收利润总额大幅度下降。国民旅游需求增加刺激国内旅行社规模迅速扩张和行业整体营业收入增加的同时，旅行社产品的同质性和同类旅行社之间的价格竞争导致行业利润率不断减少，逐渐稳定在0.5%~0.6%。短期内，新兴领域的旅游产品将成为旅行社新的利润增长点。加强产品创新能力、开拓旅游新兴市场成为旅行社短期提升盈利空间的关键。总体看来，虽然全国旅行社营业收入持续增长，但依然存在规模小、盈利能力不强的问题。传统旅行社业务在一定程度上出现萎缩，与之形成鲜明对比的则是在线旅游市场的崛起与明显的替代效应。

---

① 中国旅行服务业年度报告. http://travel.sohu.com/20151110/n425873776.shtml 2015-11-10.

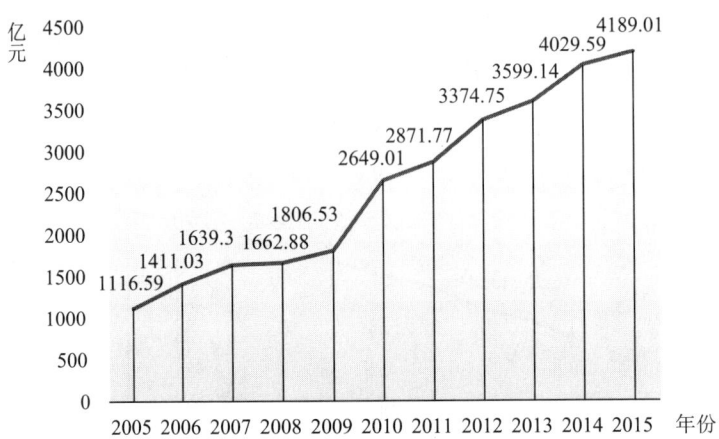

图 2-2　2005—2014 年全国旅行社营业收入总额

资料来源：国家旅游局官网。

二、2015 年度我国旅行社在线发展概况

（一）在线旅游市场竞争格局

近十几年来，随着互联网和移动网络等新技术广泛应用、旅游业市场化程度的加深以及竞争手段的不断更新，旅游业无论是在前端的旅游消费需求，还是后端的资源供给，都在快速发生改变。旅游业作为典型的信息密集型和信息依托型产业，与电子商务有着天然的适应性，互联网变革孕育了丰富的旅游新业态，重新构建了旅游业的产业链条。新型的旅游电子商务公司开始成为旅行社业务的重要经营者，从市场主体发育来看，以携程、去哪儿为代表的在线旅游交易平台发展迅猛，业务增速明显高于诸多传统旅行社。另外，百度、淘宝、中航信，甚至 Priceline、Expedia 等国内外大型企业集团也都通过各种途径进军国内在线旅游市场，使得过去未纳入旅行社类别的多种旅游服务机构开始进入旅游服务业的范畴，传统旅行社的业务不断被新兴产业主题侵蚀，旅行社的外延正在经历被动扩充的历史阶段。

在线旅游既改变了人们的旅游理念和旅行体验，也悄然冲击着旅游业传统的市场格局[①]。在线旅游是旅游业中增长最快的部分，相比我国旅游业 10%~15% 的人次与收入增速，大型在线旅游企业的业务增速是市场平均水平的 3 倍以上。2015 年中国在线旅游行业交易规模不断扩大，交易总额已达 4326.3 亿元，与此同时，中国旅行社在线市场规模也较以往稳步提升。劲旅咨询《2015—2016 年中国在线旅行社市场研究报告》显示，2015 年，中国旅行社在线市场规模达 735.5 亿元，较 2014 年 429 亿元同比增长 71.4%，在线渗透率为 20.1%，较 2014 年 13.1% 增长约 7 个百分点，在线渗透率持续扩大。2014 和 2015 年中国旅行社市场规模及在线渗透情况见图 2-3。

---

① 2015年我国在线旅游行业发展趋势：线上线下融合. http://mt.sohu.com/20150718/n417035986.shtml 2015-07-18.

从数据看，虽然线上线下旅游市场规模都在增长，但线下旅行社的市场份额大幅下降，此消彼长的趋势显著。特别是从增速看，2015年在线旅游的增速是旅行社市场整体水平的6倍以上。出现这一趋势，主要是因为互联网通过改造传统旅游业，极大地方便了消费者，提升了效率与服务水平。

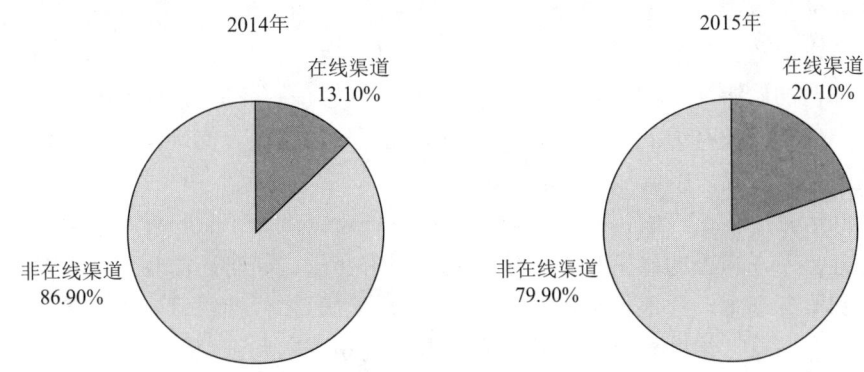

图2-3　2014—2015年中国旅行社在线渗透情况

资料来源：劲旅咨询《2015—2016年中国在线旅行社市场研究报告》。

在线旅游行业整体成长空间巨大，但竞争也尤为激烈，目前盈利模式最清晰的OTA市场竞争格局相对清晰，份额向巨头企业集中，携程占绝对垄断地位。2015年度在线旅游服务商市场份额图中，如图2-4所示。市场份额最大的是携程旅行网，其次是途牛旅游网，同程旅游网位居第三，占比分别为25.5%、15.0%和9.5%。三家的体量之和约占整个在线旅行社市场50%的份额。其他几家在线旅游服务商或传统旅行社官网的份额都相对较小。

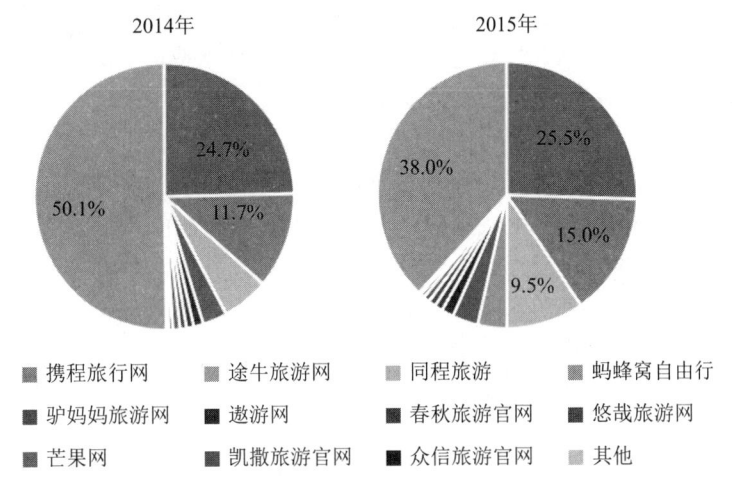

图2-4　2014—2015年中国在线旅游服务商市场份额（按交易额统计）

资料来源：劲旅咨询《2015—2016年中国在线旅行社市场研究报告》。

（二）旅行社与旅游电商的竞合关系

1. 旅游电商对旅行社发展的正面影响

旅游电商有利于旅行社间的资源、信息共享。近年来，信息技术在旅游业各个领域应用广泛，并对旅游业发展产生了深刻影响。许多旅游交易网站不仅为旅行社之间的业务交流提供一个在线交易平台和直销服务。同时，由于诸多的旅游电商入驻了旅游供应商、旅游分销商等，从而更方便信息和资源共享。即单体旅行社与任何一家加盟的旅游交易网站、旅游分销商、旅游供应商等都可以实现在线交易，通过资源、信息便捷有力的网上共享，无限扩大了分销渠道。实现网上资源的重组供给和分销渠道，成为旅行社营销的助推力。

降低运营成本，打破传统宣传方式。在市场营销方面，旅行社不仅需要收集各类的信息，考虑当今的旅游热点、旅游者的需求变化，同时还需尽可能将自己的营销策略和服务理念广泛地传播出去。电商平台可以为旅行社经营者提供最具时效的国内外动态信息，帮助旅行社经营者及时调整规划方向和营销策略。同时，电子商务也可以使旅行社能够随时了解旅行社同业和旅游者的需求，迅速调整产品开发和营销重点。另外，在线交易和支付系统不仅能够减少交易的中间环节，降低成本，还能避免在交易过程中因信息不对称造成的意外损失。

提高旅游者满意度，满足旅游者的个性需求。伴随着自助游、散客游的兴起，旅游者会根据自身的爱好和兴趣，选择有突出性、有主题、有针对性的旅游方式，旅游者的旅游需求趋向于个性化、零散化。传统旅行社由于客源量和信息量有限，成本高昂，无法满足旅游者的个性化需求。电商平台依托容量巨大的旅游信息库，可为旅游者提供目的地预览和出行的决策信息参考。同时，旅行社通过可查询和实时更新的信息平台，在网上设计产品，为游客专门定制需求，集拢客源，实现网上成团和网上拼团。此外，旅行社还可以通过旅游电商平台保持与旅游者的良好关系，为旅游者提供高品质的线上服务，还提供优质的售后服务，为旅行社塑造良好的品牌形象。

2. 旅游电商对旅行社发展造成的困境

竞价对手的增加，加剧旅行社之间的恶性竞价。由于旅游者需求的改变，旅游业也在不断调整自己的发展方式和发展目标；众所周知旅行社在运行自己的门面时需要支付高昂的房租费和人工成本费以及线路供应商所需的产品成本费。于是，很多传统旅行社纷纷将业务搬到互联网上，从而提升自身的竞争力和影响力。然后互联网上的信息共享极为便利，旅游者通过价格比对从而选择需求，在价格站中旅行社们希望能获取利益，就以低廉价格出售线路产品、酒店、门票，从而导致恶性竞争。虽然降低了成本，但是恶性竞争使得旅行社之间业务运行更是加难。

旅游电商平台经营旅游业务，压缩了传统旅行社存活空间。由于电商平台为本身也经营着旅游业务招揽。因此旅游电商的出现给了传统旅行社发展的契机，但同样也使得旅行社的发展更加举步维艰。旅游电商的出现给了传统旅行社很大的势头转变，既是机遇又是挑战。据悉，国内许多旅游电商既是旅行社的合作伙伴但是也同样是劲敌，因为旅游电商拥有的优势远远超出了入驻的旅行社，不管是资源上还是平台上[①]。事实上，OTA 和传统旅行社两种商业模式的暗战已经持续激化，2015年 4 月，17 家旅行社联合抵制途牛，更是引起全行业的轩然大波，被看作 OTA 与旅行社"明争暗斗"的里程碑事件[②]。

（三）旅行社在线运营情况

随着互联网普及消费者在线消费习惯的养成，越来越多的人开始选择在线消费，旅游产品也不例外。具相关数据显示，有 64% 的游客通过旅游类的网站获取信息，在线预订旅游产品的比例也与线下预订接近，达到 40%，而这一比例还将继续升高。这种情况下，传统旅行社必须跟随转战线上，否则将丧失大部分的直接市场。一般来说，线上旅游企业的优势在于分销能力，而线下旅游企业的优势则在于旅游产品的生产及后端服务。传统旅行社与旅游电商相比，其优势在于服务。在旅游产品售卖完成后，出现纠纷或旅途意外等相关情况，传统旅行社能够凭借多年的产品操作经验更为快速、及时、妥善地处理问题，对旅游各个环节的要素把控更加有力。但面对互联网狂潮的冲击，仅仅具备服务优势并不意味着传统旅行社就可以高枕无忧，还需要融合到互联网浪潮中，以产品为导向，拼实力拼资源，用产品赢得市场。国内旅行社通过连锁经营进行扩张的趋势将愈加明显。进一步地，尽管在线旅游市场竞争激烈，传统旅行社的在线代理业务仍存在着较大的发展机遇。传统旅行社正逐步接轨互联网，朝着"旅行社＋互联网"模式转型[③]。

总的来说，目前旅行社运营层面实现互联网化有两种方式。第一种是以上介绍的传统旅行社开始意识到互联网给渠道带来的意义纷纷自建系统实现自身升级，自建网站＋渠道推广，这个模式的好处是可以自创品牌或者延续品牌，并且可以展开自有用户积累；缺点是需大量资金注入和人力投入、开发周期长，并且可能还要忍受前期流量低、转化低的开局情况。但即使如此，这个模式目前看来还是比较靠谱的旅行社电子商务形式。第二种就是借助第三方平台实现平台互联网化。第三方平台是以第三方身份为各类旅游企业搭建的营销平台，主要从事旅游产品在线交易业务，如旅游产品 B2B 平台网站、旅游产品垂直搜索网站、旅游产品团购网站、部分旅游目的地旅游资讯网、旅游 APP 等，以及开展与旅游产品服务相关的非旅游类平台。如会员服务平台（如电信运营商的会员增值服务平台、银行会员商旅服务平台、旅游天气服务平台）、电子商务平台（如淘宝网、京东商城）、特殊旅游产品平台（如中国乡村旅游产品平台）等[④]。例如，和携程、途牛、同程这种在线的 OTA或者一些团购平台签约合作，成为他们的产品提供商选择成熟旅游平台开网店，比如说淘宝旅行和欣欣旅游网，这种模式的好处是开发周期短，能够快速实现，而且投入低、流量高、快速享受平台红利，较容易赢得消费者的信任，转化情况比较理想。缺点是品牌独立性不强，用户需与全平台共享，而且有各种平台的进入门槛和

[①] 直面旅游电商与旅行社之间的关系 . http://news.cncn.net/c_366652 2014-09-17.
[②] 两年过去，哪些旅行社死在了电商手里 . http://www.jiemian.com/article/737713.html 2016-07-13.
[③] 2015 年中国旅行服务业年度概述 . http://www.199it.com/archives/404625.html 2015-11-12.
[④] 旅游第三方交易平台等标准建设 . http://www.uuidea.com/2012/0702/14183.html 2012-07-02.

规则限制，这种模式其实也只能算是电子商务的简单入门，也不能算是真正的电子商务[①]。借助第三方平台又可分为两种：第一种服务于旅游前端市场（专注于旅行社、组团社的信息化建设）像八爪鱼，欣旅通。第二种服务于旅游后端市场（即游客到达地接社之后致力于帮助地接社管理"食、住、行、游、购、娱"等六元素的信息化系统建设），例如火柴头等[②]。

2015年"互联网＋国内旅行社"排行榜见表2-1，此排名是从关键词搜索量、网站收录量、旅游行业评级（即iBrand，iSite，iPower）三方面进行考量，一方面看传统旅行社接轨互联网的现状，另一方面看消费者对旅行社服务的认可程度[③]。排名前三的分别是北京凯撒国际旅行社责任有限公司、上海春秋国际旅行社（集团）有限公司和上海携程国际旅行社有限公司。

表2-1 2015互联网＋国内旅行社排行榜

排名	企业名称	iBrand	iSite	iPower	综合得分
1	北京凯撒国际旅行社责任有限公司	98.81	91.73	96.90	96.06
2	上海春秋国际旅行社（集团）有限公司	79.51	96.21	98.16	95.91
3	上海携程国际旅行社有限公司	82.04	97.89	96.48	95.32
4	北京携程国际旅行社有限公司	88.12	97.89	95.22	95.04
5	广州广之旅国际旅行社股份有限公司	87.55	90.61	97.32	95.00
6	北京众信国际旅行社股份有限公司	81.09	90.05	97.95	94.68
7	广东南湖国际旅行社有限责任公司	86.79	95.09	95.01	94.20
8	中国国际旅行社总社有限公司	88.50	84.45	97.11	93.72
9	广东省中国旅行社股份有限公司	91.15	77.73	97.53	92.93
10	上海锦江旅游有限公司	84.13	92.85	94.17	92.90

资料来源：互联网周刊.2015年8月。

1. 大型传统旅行社在线发展途径

在线旅游发展迅速的背景下，大型传统旅行社通常选择的出路是自建平台试水互联网或者背靠平台，例如中青旅的遨游网、中旅合作芒果网、众信合作悠哉网等，更大的旅游集团则通过资本的手段在市场上寻找合适的投资标的进行投资，例如，海航投资途牛、众信投资穷游，等等[④]。目前，自建平台的传统旅行社并不在少

[①] 赖润星.传统旅行社如何迈入旅游电商.http://sanwen8.cn/p/194utmy.html 2016-06-12.
[②] 传统旅行社互联网＋时代如何转型升级？http://tech.163.com/15/0810/09/B0L92UHS00094P40.html 2015-08-10.
[③] 2015互联网＋旅行社Top100.http://www.weixinla.com/document/2579892 2015-08-27.
[④] 在线旅游平台井喷式增长，传统旅行社怎么活？http://www.iyiou.com/p/24037 2016-01-26.

数,类似春秋、中青旅、众信等,但是取得不错成绩的平台还是少数,国旅、中青旅、中旅、春秋、众信等线上平台目前来看活得还不错原因更多的是资源优势。与技术成熟的旅游电商相比,很多旅行社在开发技术上存在明显不足,与开发系统相去甚远。

2. 中小型传统旅行社在线发展途径

热闹火爆的旅游业大环境里,不少中小旅行社仍只能勉强维持度日,更有甚者濒临关门。尴尬状况与OTA旅游业巨头的生意红火形成鲜明对比。一方面是中小旅行社规模小,跟不上市场节奏,呈小规模的分散经营状态,在捕捉全国市场趋势、服务特色、市场营销宣传等方面都不能与市场相适应;加之门店成本增长,利润下降。另一方面则是OTA旅游业巨头崛起和迅速发展,单体中小旅行社势单力薄,竞争压力很大。因而,对于缺少技术经验甚至缺少充足资金的中小型旅行社而言,实现在线化是一种挑战。在此背景下,借助第三方平台一定是传统旅行社,特别是中小旅行社实现在线化的绝佳选择[①]。中小型传统旅行社可以选择与一些优秀的第三方电商平台合作,实现旅游的信息化,借助第三方平台的最大的优势在于可以以最低的成本、最快的速度拥有最强大的功能[②]。

第二节 传统三大旅行社在线发展进程回顾

当前,在线旅游市场竞争激烈,无论是各大传统老牌旅行社还是发展势头迅猛的OTA都在借着资本的力量,着眼于线上、线下服务的延伸,积极构建各自的生态闭环。针对传统国有旅行社而言,体制机制问题影响了国企对线上渠道的资金投入,支配也不太自由,人才的配备和引进也受到制约。传统旅游企业的旅游产品是旅游市场的刚性需求,在线旅游企业虽然擅长整合,但是无法向游客提供丰富的旅游产品。而在线旅游企业打理平台时的技术、运营和推广水平都是传统旅行社难以达到的,若二者合作将发挥协同作用,在为游客提供更好服务的同时,均可获得更多利润[③]。传统旅行社中,国、中、青三大旅行社集团拥有品牌和规模优势,是传统旅行社触网运营进军在线旅游业务的典型代表,国旅的国旅在线、中青旅的遨游网都在积极建设和运营,中旅与芒果网合并,"传统"也有新模式。

---

① 互联网是传统旅行社最大的机遇. http://news.cncn.com/201632.html 2014-10-08.
② 互联网格局下传统旅行社如何转型升级. http://news.cncn.net/c_395856 2014-09-22.
③ 中国传统三大旅行社的OTA潮流之路. http://www.ctcnn.com/html/2016-03-10/13673984.html 2016-03-10.

一、中国国际旅行社：传统旅行社 OTA 的探路者

（一）中国国际旅行社简介

中国国际旅行社总社有限公司前身中国国际旅行社总社，英文缩写：CITS，成立于 1954 年，是目前国内规模最大、实力最强的旅行社企业集团，现为中国国旅股份有限公司旗下三大企业（中国国际旅行社总社、中国免税品（集团）总公司、中国国旅地产与物业管理公司）之一。2007 年荣膺北京市首批 5A 级旅行社；连年被评为"首都旅游紫禁杯最佳集体"。2008 年第 29 届北京奥运会，作为唯一参与接待服务工作的旅行社企业，承接四个奥运官方服务项目，被北京市政府和北京奥组委评为"北京奥运会和残奥会先进集体"。2010 年上海世博会，成为首批上海世博旅游指定旅行社。多次荣获国家和北京市政府"最佳企业奖""旅行社最高创汇奖""旅行社最高外联人数奖"等奖项。连续十多年蝉联中国旅行社百强第一名，连续荣列"中国企业 500 强"中旅游业第一名。中国国旅先后加入 PATA（太平洋亚洲旅行协会）、IATA（国际航空运输协会）、ASTA（美国旅行代理商协会）、WTTC（世界旅游业理事会），系联合国世界旅游组织（UNWTO）在中国的唯一企业会员。国旅在线作为中国国际旅行社总社官方旅游网站，提供便捷的出境游、国内游、自由行、酒店、机票、签证等在线预订服务。2015 年"国旅"品牌以价值 412.67 亿元品牌价值，名列中国 500 最具价值品牌排行榜第 49 位，连续 12 年排名旅游服务行业第 1 位。

图 2-5　中国国旅标志

资料来源：百度百科。

中国国旅作为传统旅行社的领军品牌，积极探索"互联网＋旅游"的服务创新。2004 年，国旅制定了发展电子商务的战略决策，这个中国线下旅行社剧透也希望自己也能成为中国最大的旅游在线运营商，国旅有着清晰的电子商务理念——用 IT 与互联网技术，整合和利用传统旅行社的优势资源，做旅游的在线运营商。2005 年，国旅在线上线运营。2005 年 9 月，国旅电子商务部成立了呼叫中心，座席员通过国旅的统一分销平台，从面前的电脑屏幕上就可以清楚看到各类产品的实时销售情况。此外，国旅总社的所有门市部及经营部门都在同一个平台上运作，可以随时查到所有产品、线路的流量和价格。国旅的电子商务部还将企业的分销平台

与后台 ERP 系统实现了实时联通，客户通过前台分销平台产生的订单能直接传递到后台的各支持系统，业务部门不仅可以调动线下的旅行社资源，进行应收应付账款的财务管理，形成了完整的管理闭环。2007 年，配合国旅总社整体上市的目标，电子商务部又开始以 IT 系统为支持，对分布在全国各地的国旅分社、支社的业务进行整合。2007 年开始，国旅总社开始将电子商务部已成功搭建的系统、确定下来的标准业务模式，向上海、广州、武汉等城市参股或控股地方国旅进行复制——"打通和建立资源渠道，使地方社与总社形成产品与订单的实时、真实和流量可控的战术关系。"一是可以通过 IT 方式，提升地方国旅的服务水平、增强竞争力；可以把各地国旅纳入总社的统一运营，做到服务品质的标准化。现在，上海、武汉等国旅网站已可以查到当地的产品、实时流量，客户可直接通过网络下订单。2009 年，国旅总社开始尝试"线上线下一体化服务"，也就是 O2O。2014 年，国旅开启移动电子商务新布局。2014 年 2 月，中国国旅微信服务号应用上线，提供微信在线人工咨询到预订支付的完整服务流程。3 月，中国国旅手机客户端（APP）正式上线发布。这是国旅总社将旅游服务推向移动互联网的首款手机应用，标志着国旅总社正式进军移动端旅游市场，向着"智慧旅行社"迈进了一大步。中国国旅 APP 主要提供出境游、国内游、机票、旅游票务、旅行用品和我的国旅六个服务模块。在移动互联网快速发展、消费者行为由 PC 端向移动端转移的背景下，"中国国旅"APP 还将继续新增签证、邮轮等其他服务模块，并为消费者提供行前通知、行后满意度调查等贴心服务[①]。2015 年 8 月，国旅总社与支付宝达成战略合作关系，国旅总社旗下遍布全国的 40 余家子公司的 1157 家线下门店将陆续支持支付宝"当面付"服务。国旅总社作为国内首家在线下门店引入移动支付服务的旅行社，旨在通过支付方式的升级，创新旅游 O2O 服务方式。截至 2015 年 8 月 26 日，已有超过 500 家线下门店支持旅游产品"当面付"。消费者只需打开手机上支付宝应用的"付款"功能，国旅总社的业务员用扫码枪扫一扫，即可轻松完成支付[②]。

（二）自建平台——国旅在线

国旅在线网站是中国国旅官方预订网站，是向全国消费者展示国旅公民游产品及资讯，并提供产品在线预订、在线支付的重要门户。随着电子商务的快速发展和网民在线购物习惯的迅速养成，国旅在线网站以"积极响应消费者诉求，注重用户体验"为出发点，建立了一整套规范化和标准化的产品咨询、预订、在线支付流程，为消费者提供值得信赖的品质保障。目前，国旅在线网站已获得中国互联网协会颁发的 AAA 信用评级、中国电子商务协会颁发的首批中国电子商务诚信网站示范企业等诚信认证称号。

---

① "中国国旅"APP 上线运营开启移动电子商务新布局 . http://news.163.com/14/0312/17/9N5DBCG800014AEE.html 2014-03-12.

② 中国国旅携手支付宝，千余家门店将全面支持"当面付"服务 . http://www.ctcnn.com/html/2015-08-26/16714067.html 2015-08-26.

1. 国旅在线发展历史及现状

国旅总社基于 60 年深耕旅游的专业经验，倾力打造"国旅在线"品牌电商。国旅在线成立十年（2005 年成立）以来，在传统旅游行业中寻找新模式，深度融合全国 40 多家参控股企业的线上线下资源，专注出境游和国内游中高端市场，做度假旅游 O2O "品质旅游专家"，打造中国最专业的旅游品牌电商。2005 年，国旅总社认识到互联网改变了消费者，传统旅游行业必须转变观念、紧跟大势，寻求更加良好的发展空间，由 24 小时呼叫中心、B2C 网站和 B2B 资源整合系统组成的国旅在线上线运营。2005—2008 年，国旅在线完成了"旅游+互联网"的结合，实现旅游产品在线销售实时更新、价格真实、流量可控。2009 年开始，国旅在线尝试"线上线下一体化服务"，可谓是第一家尝试 O2O 运营的旅游企业。至 2013 年，已完成"互联网+旅游"的整合，使线上预订到线下门店服务无缝对接，形成了国旅在线的核心竞争力。2013 年底国旅在线进入"旅游+互联网"的深度融合阶段，12 月上线国旅在线手机端应用，迈出从 PC 端到移动端的第一步。

2014 年国旅在线定制了新的电商战略，致力于打造 1 个"国旅在线"电商品牌，把握"平台化+移动化" 2 个执行方向，深化"总部与子公司""线上与线下""产品与销售" 3 个层面高度协同，扎实"产品+服务+营销+运营" 4 个关键要素。2014 年 8 月，国旅在线启用鲜明、醒目的新域名"cits.cn"，着力增强界面友好性和用户辨识度，风格鲜明、简约、实用。同年 8 月国旅与悠哉网签署的战略合作协议，国旅在线的旅游产品将通过平台对接的方式，直接提供给悠哉网展示并销售，而悠哉网将在引进国旅旅游产品的同时，借力国旅优势的线下网络资源，为消费者提供便捷的线下服务。2015 年，在 40 余家子公司逐步实现便捷、权威、安全的电子合同签约流程，近千家线下门店陆续开通支付宝"当面付"服务，开设 4000 多个"员工微店"。2015 年 3 月，蒲公英微店上线，让销售人员轻松拥有属于自己的个人网店，实现全员销售。这是国旅在线把握移动互联商机，打造以人为核心的移动社交电商的又一创新尝试，这也是继途牛推出"途牛掌柜"、众信推出"众信掌上店铺"后，又一家进军 O2O 微店的旅游企业。2015 年 4 月，国旅在线率先推出绿色高效电子合同，不断提高旅游服务智能化水平，引领全国旅游行业加速向现代旅游服务业转型，为游客提供了更加便捷优质的旅游产品和服务。2016 年，"国旅在线"将继续整合内外部资源，发挥专业和网络优势，深化"平台化"和"移动化"战略，提升互联网和移动互联网全渠道平台的产品与服务能力，开拓"旅游+免税""旅游+金融""旅游+健康"融合发展路径，贴合"品质旅游专家"的市场定位，打造中高端市场专业旅游品牌电商[①]。

目前国旅在线由 B2B 蒲公英平台和 B2C 国旅在线业务矩阵两部分组成，线上的国旅在线官方网站、中国国旅旅游预订中心、国旅在线 APP、手机网站、微信

---

① 在传统中创新国旅在线十年引领品牌旅游电商. http://travel.gmw.cn/2015-11/14/content_17730670.htm 2015-11-14.

公众号、蒲公英微店等渠道,与遍及全国 87 个城市的 1150 家门市形成线上线下一体化服务体系,为用户提供专业、高效的度假旅游产品咨询预订服务,是旅游行业内整合度最高、协同性最高、专业度最高的 O2O 服务体系[①]。2015 年,国旅在线平台明确制定"1、2、3、4"的电商战略,致力于打造 1 个"国旅在线"电商品牌,把握"平台化+移动化"2 个执行方向,深化"总部与子公司""线上与线下""产品与销售"3 个层面高度协同,扎实"产品+服务+营销+运营"4 个关键要素。

2. 业务经营

目前,旅游者通过国旅在线,可以办理入境、出境、国内酒店、机票、火车、国际列车、国际游轮、长江游船、签证等全方位的旅游业务。国旅总社的竞争优势在于通过 IT 支持,实现了咨询、预订一体化的一站式服务。这不仅使仅作咨询的呼叫中心成为一个直销部门,还让整合进平台的传统业务部门,如遍及北京市门市营业部,也都能向客人提供一站式服务,在客户打进第一个咨询电话时,就能直接将其引向订单的生成。

国旅在线现阶段的发展集中在自身网站服务的丰富以及创新。国旅在线新版网站于 2014 年 8 月正式改版上线。新网站启用了鲜明、醒目的新域名 cits.cn,强化"跟团游""自由行""邮轮""周边/当地游""签证"等旅游产品展示效果,推出国旅会员的互动社区"爱旅行",在业内首次推出"动态行程图"功能,为用户"预演"旅行路线及交通工具,让用户在出行前对行程一目了然。2015 年是国旅在线十周年,2015 年 8 月 10 日—9 月 8 日,中国国旅特别推出国旅在线十周年庆活动[②]。

3. 特征分析

国旅在线作为国旅自建的电子商务平台,借助国旅强大的人力、物力和财力的支持,能将国旅线下的旅游产品进行线上展示和推广销售,其在线产品具有价格优势,网站的主要收入来源为旅游产品的进销差价,旅行线路服务费、酒店和机票的预订代理费等。国旅在线能够拥有大量资源开展线上业务,但目前由于在线旅游企业竞争比较激烈,加之国旅的线上业务起步较晚,国旅在线还处在扩大市场份额的阶段,未实现盈利,随着国旅队线上业务的支持和重视,仍需要在出境游、国内游、境内外机票酒店预订等方面加大宣传促销力度,抢占市场。除了自身电子商务平台的推广,中国国旅与悠哉旅游网签署战略合作协议,双方将自身线上线下的资源进行深度共享,国旅在线的旅游产品将通过平台对接方式,直接提供给悠哉网展示并销售;而悠哉网将在引进国旅旅游产品的同时,借力国旅优势的线下网络资源,为悠哉网提供便捷的线下服务,在线旅游企业在打理平台时的技术、运营、推广拥有目前传统旅行社很难达到的成熟,中国国旅选择了在线运营能力强于其企业

[①] 国旅在线十年耕耘,做品质旅游引领者. http://bj.jjj.qq.com/a/20150806/032267.htm 2015-08-06.
[②] 中国国旅官方网站"国旅在线"十周年庆. http://news.163.com/15/0804/03/B053P0GA00014Q4P.html 2015-08-04.

的在线平台进行合作，双方此次合作更多是想利用对方的优势资源弥补自身的不足，实现双赢。

目前的国旅在线是由 B2B 蒲公英平台和 B2C 国旅在线业务矩阵两部分组成，线上的国旅在线官方网站、中国国旅旅游预订中心、国旅在线手机客户端、手机网站、微信公众号、蒲公英微店等渠道，与遍及全国 87 个城市的 1150 家门市形成线上线下一体化服务体系，5000 余家供应商在线提供海量产品，全品类旅游产品覆盖全球 3006 个目的地，为用户提供专业、高效的度假旅游产品咨询预订服务，是旅游行业内整合度最高、协同性最高、专业度最高的 O2O 服务体系。未来，国旅在线将会继续以服务消费者为宗旨，继续整合内外部旅游资源，发挥专业和网络优势，立足于中高端市场，不断推出贴近消费者、满足用户个性化需求的品质产品和实用功能。

4. 国旅在线发展大事记

2005 年，国旅在线上线运营；

2013 年 12 月，"国旅在线"手机端应用正式上线，迈出从 PC 端到移动端的第一步，进入到"旅游＋互联网"的深度融合阶段；

2014 年 2 月，中国国旅微信服务号应用上线，提供微信在线人工咨询到预订支付的完整服务流程；

2014 年 8 月，"国旅在线"启用鲜明、醒目的新域名"cits.cn"，着力增强界面友好性和用户辨识度，风格鲜明、简约、实用；

2015 年 3 月，蒲公英微店上线；

2015 年 8 月 10 日—9 月 8 日，国旅推出国旅在线十周年庆活动。

二、中旅总社：整合外部资源，取长补短

（一）中旅总社简介

中国旅行社总社有限公司是中国旅游集团公司（原中国港中旅集团公司）旗下负责旅行社业务的全资子公司。2007 年，中国港中旅集团公司和中国中旅（集团）公司完成了中国旅游业"航母型"合并重组。双方旗下的核心产业——中国旅行社总社（CTS）、港中旅国际（CTI）、招商国旅（CMIT）、香港中旅社和海外分社经过整合重组，共同组成了中旅总社。2013 年 6 月，"中旅总社"旗下互联网品牌"星旅网"正式上线，通过整合中国旅行社总社下属公司的产品资源，为旅游者提供北京、重庆、大连、福州、广州、南京、青岛、上海、沈阳、武汉、西安、郑州等 16 个城市出发的出境、国内参团产品，以及签证、旅游票务、领事认证等综合旅游服务。目前星旅网拥有两千多条各类旅游产品，借助中旅总社丰富的产品资源、强大的品牌优势、规模庞大的服务网络，为用户提供优质的旅游产品及在线预订服务。2015 年 7 月，中旅总社与芒果网进行合并整合，双方的管理团队交叉任职，原芒果网 CEO 李进岭兼任中旅总社副总裁，分管合并后的线上业务。另外，中旅积极寻求通过第三方销售平台来销售自己的产品，在淘宝网开设有中旅总社旗舰店，旅行

社既是供应方也是店铺经营者。

图2-6　中旅总社标志

资料来源：百度百科。

（二）线上平台——芒果网

芒果网有限公司是国资委管理的中央企业中国港中旅集团的全资附属公司，是中国港中旅集团顺应现代旅游和电子商务的发展趋势建立的、以独立品牌专门从事在线旅游业务的电子商务平台，致力于打造为中国第一家专注旅游度假的O2O开放平台。芒果网总部设在深圳，注册资本5.2亿元，目前已在北京、广州、上海、重庆、香港等地设立分公司，业务涉及机票、酒店、度假、邮轮、签证和商旅服务。芒果网以港中旅资源作为基础，为传统旅行社提供IT化、系统化流程梳理改造，为客户提供符合"互联网+"时代需求的旅游度假全流程服务。

芒果网自2006年上线以来，业务拓展迅速，发展了相当多的客户群，品牌知名度快速提升，初步形成了与主要同行三足鼎立的中国在线旅游市场格局，成功通过了"深圳市软件开发'双软'企业"认证，并先后获得"2006年度深圳市高新技术企业""深圳市福田区总部企业称号""2006互联网年度十大创新商业模式大奖""中国互联网最具创意网站""品牌中国金谱奖——中国信息技术行业年度10佳品牌"香港客户中心协会"年度最佳离岸呼叫中心奖""2009年度中国最佳呼叫中心""歌诗达邮轮中国区销售冠军""2010年中国电子商务百强企业""2011年中国大学生最喜爱的旅游网站钻石奖——青芒果""2012年广东省电子商务示范企业"等诸多荣誉、"2014年度最具投资价值旅游行业门户"奖等诸多荣誉。芒果网上线之初发展迅速，曾跻身OTA前三名。近年来，随着OTA领域价格战愈演愈烈，竞争日趋白热化，芒果网面临着业务量萎缩、连年亏损的局面。

芒果网倡导时尚、轻松的高品质生活。品牌主色调为清新明快、充满活力的橙黄色，代表芒果网的热情与成熟。芒果网象征城市动脉，mangocity由man+go+city三个英文单词组成，"man"意指我们的客户——旅行的人，"go"寓意行走、旅行，而"city"则代表在城市间自由来往，寓意人在走，从一个城市到另一个城市旅游。同时，mangocity也代表了旅游和芒果网业务的一种生态，音译和意译合起来是芒果城，潜意表达了芒果网的发展之路和客户集群。芒果网底部那颗创新形态的星星正是港中旅在线的动感北斗星，这也是芒果的一个"脐"，象征着芒果网与中国港中旅血脉相连的关系。

图 2-7　芒果网 LOGO

资料来源：芒果网官方网站。

1. 芒果网发展历史及现状

2006 年 3 月，芒果网正式成立。2007 年 6 月，芒果网开通国内在线旅游网站第一个邮轮频道。2009 年 3 月，芒果网正式宣布完成对易休旅行网的收购和业务整合，并在此基础上推出全新品牌"青芒果旅行网"，该品牌是全国首家以年轻驴友、背包一族为对象的及时预订在线网站。2011 年 1 月，与澳洲旅游局战略合作，开辟澳洲自由行之旅；2013 年 3 月，青芒果网完成 A 轮融资，同时，正式从芒果网分拆出去；2014 年 3 月，中国港中旅集团从港中旅在线全资回购芒果网；2014 年 4 月 29 日，香港中旅发布公告称，把旗下的芒果网（投资）有限公司以 6.02 亿元的价格出售给港中旅集团的全资附属公司 DeanSuccessLimited。之所以出售，是因为芒果网长期亏损。香港中旅公告显示，全资附属公司港中旅在线已与 DeanSuccess 于 3 月 27 日订立出售协议，DeanSuccess 以 6.02 亿元的现金收购芒果网全部已发行股本。芒果网是港中旅在线的全资附属公司，而港中旅在线又是香港中旅的全资附属公司，同时港中旅集团是香港中旅的控股股东。而这起交易的买方 Dean Success 是港中旅集团的全资附属公司。因此芒果网此次交易后仍在港中旅集团旗下。

2015 年，国企混改成为焦点，除了国企改革的大环境，旅游行业的竞争环境也推动着芒果网的改变。2015 年成为芒果网锐意创新的一年。芒果网重点发力出境游和休闲游业务，与国际著名邮轮公司皇家加勒比和歌诗达展开包船合作，提升芒果网在邮轮市场的份额。而其与中国电信、平安信用卡等企业展开的跨界合作，成功整合了双方资源与优势，进一步提升了游客的旅游体验。另外，芒果网在 CEO 李进岭的带领下，确定了从综合 OTA 向旅游度假 O2O 开放平台的战略转型①。2015 年 6 月，芒果网和中旅总社合并，合并后的芒果网将定位为 O2O 一体化的综合平台，并依托中旅总社海内外线下资源，为消费者提供更多的产品和服务，实现港中旅集团

---

① 芒果网获 2015"最具投资价值旅游行业门户". http://www.qianhuaweb.com/2015/0909/2939329.shtml 2015-09-09.

"天地联网"战略的深入推进,并强化整体综合竞争力[1]。2015年12月,港中旅集团宣布引入明游天下国际旅游投资(北京)股份有限公司和深圳润恒投资管理有限公司作为战略投资者,并进行增资重组。重组后,芒果网希望通过战略投资改变单一所有制,借助国企混改的东风改变企业的奖励机制,调整芒果网和中旅总社的利益分配。易观分析师朱正煜指出,芒果网基本上全部都是国有资本,现在引入民间资本后,可以帮助优化资本结构[2]。

2. 业务经营

芒果网提供机票、酒店、度假产品、邮轮、票券、签证、租车及其他旅游产品并轻松完成预订、交易,包括海内外逾十万家星级酒店、通航城市机票全覆盖、10余个出发城市前往200多个国内外热点旅游目的地的度假产品及主要邮轮公司产品。芒果网以"成为大中华区最受欢迎的互动式旅游电子商务平台"为愿景,致力于为客户提供最为便捷的旅行产品预订服务,最为愉悦的客户体验,最为丰富及最具吸引力的旅行产品。公司采用"网站+电话客服中心+3G客户端"的服务模式,基于统一的后台数据库为客户提供一站式旅行预订服务,并通过先进的客户关系管理系统跟踪客户的消费模式,为目标客户提供个性化产品定制和增值服务。

芒果业务网络遍及全国,2006—2013年,芒果网的业务包括机票、酒店、商务和度假业务,大部分的营收都来自于机票收入。但机票和酒店业务已经形成寡头竞争,机会较少。相反,在线旅游度假并不是一个标准的产品,增速很快,渗透率还不高,未来发展的空间很大,且尚未形成寡头竞争局面。因而,芒果网未来的发展重点将会是在线旅游度假领域,尤其是出境旅游[3]。近年来,旅游度假业务是芒果网各业务线里增长最快的业务,2013年芒果网度假业务实现销售额7.2亿元,占芒果网营业收入19%,2015年上半年,芒果网度假业务更是同比增长超过300%。随着邮轮市场的快速发展,以邮轮旅行项目为主打业务之一的芒果网动作频繁,2015年伊始,1月22日中华泰山号出航,紧随其后的是2月12日与21日出航的维多利亚号。赛琳娜号的两个航次排期在2015年的7月和10月。密集的航行安排不仅意味在将邮轮旅行逐渐从只有少数人才能体验的旅行方式转向大众,更希望进一步开拓中国的邮轮旅行市场。2015年9月,芒果网与国内第一家本土豪华邮轮公司天海邮轮达成战略合作伙伴关系。芒果网将成为天海邮轮华南区独家代理商,并为天海邮轮提供平台服务、定制化主题旅游等特色产品,提升双方在邮轮市场的占有率[4]。

劲旅咨询《2015年12月中国在线旅游网站用户覆TOP30排名》报告显示,

---

[1] 港中旅合并中旅总社与芒果网,意在整合线上线下. http://shcci.eastday.com/c/20150625/u1a8768326.html 2015-06-25.

[2] 引入民间资本,迈出实质一步:芒果网重组告别单一体制. http://news.xinhuanet.com/tech/2015-12/31/c_128584602.htm 2015-12-31.

[3] 聚焦在线旅游度假市场,芒果网的最后一搏. http://www.ctcnn.com/html/2015-07-24/12257453.html 2015-07-24.

[4] 在线旅游芒果网与天海邮轮达成合作. http://tech.sina.com.cn/i/2015-09-24/doc-ifxieyms4029785.shtml. 2015-09-24.

2015年12月中国在线旅游网站用户覆盖数排名前10位的依次是：去哪儿网、携程旅行网、阿里旅行·去啊、马蜂窝、芒果网、驴妈妈旅游网、穷游网、途牛旅游网、艺龙旅行网与户外资料网。其中芒果网排名第五，排名较2014年无变化。

表2-2 在线旅游网站2015年12月覆盖数统计排名

排名	网站	12月	11月	环比变化（%）
1	去哪儿网	1595	1790	↓10.9
2	携程旅行网	770	717	↑7.4
3	阿里旅行·去啊	564	625	↓9.8
4	马蜂窝	454	470	↓3.4
5	芒果网	377	392	↓3.8
6	驴妈妈旅游网	369	382	↓3.4
7	穷游网	312	305	↑2.3
8	途牛旅游网	251	271	↓7.4
9	艺龙旅行网	169	172	↓1.7
10	户外资料网	114	204	↓44.1

资料来源：劲旅网数据。

3. 特征分析

芒果网的商业模式可以概括为旅游产品的在线商城化即EC模式，目前在国内，大部分资源还是掌握在传统旅行社的手中。随着电子商务的发展，传统旅行社开始注重在线化，通过把线下旅游产品在线化销售，实现线上和线下双渠道销售。主要依靠进销差价作为营收来源电商模式的盈利方式比较稳定，但因旅游产品的价格透明度较高，盈利空间普遍较薄。芒果网采用佣金＋差价为主，探索服务费＋买断包销＋广告等多元化盈利模式，虽然芒果网能够依靠港中旅提供丰富旅游产品，但在线旅游市场竞争激烈，尽管业内龙头公司收入增长迅猛，但芒果网却自2006年开业以来持续亏损。除了连年亏损，芒果网的另一个问题还在于市场份额不断下滑。艾瑞咨询统计数据显示，2015年第一季度中国在线旅游市场交易规模达875.0亿元，环比增长11.7%，同比增长29.2%。而芒果的市场占有率从2014年度的1.4%下降至仅有0.7%。传统旅行社触电后市场份额的下降原因是多方面的，传统旅行社和在线旅游运营商基因不同，各自拥有的运营模式截然不同，发展线上业务，不仅是定位的变化，更需要大量既懂旅游又懂互联网的人力资源的投入，由此必然会面临与途牛、悠哉、同程等在线旅游企业的人才竞争。网络收客的成本实际上并不比门店收客的成本低，甚至更高，再加上旅行社的人才、技术均跟不上，旅行社还须对产品体系进行重构,要实现全面转型困难重重。中旅总社与芒果网的重组合并后,将全面启动整合业务。芒果网 CEO 李进岭表示,2016 年芒果网将考虑独立上市或与中旅总社整合后打包上市,目的地是上交所即将推出的战略新兴板。未来上市后融资将主要用于三方面,包括打通中旅总社与芒果网的系统、移动端的推广和升级、整合线下中旅总社的旅游资源。未来芒果网将从传统的 OTA 向旅游度假 O2O 开放平台转型;打造完整的生态闭环成为中旅旅游集团最终的发展目标。

4. 芒果网发展大事记

2006 年 12 月 31 日,经深圳市科技和信息局组织审定,认定芒果网、比亚迪电子、赛格网络等 69 家企业为 2006 年度第十二批深圳市高新技术企业。深圳市科技和信息局在其网站上公示了评审结果;

2007 年 1 月 1 日,《北京晨报》将"2006 年最佳合作创新奖"颁发给了旅游电子商务平台中具有突出代表性的新生力量——芒果网有限公司;

2007 年 1 月 19 日,芒果网以领先网络旅游的概念荣获了"2006 互联网年度十大创新商业模式大奖";

2007 年 10 月 12 日,由香港客户中心协会主办的"第 8 届香港客户中心协会年奖"在香港举行了隆重的颁奖典礼,芒果网有限公司荣获了"最佳海外对内客户中心"铜奖;

2008 年 3 月 20 日,国务院国资委在北京召开"优质服务年"活动表彰会议中,芒果网客服中心客户关怀组荣获了国资委 2007 年"优质服务年"先进单位称号,旅游顾问徐思愉荣获了国资委 2007 年"优质服务年"先进个人称号;

2009 年 3 月,芒果网正式宣布完成对易休旅行网的收购和业务整合,并在此基础上推出全新品牌"青芒果旅行网",该品牌是全国首家以年轻驴友、背包一族为对象的及时预订在线网站;

2009 年 4 月 23 日,由"中国信息化推进联盟客户关系管理专业委员会"主办的"2009 年中国最佳呼叫中心系列奖项评选活动"中芒果网有限公司客户服务中心荣获了"2009 年中国最佳呼叫中心"称号;

2011 年 1 月,与澳大利亚旅游局战略合作,开辟澳大利亚自由行之旅;

2013 年 7 月,在北京召开的中国网络营销大会上,芒果网"中国旅行达人"活动品牌营销案例荣获"今典"年度最佳创新营销案例奖,这也是芒果网连续两次攫取该项荣誉;

2013 年 3 月,青芒果网完成 A 轮融资,同时,正式从芒果网分拆出去;

2014 年 3 月,中国港中旅集团从港中旅在线全资回购芒果网;

2014 年 4 月 29 日,香港中旅发布公告称,把旗下的芒果网(投资)有限公司以 6.02 亿元的价格出售给港中旅集团的全资附属公司 DeanSuccessLimited;

2015 年 6 月,芒果网和中旅总社合并;

2015 年 12 月,芒果网引进民间资本增资重组。

三、中国青年旅行社：借壳发力，促线上线下交融

（一）中国青年旅行社简介

中国青年旅行社（CYTS）为共青团中央下属机构，1980年成立于北京市。1997年组建了我国旅游行业第一家以完整的旅游概念上市的中青旅控股股份有限公司。12月3日公司股票在上海证券交易所上市，是我国旅行社行业首家A股上市公司（股票代码：600138）、北京市首批5A级旅行社，现有总股本4.1535亿元。中青旅坚持以创新为发展的根本推动力，不断推进旅游价值链的整合与延伸，在观光旅游、度假旅游、会奖旅游、差旅管理、景区开发、酒店运营等领域具有卓越的竞争优势。三十多年来，青旅总社在团中央书记处的领导下，凭借改革开放政策和自身优势，勇于改革，不断开拓，迅速发展起来，成为我国旅游行业的骨干企业。目前，中青旅已达到年接待游客突破150万人次，营业收入80多亿元的经营规模，正矢志成为一家具有卓越品牌形象、拥有领先市场份额、跨地域、跨产业链运营的国际化现代旅游集团。

图2-8　中青旅标志

资料来源：百度百科。

早在2000年，中青旅就开始了线上旅游业务的尝试，但没有做出气候。原因主要是：市场还处于培育期，没有一个大的基数；自身的产品和品牌还处于传统业务的再造和变更期，难以与线上业务形成共振；当时消费习惯、技术水平、金融系统都难以对线上旅游形成足够支持。2005年，遨游网首版网站正式建立；2009年开始，中青旅打破了按出境、入境、国内游划分的传统方式，将业务细分为B2B和B2C两类，并据此成立了会展公司、度假公司等板块；2014年，中青旅斥资3亿打造升级版遨游网，强化线上平台建设；2015年中青旅半年报显示，公司上半年开设了300多家遨游网+O2O服务中心和城市体验店，推出旅游产品比对功能和微信支付功能。

（二）自建平台——遨游网

遨游网是中青旅控股股份有限公司旗下专业度假网站，向消费者提供全方位值得信赖和高品质的旅游度假预订、资讯及专业服务。依托上市公司中青旅30多年的行业领先优势，拥有享誉全国的中青旅联盟逾10年的全国网络和旅游服务资源，遨游网提供旅游产品预订及度假服务，包括出境旅游度假、国内旅游度假、海岛旅游度假、抢游惠等丰富线路及领先服务，已拥有百万遨游网会员。"遨游网"依托技术手段，立足标准化产品体系，建立在线预订、在线支付平台；致力于建立以中

青旅品牌为依托和保证,具备开放性、全国性的旅游度假产品预订及旅行服务网站;遨游网既是中青旅公民旅游产品的在线销售渠道,也是公民旅游业务面向"新市场、新需求、新业态"的创新业务事业部;既是现有主业的有力支撑,也是面向未来创新型组织。

2014年8月,中青旅斥资3亿元打造升级版遨游网,沿袭平台化、网络化、移动化的发展战略,同时宣布了四大品牌升级的重磅举措,包括发布遨游网的新LOGO,上线遨游网的新版主页,推出移动端"遨游旅行"APP3.0。改版后的遨游网在设计上最大限度地为用户考虑,去掉任何多余的设计和元素,减少干扰,呈现给用户一个简洁明快又舒适的页面,在板块设置上,提供更丰富的单项产品供用户选择,包括:特价机票、签证、门票、当地游等;新增内容板块,图文并茂地展示精选的达人游记,使遨游网不再是单一售卖旅游产品的网站,而是给旅游者提供全方位服务的功能性旅游电商网站。此次推出的新版遨游网LOGO,进一步强化了互联网元素,核心字母AoYou的设计突出了遨游网追求"更好"、不断勇攀高峰、蜕变进取的互联网精神,也集中展示了遨游网对品质、服务至上的价值主张[①]。

图2-9　中青旅以及遨游网LOGO

资料来源:遨游网官方网站。

1. 遨游网发展历史及现状

遨游网以出境旅游为主、国内旅游为重要补充,致力于建立一个以中青旅品牌为依托和保证,开放性、全国性的旅游度假产品预订及旅行服务网站。遨游网在北京、上海、广州、南京等核心城市设有分支机构,打造了包括北京、上海、广州、南京等40多个出发城市、遍及全球100多个国家和地区的旅游产品预订及度假服务的旅游在线预订平台。目前,中青旅正在推进以遨游网为龙头、打通遨游网、门店、呼叫中心的全流程,实现网络化、移动化、平台化进一步深入,打造旅游行业领先的线上线下协同发展的O2O模式[②]。遨游网首版网站于2005年5月31日正式上线,当时定位于休闲游在线服务商;2006年12月,遨游网上海站正式上线;2007年8月与中青旅官网进行了合并,定位改为"专业度假网站与在线旅游一线品牌";2010年10月1日,遨游网成立事业部,正式独立运营;2011年2月遨游网的宣传语确定为"度假就上遨游网";2014年9月,遨游网定制频道正式上线,两月期间该频道带来订单金额超300万元。

---

① 中青旅斥资3亿打造升级版遨游网. http://fashion.ifeng.com/travel/news/china/detail_2014_08/29/38561326_0.shtml 2014-08-29.

② 遨游网基本情况介绍. http://travel.people.com.cn/n/2015/0320/c352255-26725054.html 2015-03-20.

近年来，遨游网加大重视网站服务质量的建设，主打服务牌。率先提出度假旅游电子商务网站的系列服务标准，包括："透明价格、阳光行程、安全保障、购物承诺、应急响应、服务追访"的规模化，达到线上线下结合。同时也加大了投入，在 2013 年 10 月公司推出的非公开发行中，12.3 亿元的募资中有 3 亿元投向了"遨游网的平台化、网络化、移动化"项目，欲使其升级助力旅行社全面线上线下相融合。遨游网的"渠道—平台—模式"建设路径清晰：一是由渠道向平台转化。2013年，遨游网的订单数量已经超过 30% 的占比，组织结构已经调整到位，良好的网站基础也已经具备，2014 年开始遨游由渠道向平台转化；二是 O2O 模式。线上的销售机会最大限度溢出至连锁店和呼叫中心，公司会逐步把线下的标准化产品转移至线上，而线下则满足高端、旅游定制等需求和服务①。

图 2-10　遨游网产品特征

资料来源：遨游网官方网站。

2015 年，中青旅全面启动"遨游网+"战略，通过一系列融合创新的组合拳，中青旅遨游网打造了中国旅游行业特色的、从 O2O 服务到在线旅游新生态的新模式，利用互联网技术和传统旅行社专业服务能力的整合，把中青旅以及全国 2 万多家传统旅行社、全球范围内数千种的地接服务、亿万旅游消费者动员起来，以此挖掘潜在性的消费需求。中青旅总裁张立军表示，遨游网所倡导的旅游新生态一方面是互联网的深度介入，改造产品和服务，另一方面是构建一个健康、可持续的商业模式，互联网和传统旅行社之间形成融合创新、协同增效的价值共同体②。目前，在中青旅整个 B2C 旅游业务营收里面，有 85% 的消费者是通过遨游网进行行前信息查询。本部遨游网全闭环营业收入已经达到了 50% 以上，其中遨游旅行 APP 销售占比将近 40%，全网营收每年都以 100% 以上的速度增长。在遨游网的平台上，将近 200 家优质的旅行社合作伙伴。遨游网已经成为中青旅销售机会最大的获取平台和集散中心，成为中青旅走进互联网时代最重要的引擎，也成为平台合作伙伴挥洒

---

① 卢耀键. 浅析旅游电子商务与旅游营销. 赤子（中旬），2014（4）:377.
② 中青旅"遨游网+"战略料2015年年中O2O店超300家. http://money.163.com/15/0424/09/ANV49H0F00253B0H.html 2015-04-24.

创意、提升服务、打造从 O2O 平台到在线旅游新生态的广阔舞台。艾瑞研究报告显示，2014 年度，遨游网在旅游度假三个业务领域中，出境游、国内游份额均占据第三名，已成为中国在线旅游服务 OTS（Online Travel Service）一线品牌[①]。

2. 业务经营

依托中青旅对遨游网持续投入和支持，加上自身线上平台的不断发展和完善，近年来，遨游网表现越发出色，产品日益丰富，形成了由自由行产品、亲子旅游、海岛旅行、参团观光产品、特价机票、特价门票、签证办理、定制旅游、游记攻略、PC/WAP 网站、手机 APP 等线上线下产品组成的一条龙服务。目前，遨游网自营产品以中青旅分子公司产品为核心体系，开放平台业务以国内最大的旅游运营商联合体中青旅联盟近 100 家成员为核心伙伴，进一步积极携手各地优质龙头品牌旅行社企业，共同打造"旅游正品行货"平台，实现互联网时代的转型升级。

2015 年 3 月，遨游网围绕互联网、移动互联网时代用户需求和交互行为变化，帮助用户实现更加友好的旅行体验，推出旅游产品对比功能，用户移动鼠标就可以将旅游产品涉及的各个要素进行清晰比对，食住行游购娱一目了然，使消费者旅游决策更简单。消费者在遨游网搜索框只要输入想去的目的地之后，就会发现在产品列表页每个旅游产品的价格下方，有一个"对比"的标签，选择感兴趣的产品之后，轻轻点击"开始对比"，系统将从基本信息、费用、酒店、往返交通、可选附加服务、参考行程 6 大维度、12 个小类对选中的产品进行全方位的对比。遨游网首席品牌官徐晓磊表示，旅游度假产品要素多、链条长、涉及的服务内容繁杂，将这些琐碎的"部件"整合成一件标准化的产品并非易事，极大地考验了旅游电商对航空、酒店、景区、地接等多方面资源的整合能力[②]。

表 2-3 遨游网产品服务

产品服务类型	介绍
自由行度假产品	遨游网以精选的酒店资源、多年合作的航空公司资源，为游客提供高品质的自由行度假产品
参团观光产品	遨游网凭借中青旅的资源采购优势，以及30年服务于游客的行业专注，在保证参团观光产品的高品质、高性价比的同时，在行程设计上别具匠心，服务于客人的个性化需求，力求给客人带来满足、别致的旅行体验
海岛游	海岛游是遨游网极具竞争力的主打产品，依托中青旅联盟强大的资源采购优势，遨游网海岛游品质一流，极具性价比，并有大量的包机直飞产品，注重服务品质提升和满足游客的个性化需求
游轮产品	遨游网游轮产品精选全球目的地，为游客提供吃喝玩一站式游轮旅行

---

① 中青旅遨游网荣获"2015 中国旅游服务贡献奖". http://www.aoyou.com/news/n10040/ 2016-01-07.

② 遨游网推出旅游产品对比功能，食住行游购娱一目了然. http://travel.people.com.cn/n/2015/0317/c41570-26707100.html 2015-03-17.

续表

产品服务类型	介绍
特价机票	遨游网机票频道为游客提供便捷、优惠的机票预订服务。遨游网特价机票在行业中具有不可替代的优势：零利润售机票，保证真实出票，预订机票赠送航空险，还可以积分返现，最高抵扣机票价格的10%
特价门票	遨游网精选多家景区供应商，提供特价折扣门票预订服务
签证产品	遨游网签证频道公开承诺"99%过签率""拒签退全款"。遨游网签证服务流程规范，交接清晰，在精细化的流程管理上独树一帜
定制服务	遨游网定制频道是根据游客的需求，根据个人爱好、目的地、行程天数的不同，由资深旅游专家为游客一对一服务，从路线、方式和服务等方面为旅游者量身打造的专属旅行方案
景区景点	入驻了上万个全球热门的旅游目的地、景点信息，包括吃住行游购娱等各方面的最新资讯，以及景点图库
遨游论坛	遨游论坛是一个以旅游为主题的社区交友平台，用户可以在论坛里查找目的地的攻略和吃、住、行、玩等各类景点信息，分享旅程中的照片、视频、游记，结交朋友
遨游旅行APP	遨游网APP"遨游旅行"为用户提供旅行管家的贴心服务。用户可以通过"遨游旅行"APP提交旅行计划，订阅心愿旅行线路，线路上架后会第一时间收到通知，用户可获得精选高性价比的减价方案，查看目的地的详细准备清单，包括必备物品、钱币兑换方面的提示，以及专业的各国签证知识，和新奇好玩的海外旅行资讯、经典玩法。在旅行过程中，用户通过APP可以定位附近优选商户及ATM机，即便身在境外或港澳台，仍然能一手掌握身边的优惠折扣。此外，遨游旅行APP还有每周四10点特卖1元起；票款低至1元的超低价门票，摇一摇送惊喜等诸多优惠

3. 特征分析

中青旅作为典型传统旅游业企业，和互联网企业不同的是传统企业做电商拥有明显的线下资源优势，线上不是孤立的，而决战线上的根本条件是决胜线下。中青旅不光是做流量的品牌，更是生产产品、制造产品、制造服务的企业。遨游网作为中青旅及中青旅联盟的分销渠道，本质上是一种商业平台属性，主要依靠进销差价作为营收来源。遨游网一方面充分借助于中青旅在市场营销、信息技术、订单服务等方面的既有资源，另一方面通过探索模式创新，提高交易效率，扩大交易规模的方式，降低渠道成本。2014年连锁店进店咨询的客人中，有55%进店之前已在遨游网上有过相关的信息检索和网页浏览。2015年第一季度，遨游网线上销售在中青旅本部旅行社收入的占比，达到了53%，且还在稳步提升。对中青旅而言，遨游网已经成为最大销售机会的集散中心和中青旅常态化的核心销售渠道之一。

不同的企业在互联网的大的浪潮和驱使下一定要找到自己的优势和品牌定位。遨游网一直坚持做度假旅游，追求并致力于成为优质的领导品牌。电商一般强调便携和实惠，这是最基本的一个需求满足，方便、实惠、价格低，但是遨游网的目标是进一步上升到另一个层次，并将其看作是传统企业的机会。遨游网坚持的是要给客户提供方便，利用几十年的优势，给客户一个专业服务上的价值。此外遨游网将线上的旅游产品信息做到了标准化展示，提升网站预订的效率。产品的信息化能够在互联网展示是基础，服务是决胜的关键，因为互联网更多是带来客源和订单，带来企业品牌认知和往来，遨游网将旅游服务分为行前和行中、售后的标准疏理，提升消费者的购物体验①。

①遨游网O2O利用技术创新拉近了与客户的距离

基于对移动互联网迅猛发展趋势的把握，遨游网实现了传统网站、移动客户端、移动网站全方位支持在线预订、在线支付，消费者可以在路上、家里和办公室无缝链接。同时，遨游网投入了专门人力和物力，在库存管理、智能推荐、人机交互等方面进行了多项人性化的创新，显著提升了运营效率和消费者体验。

②遨游网O2O倒逼旅游产品加速迭代创新

旅游业的真正精彩在旅游活动中，最终的竞争还是在创意、产品和服务环节中展开。而以资源为导向、同质化严重的旅游产品已经无法完全满足互联网用户的需要，用户的需求倒逼遨游网积极拓展目的地服务、丰富旅游产品品类，逐步实现多出发地、多目的地、多产品品类的布局，推动业务规模的扩张。

③以遨游网为基础打通三渠道实现服务一体化

互联网创新难免要对横向的部门分工格局进行调整。在服务体系上，中青旅打通遨游网、呼叫中心、连锁店三渠道，形成"三位一体"的网络化系统服务。旅游者可以在遨游网下单，连锁店服务；也可以在连锁店、呼叫中心咨询预订，通过遨游网完成签约支付，发挥三渠道各自优势和协同效应。简单地说，就是传统用户享受了线上渠道的便利，线上用户感受到了线下的服务，互相借势、良性互动②。

4.遨游网发展大事记

2004年11月1日，遨游网筹备工作正式启动；

2005年5月31日，遨游网首版网站正式上线，当时定位于休闲游在线服务商；

2006年12月，遨游网上海站正式上线；

2007年8月，遨游网与中青旅官网进行了合并，定位改为"专业度假网站与在线旅游一线品牌"；

2010年10月1日，遨游网成立事业部，正式独立运营；

2010年11月11日，在第三届中国旅游互联网会上，本年度"中国优秀旅游网站"评选中获得"优秀预订网站"奖；

2010年12月3日，遨游网新LOGO正式启动，标志着遨游网进入一个崭新时代；

2011年1月3日，遨游网在业界推出"微攻略"概念；

2011年2月，遨游网的宣传语确定为"度假就上遨游网"；

2011年3月15日，遨游网建立4个重点目的地市场：马尔代夫、巴厘岛、港

---

① 中青旅遨游网CEO骆海菁：在线旅游的未来和机遇. http://ec.iresearch.cn/shopping/20130530/200893.shtml2013-5-30.

② 遨游网：打通O2O，平台化走向深水区. http://www.traveldaily.cn/article/90347 2015-03-21.

澳和国内；

2014年2月17日，遨游网入选2013十大推荐旅游网站；

2014年2月18日，遨游网手机站全新上线；

2014年5月1日，遨游网与银联合作开发境外消费奖励在线兑换系统；

2014年5月6日，公司与银联国际全面业务合作协议签约仪式举行；

2014年5月21日，遨游旅行新版APP2.5上线；

2014年5月30日，遨游网门票频道正式上线；

2014年8月18日，遨游旅行3.0上线，标志着中青旅移动互联布局迈出了重要一步；

2014年8月28日，遨游网新版LOGO正式上线；

2014年9月11日，遨游网定制频道正式上线，两月期间该频道带来订单金额超300万元；

2014年9月18日，遨游网新版论坛上线；

2014年9月26日，遨游网完成向百度申请"青旅"相关品牌保护；

2014年10月10日，遨游网与费加罗私享巴黎网达成合作；

2014年10月12日，"遨游旅行"APP安卓版正式上线；

2014年10月16号，遨游网国际机票频道http://flight.aoyou.com正式上线；

2014年10月23日，遨游网首次亮相电影《热血男人帮》；

2014年11月26日，遨游网微信管理后台上线；

2014年11月28日，遨游网APP3.0上线；

2014年12月12日，遨游网携手银联建设银行加州旅游局联合推出万人美国游；

2014年12月24日，遨游网与北京文化创新工场签署战略合作框架协议；

2015年3月，遨游网连续被CCTV财经频道第一时间报道。

第三节　大型民营旅行社在线发展进程回顾

在线上旅游快速发展的背景下，体系庞大的国旅、中旅、中青旅等大型规模的传统不再墨守成规，积极布局线上管理系统。相对这些传统老牌旅行社而言，大型民营旅行社更是反应活跃，众信旅游、凯撒旅游、春秋旅行社作为从传统旅行社中突围出来的代表，不仅加紧完善传统线上模式，更是向平台化转型，力图与纯互联网出身的OTA一战高下[1]。

---

[1] 当旅行社遭遇电商，未来是穷途末路还是别有洞天？http://www.sc.xinhuanet.com/content/2014-12/02/c_1113483684.htm 2014-12-02.

一、上海春秋国际旅行社在线发展

（一）上海春秋国际旅行社简介

上海春秋国际旅行社（集团）有限公司（以下简称春秋国旅）是春秋航空的母公司，成立于1981年，目前已拥有4000余名员工和导游，年营业收入60亿元，业务涉及旅游、航空、酒店预订、机票、会议、展览、商务、因私出入境、体育赛事等行业，是国际会议协会（ICCA）在中国旅行社中最早的会员，是第53、54、55届世界小姐大赛组委会指定接待单位，是世界顶级赛事F1赛车中国站的境内外门票代理，被授予上海市旅行社中唯一著名商标企业，是中国第一家全资创办航空公司的旅行社。1994年以来，上海春秋国旅在经营中国公民境内旅游业上成绩显著，连续多年获国家旅游局排名的国内旅游全国第一，是国内连锁经营、最多全资公司、最具规模的旅游批发商和包机批发商。2013年起营收超过百亿，2014年纳税列上海市民营企业第5位。在上海有50个连锁店，在北京、广州、西安、沈阳和三亚等31个国内大中城市设有全资公司，每个全资公司大都有2至10个连锁店。有拥有"贵族之旅""春之旅""中外宾客同车游""纯玩团""自由人""爸妈之旅"等多种特色旅游产品。同时，上海春秋国旅已经在美国、英国、泰国、德国、日本、澳大利亚、中国香港7个国家和地区以及国内30多个大中城市设立分公司，形成了初具规模的"春秋联合体"。在江浙地区有400余个、全国有近2000个网络成员，分公司和网络成员之间使用上海春秋国旅自行研制开发的电脑系统销售春秋旅游产品，做到"散客天天发，一个人也能游天下"便利的散客即时预订服务。目前，公司拥有5000余名员工，业务涉及旅游、航空、酒店、机票、会议、展览、商务、车队、体育赛事、城市旅游观光巴士等，拥有境内43家全资分社和海外5家全资分公司，全国4000多家代理商，上海58家全资营业网点，是国内连锁经营最具规模的旅游批发商和包机批发商之一。

图2-11　春秋国旅标志

资料来源：百度百科。

（二）在线发展概况

春秋国旅集团作为我国民营旅游企业的开创者和领导者，从旅行社这一传统业态起步，春秋集团在发展中审时度势，不断通过战略调整适应市场变幻，从"航旅"战略联盟到探路"互联网+"，打造线上线下协同互动平台，春秋集团实现了互联网平台与传统旅行社业务的跨界融合。春秋从1994年开始，建立自己的全国计算机销售网络——即时销售信息共享系统。春秋总部、门店、分社、代理商之间的网络共分布有1200余个电脑网络终端,构成了一个"前台收客、后台处理"的庞大业务收揽及处理平台。1998年春秋国内部门市员工率先使用由"春秋国旅"自己研制开发的NOVEL散客售票软件系统,告别了票板操作的传统,在国内首创科技兴旅先河。在信息技术的支持下在国内率先实现旅游产品的标准化和实时化分销,"春秋国旅"在江浙地区有四百余家、全国有三千余家网络成员,成为中国最具规模的旅游批发商。200多家代理店中电脑联网近百家,营收比上年增长近3倍。同年底加入了国际大会和协会联盟(ICCA),成为中国内地同业中第一个正式成员。1999年,春秋旅游网正式建立。2005年7月11日,春秋旅游网(www.china-sss.com)与春秋航空网(www.air-spring.com)合而为一,成立春秋航空网,并使用对外统一域名:www.china-sss.com。2007年,春秋随着其电子商务的快速发展,入选2007年度"中国商业科技100强",获得多项荣誉,并且充分利用电子商务信息系统,提升核心竞争力,实现单机营运成本最低,收益率最高,网上BTC销售比例高达70%。2011年,春秋航空网,两网分离,分别使用春秋航空网(www.china-sss.com)与(www.springtour.com)的域名,着力发展春秋廉价航空,力求上市[①]。春秋航空自成立以来平均客座率保持在95%左右,在世界航空公司中排名前列,已经初步探索出适合中国的低成本航空发展的商业模式。2015年,春秋航空完成IPO后不久,春秋国旅对其电商业务进行了新一轮布局,旗下的春秋旅游网上线了全新的机票预订平台,成功对接了民航的机票业务,力图打造独具价值的在线旅游网站[②]。

(三)在线平台——春秋旅游网

春秋旅游网是以上海春秋国际旅行社(集团)有限公司(简称春秋国旅)为实体基础的,以Internet技术为手段的,整合公司实体资源优势,围绕客户提供方便快捷的旅游、度假、自由行产品、酒店等在线预订服务的电子商务网站。

春秋旅游网1999年正式建立。初期运营模式为春秋国旅的企业网站,以发布企业最新动态及线下产品的线上展销为主。2000年下半年起,春秋旅游网开始尝试电子商务运作模式,成立专门部门操作网上业务。经过一年多的探索与尝试,2002年起,网上业务交易量开始迅速攀升,网站以旅游包装产品的订购为主,兼营宾馆和机票的预订业务。除提供线路预订、酒店预订、机票预订之外,还提供性价比较高的产品和旅行社。由于春秋国旅强大的资源支撑,线路预订成了春秋旅游网的主营业务。春秋旅游网的收入主要是由以下几个方面构成:线路预订代理费、酒店预订代理费、机票预订代代理费、春秋国旅提供的发展资金HJ。2004年5月,春秋旅游网尝试推出新型旅游预订模式——旅游电子票,即专门开辟出部分旅游线路,以"网上支付即可享受30至500元优惠"的做法来吸引游客网上订购旅游。此举旨在提供游客足不出户、从预订到支付的"一站式"旅游预订服务。2005年5月,"网上支付即

---

① 冉祥云.上海春秋国际旅行社品牌战略研究[D].吉林大学,2008.
② 深度分析春秋旅行社如何反攻线上. http://mt.sohu.com/20150316/n409829918.shtml 2015-03-16.

可享受 30 至 500 元优惠"的做法普及到春秋旅游网每一条旅游线路。一时间，网上支付总量较以前呈现 10 倍以上的攀升态势。2007 年，春秋随着其电子商务的快速发展，入选 2007 年度"中国商业科技 100 强"，获得多项荣誉，并且充分利用电子商务信息系统，提升核心竞争力，实现单机营运成本最低，收益率最高，网上 BTC 销售比例高达 70%。2011 年，春秋航空旅游网拆分为春秋航空网（www.china-sss.com）与春秋旅游网（www.springtour.com）。2015 年 1 月，春秋旅游网上线了全新的机票预订平台，用户在春秋旅游网上可预定到各大航空公司国内航线的机票[①]。春秋旅游网组建以来，一直作为春秋国旅的一个经营部门来发展，以此推动春秋国旅企业信息化改造。

1. 业务经营

春秋国旅主要产品包括国内游、出境游、周边游、邮轮游和特卖路线等。春秋国旅一直坚持着旅游特卖线路，众多境内外热门旅游线路最低降至三折，最高不过七折，出发地覆盖北京、上海、广州、深圳、青岛、南京、杭州、成都等多个全国主要大中城市。每月有 2~3 个香港特价游名额，并会陆续增加名额和目的地。春秋国旅的特卖线路是一种旅游营销模式，具有折扣领先市场、持续时间长、以热门主流产品为主、数量多等特点。特卖线路每期推出的产品线路都不相同，但均是市场热门的线路，且折扣力度也非常诱人[②]。2014 年 3 月，春秋旅游网推出的"超级预售"模式，是真正的旅游产品的预售。与其他优惠券合集模式的预售相比，春秋"超级预售"主打自由行产品，通过包机包位抄底价以及旅游资源的集中采购，将预售的主要优势集中体现在产品价格本身，让消费者体验最大最真实的实惠。这种全新的旅游预售模式尤其受到年轻、时尚的旅游爱好者的追捧。2014 年 7 月，春秋国旅推出"行简住优"自由行品牌，该品牌结合航空、旅游为一体的优势，将最便宜的机票和最具特色与品质的目的地酒店打包，游客选择该类产品，就不必再连夜守候在电脑前等候廉价航空公司的特价机票，不必在眼花缭乱的各类酒店中举棋不定，在旅游总预算不变的情况下得到比同类产品更优质的旅行体验，倡导自由享受与深度体验的旅游度假休闲方式，在传统国内旅行社成功开启了自由行模式，打破了国内旅游的跟团模式，引导客人自由出游，开创了新的旅游方式。目前在春秋旅游网上，自由行和团队游的产品结构比例大概是 1:1，这在大型旅行社集团的电商网站中并不多见。2014 年，春秋国旅自由行产品有 70% 左右是线上销售[③]。目前春秋旅游网已经确定了以自由行业务为核心的思路，也已经打造出了一批极具性价比的自由行产品。

---

① 深度分析春秋旅行社如何反攻线上！http://mt.sohu.com/20150316/n409829918.shtml 2015-03-16.
② 互动百科 http://www.baike.com/wiki/ 春秋旅游.
③ 春秋旅游开启预售限时特卖产品新模式. http://www.dotour.cn/article/5926.html 2014-02-26.

图 2-12 春秋旅游网超级预售页面

资料来源：春秋旅游官网。

2. 特征分析

传统旅行社在向互联网转型的过程中不能受制于思维和定位上的瓶颈，真正的 OTA 不是只单纯地成为旅行社兜售线下产品的货架，而应该成为一个丰富而有特色的旅游产品在线平台。春秋旅游目前已经从旅游产品开发、目的地服务建设等各方面入手，摆脱陈旧思维，打造一个独具价值的在线旅游网站。据悉，2015 年 1 月，春秋旅游网对接了民航的机票业务，除了春航机票，用户在春秋旅游网上也可以预定其他航空公司国内航线的机票，在不久的将来，还将接入境外国际机票，实现全球目的地全覆盖。从机票频道接连不断的改革中，可以窥见春秋向 OTA 建设的发展趋势。目前春秋旅游网已经确定了以自由行业务为核心的思路，也已经打造出了一批极具性价比的自由行产品。作为中国唯一一家拥有航空公司的旅行社，春秋国旅开展自由行电商业务拥有无可比拟的优势。机票舱位是自由行产品中的关键要素，要确保可以订购到的机票数量与所获得的客流相匹配。另外，要使自己的产品相对于其他 OTA 或旅行社更具竞争力，获得更低的机票采购价格必不可少。虽然春航航班已经覆盖了国内和东南亚、东北亚主要旅游目的地，但春秋旅游网对接民航机票的这一战略调整，可以看作是其正在为进一步开发自由行业务所做的储备，也许过不了多久，春秋旅游网将会推出更多目的地的自由行产品。春秋旅游网机票业务的扩展对于网站进一步摆脱传统旅行社线上经营模式有重大的意义，是春秋旅游开启平台化策略的标志①。

---

① 春秋旅游网接入民航机票，OTA 战略转型. http://www.traveldaily.cn/article/89069 2015-02-10.

3. 春秋旅游网发展大事记

1999年，春秋旅游网正式建立；

2000年下半年起，春秋旅游网开始尝试电子商务运作模式，成立专门部门操作网上业务。经过一年多的探索与尝试；

2004年5月，春秋旅游网尝试推出新型旅游预订模式——旅游电子票，即专门开辟出部分旅游线路，以"网上支付即可享受30至500元优惠"的做法来吸引游客网上订购旅游；

2005年7月11日，春秋旅游网（www.china-sss.com）与春秋航空网（www.air-spring.com）合二为一，成立春秋航空网，并使用对外统一域名：www.china-sss.com；

2011年，春秋航空网两网分离，分别使用春秋航空网（www.china-sss.com）与（www.springtour.com）的域名，着力发展春秋廉价航空，力求上市。春秋航空定位于低成本航空的优势显现；

2014年3月1日，春秋旅游国际旅行社集团旗下春秋旅游网推出"超级预售"的旅游产品在线销售模式；

2015年1月，春秋旅游网上线了全新的机票预订平台，用户在春秋旅游网上可预订到各大航空公司国内航线的机票。

二、北京众信国际旅行社在线发展

（一）北京众信旅游简介

北京众信国际旅行社股份有限公司成立于1992年8月11日，是经国家旅游局、北京市工商行政管理局批准设立的具有独立法人资格的股份制企业，注册资本20 846.75万元，主要经营出境游批发、零售、商务会奖旅游业务，总部设在北京，并在上海、成都、沈阳、哈尔滨、西安、武汉、厦门、天津、重庆、杭州、昆明、青岛等地设有分公司。公司是中国旅行社协会、北京市旅游行业协会、亚太旅游协会（PATA）、国际航空运输协会（IATA）会员；2013年在国家旅游局公布的全国百强旅行社排名中，众信旅游位列第五；全国税收十强旅行社中位列第二；2013年被评为北京市5A级旅行社；2014年荣获由中国旅游研究院和中国旅游协会评选的中国旅游集团20强；2014年入选国家旅游局对口联系旅行社。2014年1月23日，众信旅游成功在深交所挂牌上市，成为A股市场上首家民营旅行社上市公司（股票代码：002707）。自上市以来，众信旅游坚持产品服务的场景化、生态化，围绕用户、资源、渠道三要素，将业务由出境游衍生至国际教育、移民置业、出境金融等出境服务，逐步形成了出境服务大生态的业务布局。

图 2-13 众信旅游标志

资料来源：百度百科。

众信旅游的标识 VI 系统即视觉识别系统，它是以标志、标准字、标准色为核心展开的完整的、系统的视觉表达体系。将企业理念、企业文化、服务内容、企业规范等抽象概念转换为具体符号，塑造出独特的企业形象。由逗号和字母"U"组成——寓意"满意只有起点，服务没有终点""旅游欢乐无极限，只有起点没有终点"；主色调为品红色，象征充满阳光、明媚、温暖与时尚；标志象征顾客的独特性，对生活与快乐的追求永无止境。

（二）业务经营

众信成立初期，只做旅游批发商，并不做面向消费者的零售业务。通过大批量采购机票、酒店和景区门票，加上预订时间大大提前，能够以更低的价格将上游资源采集回来，然后组合成十日欧洲游之类的产品，核算成本后，加一部分价格卖给各大旅行社，赚取差价。随着出境旅游的发展，消费者的需求越来越个性化，合作方提供的资源往往满足不了旅行社的需求，于是旅行社倾向于找更多批发商或者选择自己向上游发展，也开始与酒店、景区直接建立合作，众信开始进军零售做旅行社，并成立在线销售平台，从旅游批发商转变为面向消费者的旅行社。如今，众信旅游的主营业务包括三大类，出境批发业务、出境零售业务和商务会奖旅游。

众信旅游一直坚持专业的出境游运营商定位，坚持实施现有发展战略，突出主营业务，加强对出境游产业链各环节的整合和控制，在资源采购、产品研发、销售推广、团队运作和内部管理等环节上不断提高专业水平，满足客户需要，为消费者提供专业的一站式全方位服务。此外众信旅游拥有自己的机票代理资质，并与国内、国际 50 多家航空公司建立了长期紧密的合作关系，是多家航空公司的 A 类客户。不管是国际航班、国际国内联运，还是国际联运，公司都能在很短时间内提出机票配置的最优解决方案。

在国内旅行社经营同质化较为普遍情况下，众信旅游走出了一条独特发展道路，并在出境游资源整合、产品研发、客户三大方面建立了优势。首先众信旅游实施集中采购、远期采购等政策，与上游供应商建立良好合作关系，使得在保证上游资源供应的同时,能够取得优惠价格,获得成本优势。在旅游产品的设计上,公司针对不同需求,最大限度发挥整合旅游产业链各供应商资源的优势。同时,众信旅游同全国近2000家代理商建立了长期稳定的合作关系。并且,商务会奖业务拥有联想、惠普、工行、平安、VISA等多家知名客户。基本形成了"批发、零售、商务会奖业务互相促进、协同发展"的业务格局①。目前众信旅游与全球各大洲90多个国家和地区的400多个地接社通过签订协议等方式建立了合作关系,并视情况直接与境外酒店、餐厅、旅游车公司、景区联系,定期进行供应商筛选。此外,公司取得了欧洲铁路、德国铁路、日本北海道铁路在中国的代理权,是上述供应商在中国的核心代理之一,并是皇家加勒比、歌诗达、MSC、丽星、诗丽雅等世界知名邮轮公司在中国的重要代理商。

(三)众信旅游发展大事记

1992年,众信天下成立,主营业务为国内旅游服务。

2002年,公司获得出境旅游经营权。

2005年,"众信天下"正式更名为"众信国旅",开始从事欧洲等长线出境游目的地的批发业务。公司采购旅游接待服务及机票、酒店、交通运输等单项服务,然后进行旅游产品设计,最后自行或者通过代理商销售给目标客户。

2006年,企业以邮轮和海岛为主题进军东南亚出境市场。

2007年,众信旅游开始实施"批发零售一体,线上线下结合"的发展战略,拓展出境游零售业务。

2008年,完成公司股份制改造,由"北京众信国际旅行社有限公司"正式更名为"北京众信国际旅行社股份有限公司"。

2013年,北京市场以外的第一家零售门店——众信旅游天津总店开业。

2014年1月23日,众信旅游在深圳证券交易所挂牌上市,成为A股市场上首家民营旅行社上市公司。

2014年5月8日,公司旗下高端旅行品牌"奇迹旅行"正式在京发布。"奇迹旅行"以"同趣者同聚,逐梦者逐行"为理念,构建高端旅行聚合平台,致力于打造极致旅行体验,其所属的"大旅行家俱乐部"同时成立。

2014年6月12日,公司与中国国际旅行社总社有限公司在京签署战略合作协议,正式宣布达成战略合作伙伴关系,计划成立品质游自律联盟,并将联手推出中高端品牌——悦品汇,实行品质游产品的联合研发、联合采购、联合推广、联合销售。

2014年8月底,众信旅游正式宣布入股旅游卫视旗下"年假旅行",共同打造全新的旅游行业T2O销售模式。与此同时,旅游卫视年假旅行APP也正式上线。

2014年9月,众信旅游与竹园国旅重组。

---

① 众信旅游在线营收占比5.99% 通过投资并购能否快速互联网化? http://travel.sohu.com/20140404/n397770018.shtml.2014-04-04.

2014 年 12 月 11 日，中国旅游研究院与中国旅游协会联合发布了 2014 年中国旅游集团 20 强排行榜，众信旅游首次入围中国旅游集团 20 强。

2014 年 9 月 12 日，公司宣布参与复星国际要约收购 CLUBMED 地中海俱乐部股权事项，此为公司进入境外目的地资源市场的首次尝试。

2014 年 9 月 26 日，众信旅游宣布与出境旅游行业领先批发商之一的竹园国旅进行资产重组。

2014 年 9 月底，众信旅游注资控股北京乾坤运通商务咨询有限公司，开创了北京市旅游行业货币兑换业务的先河，为出境旅游者提供"一站式"服务。

2014 年 10 月 10 日，国家旅游局下发《关于与旅游企业集团建立对口联系工作的通知》（旅办发〔2014〕186 号），众信旅游成为国家旅游局对口联系旅行社。

2014 年 12 月 3 日，众信旅游与悠哉旅游网宣布进行全面战略合作，众信旅游将对悠哉旅游网进行战略投资。

2014 年 12 月 10 日，由旅游业内权威杂志《旅行社》主办的 2014 年度旅行社行业颁奖盛典暨业界微电影节在京圆满落幕，众信旅游荣获 2014 年度最佳旅行社奖及欧洲线、澳新线、北美线、邮轮线、台湾线、北欧俄罗斯线、日韩线、南亚线五强共计 9 项重量级大奖。

2014 年 12 月 11 日，中国旅游研究院与中国旅游协会联合发布了 2014 年中国旅游集团 20 强排行榜，众信旅游首次入围中国旅游集团 20 强。

2014 年 12 月 16 日，2014 年度（第十届）出境游风云榜在京发榜，众信旅游再度拿下中国出境游十大运营商、十大邮轮专家旅行社，以及欧洲、北欧俄罗斯、澳新、中东非、北美、东南亚、海岛、日韩线路十大批发商和台湾线五大批发商共 11 项大奖，并还获得"最佳旅游运营商"称号，公司领军人物董事长冯滨先生被评选为"年度最具影响力人物"。

2014 年 12 月 16 日，"第四届中国—中东欧国家经贸论坛"在塞尔维亚首都贝尔格莱德举行，国务院总理李克强出席。众信旅游副总裁王春峰作为本次随团出访的唯一的旅行社代表出席了中东欧国家经贸论坛，并在贸易及旅游合议分论坛上做了题为《中国出境旅游发展现状》的演讲。

2014 年 12 月 15 日，众信旅游获得 Club Med 地中海俱乐部 2014 年度"卓越销售奖""最佳 Club Med 专家咨询点""MICE 最佳销售奖""Club Med 销售专家"四大奖项。

2015 年 7 月，众信旅游与华谊兄弟合作，享受华谊兄弟旗下以境外为主要拍摄地电影的同款旅游线路的独家研发销售和宣传权。

（四）在线发展概况

早在 2007 年众信旅游就成立了自己的电子商务网站。2008 年，众信国旅 ERP 系统第一期 B2B 同业分销系统上线使用，形成以众信旅游网、B2B 分销平台和呼叫中心等部分组成的线上电子商务平台，也有自己的移动 APP 和技术团队，初步形成线下实体营销网络和线上电子商务相结合的 O2O 业务模式。近年来，众信旅游公司坚持实施"批发零售一体、线上线下结合"的发展战略，一方面巩固扩大出境游批发业务，建立了基本覆盖全国的旅行社代理商网络，目前已拥有近 2000 家代理商；另一方面积极拓展出境游零售业务，建立了众信旅游网站和呼叫中心，截至 2014 年 1 月，公司拥有实体门店 36 家，其中北京 34 家，天津 2 家，形成了基本覆盖北京市的门店网络。同时，通过众信会员俱乐部，为会员提供差异化、贴心的服务，拥有大批忠实稳定的客户群。此外，公司还与银行、保险公司等大客户开展了灵活多样的产品及渠道营销合作[①]。2014 年是众信旅游实施旅游电子商务项目的第一年，公司在 ERP、分销等业务和管理系统上进行了大量投入，对 ERP 系统进行整体的升级改造，目前新版 ERP 管理软件已进入测试阶段，2015 年全面投入使用。同时，2014 年通过网站及微信的方式，不断推出促销活动，如 IPO 大促、520 大促、双十一大促等大型促销活动，官网访问量和预订量均有明显提升。

未来，众信旅游将加快电子商务建设，结合出境游产品特点及公司的经营模式，建立专业独立的电子商务运营体系，完善并扩充现有电子商务平台的模块与功能，形成包括网站、呼叫中心、分销系统、微信、APP、第三方交易平台等在内的 B2B、B2C 销售渠道；大力加强网站的外地分站建设，实施平台化拓展；通过自建或其他适当方式，实现基于移动互联网的业务流程优化和移动电子商务；充分利用主流在线交易平台的优势，提升公司品牌价值，扩大产品销售；最终，实现线上线下相结合的 O2O 模式。积极加快电子商务建设，逐步形成众信的"互联网+"生态圈，包括在官方网站推出更多的产品，优化 UI 设计，使界面和操作模式更符合大众习惯，为配合电子商务的发展，呼叫中心和门店转变服务职能，提供更多的服务支持，努力将潜在客户转化为现实客户；继续加大 B2B 分销系统的推广，利用微信大力宣传产品，让代理商随时掌握产品动态，向代理商提供微信直接报名等便捷的服务；积极与各大 OTA 运营商展开合作，进行全面战略合作，同时建设自营的第三方交易平台，在软件、硬件、人员等方面给予专项支持，充分利用主流在线交易平台的优势，提升公司品牌价值，扩大产品销售[②]。

1. 探索 T2O 电商新模式

2014 年 8 月，众信旅游与中国唯一的旅游类专业卫星电视平台——旅游卫视旗下"年假旅行"合作，共同探索 T2O 从电视到电商的新模式。与此同时，旅游卫视年假旅行的 APP 应用程序也正式上线。T2O 即 Television TO Online，是指将电视平台的商务机会与互联网结合，让电视节目成为在线交易的前端，让消费者购买看得见的商品。众信旅游在入股旅游卫视年假旅行后，将全方位地投入专业团队，为旅游卫视年假旅行从产品到服务保驾护航[③]。

2. 战略投资悠哉旅游网全面开展 O2O 合作

2014 年 12 月，众信旅游与悠哉旅游网进行战略合作，发力互联网和移动互联

---

① 众信旅游. http://www.utourworld.com/aboutus/.
② 众信旅游 2014 年营收同比增长 40.32%. http://www.traveldaily.cn/article/91102 2015-04-12.
③ 盘点：众信旅游 2014 年五大事件. http://b2b.toocle.com/detail--6222892.html 2015-01-06.

网实现传统批发和线上零售,线下门店和线上资源的全面 O2O 资源整合。悠哉旅游网成立于 2004 年,是中国第一家专注于旅游度假产品的 B2C 网站,拥有丰富的线上旅游产品运营经验和成熟完善的电商系统,以及线上零售品牌 Uzai.com,通过此次战略合作,众信旅游与悠哉旅游网双方可各自发挥自身优势,加强出境游产品线下资源与线上渠道(包括移动端)的紧密结合,实现传统批发和线上零售,线下门店和线上资源的全面 O2O 资源整合。在未来,双方还计划就广泛的境外目的地旅游资源开发,移动端旅游产品创新,全国区域市场拓展,系统研发、大数据和客户资源共享,以及资本层面有更多的深入合作。

3. 拟战略入股旅游电商平台

穷游网为旅游攻略网站成立于 2004 年,2012 年开始进行商业化运作,2012 年 6 月,穷游完成挚信资本投资的数百万美元 A 轮融资,2013 年 6 月,穷游完成阿里巴巴领投挚信资本跟投的千万美元 B 轮融资。作为国内规模较大的旅游攻略网站,穷游积累了优质的内容与用户,但是近年来,以旅游攻略立足的穷游也在探索各种商业模式的可能。从 2013 年以来,穷游陆续推出过穷游折扣、行程助手等应用,但从市场反馈来看,穷游的商业化尝试并不乐观。众信为国内老牌出境游旅行社,旗下有对 B 端的批发业务,及对 C 端的零售业务两大板块。对穷游而言,在商业化探索仍未取得显著成绩的背景下,与众信合作能够得到众信的产品资源支撑,能够更好地转化其多年积累下的优质用户和内容;而对众信而言,穷游积累下的优质用户与内容,能够带动其出境游产品的销售,也能在营销与传播上对其进行支持。如果众信与穷游的交易真正落定,在线出境游领域或将迎来一名更有力的竞争者[①]。

4. 打造 V2O 沉浸式营销新模式

众信旅游在旅游营销上提出"新四化"理念,所谓营销"新四化",是指传统企业在"互联网+"大趋势下对营销方式的反思和总结。具体来说,就是变化常态化、品牌人格化、营销娱乐化和营销精准化。其中,"变化常态化"是从心态和思维方式上提出的"以万变应万变"的应对之道。"品牌人格化、营销娱乐化和营销精准化",是众信营销工作的核心思路[②]。

近年来,影视作品带火拍摄地效果明显,"影视+旅游+OTA"已成热门趋势。已有 OTA 推出近百条热播影视剧同名旅游线路,游客以 80 后、90 后年轻人居多,粉丝效应十分明显。2015 年 7 月,众信旅游与华谊兄弟合作,享受华谊兄弟旗下以境外为主要拍摄地电影的同款旅游线路的独家研发销售和宣传权。在出国游高速增长和影视作品粉丝效应的带动下,众信旅游有望利用合作契机,把握华谊兄弟优质的电影作品带来的亿万级粉丝,增强其在出国游产品的品牌影响,提高产品销量[③]。

---

① 穷游蔡景晖回应被众信收购:江湖风波险恶. http://www.ebrun.com/20151118/156065.shtml 2015-11-18.
② 众信旅游的营销"新四化". http://www.traveldaily.cn/article/93458 2015-06-29.
③ 众信旅游:打造 V2O 沉浸式营销新模式. http://finance.ifeng.com/a/20150728/13872618_0.shtml 2015-07-28.

三、凯撒旅游在线发展

（一）凯撒旅游简介

德国凯撒旅游集团 1993 年创始于德国汉堡。2000 年，德国华龙旅行社和德国凯撒国际贸易展览有限公司合并成产德国凯撒旅游股份公司，简称德国凯撒旅游集团 /CAISSA Touristic（Group）AG。2003 年 8 月，德国凯撒旅游集团与保利集团联手对保利国旅进行重组，正式更名为北京凯撒国际旅行社。2008 年，凯撒旅游凭借先进的运营模式、领先的产品理念、强大的市场占有率等综合因素，被北京市旅行社等级评定委员会评为最高等级旅行社——5A 级旅行社。经过 10 多年的稳健发展，相继在汉堡、巴黎、伦敦、洛杉矶等 7 个海外核心城市设有分支机构，在中国的上海、广州、成都以及沈阳等 40 余个口岸及核心商业城市设有分公司。目前，凯撒旅游旗下拥有覆盖全球 100 多个国家和地区、超过 6000 种服务于不同人群的高端旅游产品。

图 2-14　凯撒旅游标志

资料来源：百度百科。

（二）业务经营

作为源自欧洲的凯撒旅游，深耕欧洲旅游市场 20 余年。凯撒旅游从 2004 年欧洲游开放起，就专注于赴欧产品的研发和服务升级，其打造的"境内外一体化零时差操作"成为欧洲出境游市场最具竞争力的优势。凯撒旅游以出境游为核心产品，其他产品包括：观光旅游、休闲度假、蜜月旅游、健康老年旅游、中小学生夏令营等，同时，擅长组织接待特殊旅游、各种规模的国际会议及为来华商务客人安排各种商业旅行活动；企业及用户量身定做个性化产品，提供完善的接待服务，包括独特的线路设计、快捷的机票服务、先进的酒店预订以及顺畅的境内外交通安排，同时协助安排境外商务、贸易洽谈并承办各种会议；为企业提供适合员工奖励制度需要的个性化产品，提供完善的接待服务，包括策划实现激励目标的独特线路设计、快捷的机票服务、先进的酒店预订以及顺畅的境内外交通安排；提供全方位的境外培训、考察服务，内容涉及宏观经济体制、人力资源开发、现代物流管理、城市规划、社会保障、警务系统规范化建设以及公司法等方面。同时，与境外政府及学术机构具有长期良好的合作关系，为政府部门及事业单位的境外培训及考察提供有力保障；为中国政府、企事业单位赴境外的专业展览团及会议团组提供包括机票预订、酒店预订、订车等内容的一条龙服务，并为中国展商提供旅游咨询服务，等等。

随着人们对旅游的认识和要求的提升，使得旅游市场的细分化，个性化成为必然。近几年，凯撒旅游根据市场需求，致力于主题旅游产品的开发和推广，对欧洲产品进行全面升级。在原有丰富的欧洲产品的基础上，精心研发了全新的欧洲路线。2013年，凯撒旅游针对旅游细分市场推出高端探险类南北极旅游产品，推出极点征途——"'50年胜利号'北极点19日巅峰破冰之旅"，引起了众多喜爱探险、探秘梦想游客等极大兴趣。2014年6月，凯撒旅游推出三大专业"徒步旅游"产品，精选亚洲、欧洲、美洲三条经典徒步线路，包括巴厘岛梯田火山人文徒步、法国勃朗峰大环线高山徒步以及美洲西部国家公园大峡谷徒步。2015年，公司研发了全新的欧洲路线，以探访威尼斯双年展、米兰世博会为代表的欧洲艺术、文化之旅、以欧冠决赛、高尔夫观赛、温网观赛等为代表的体育旅游产品，以及以征服勃朗峰、萨尔斯卡默古特湖区为代表的户外徒步产品等。在细分领域上，凯撒先后推出"凯撒邮轮""滑遍天下"两个子品牌，并关注徒步、游学、度假等细分领域[1]。2015年7月30日，凯撒联手北欧旅游局，加码欧洲包机线路；9月2日，凯撒与滑遍天下成立了凯撒控股的合资公司，经营境外滑雪旅游产品；10月29日，凯撒与地中海邮轮展开战略合作，后者将在中国设邮轮母港，拓展中国市场。这些便是凯撒在产品线方面的布局，将来还将涉及体育旅游、户外旅游等领域。

（三）凯撒旅游发展大事记

2000年，成立凯撒旅游网。

2003年，北京凯撒国际旅行社有限责任公司由德国凯撒旅游集团和保利集团联手对其原有的保利旅行社进行重组并更名。

2008年，实现5亿多元人民币的销售额。根据欧洲各国使馆统计的数据，凯撒占据这个细分市场上的第一名，在北京市场拥有超过40%的市场份额，在全国市场拥有17%的市场份额。

2009年，新的《旅行社条例》实施，打破了对旅行社地域的限制，这样一来有利于凯撒向全国各地的扩张。凯撒可以完善全国直营网点的布局，带更多的国内旅客去欧洲旅游。

2011年底，海航旅业基本完成收购凯撒旅游，凯撒旅游网全新改版。

2012年2月，凯撒旅游正式宣布引入海航集团作为公司的战略投资者。

2013年，全球知名休闲旅游集团地中海俱乐部（Club Med）与大型综合旅游运营商凯撒旅游达成战略合作协议，2014年双方将进一步扩大合作领域，并携手进行市场营销以及合作推广等活动。与此同时，凯撒旅游还将携手Club Med增加

---

[1] 凯撒旅游布局华东市场电商+门店让游客体验虚实. http://www.weixinla.com/document/2584794/ 2015-06-10.

"店中店",并升级"店中店"经营模式,将"一价全包"式的精致度假理念分享给更多的游客。此次,凯撒旅游与 Club Med 将扩大合作范围,涉及多个精致海岛产品。

2014 年 5 月,中青旅与凯撒旅游日前签署合作协议,首次互开销售平台,共享部分优质旅游产品。游客在凯撒旅游、中青旅的直营连锁店、网站上,可以咨询、购买对方的旅游产品和线路。

2014 年 7 月,海航集团旗下两大企业——凯撒旅游和天津渤海通汇货币兑换有限公司(以下简称"通汇货币")在出境旅游服务领域推出重大举措,双方将携手搭建国内退税"快速通道"。

2015 年 5 月 29 日,凯撒旅游宣布成为京东旗下移动社交电商平台"拍拍"的首个旅游类战略合作伙伴。

2015 年 11 月,凯撒旅游设立易启行网络科技有限公司和首航假期网络科技有限公司。

(四)在线发展概况

近几年旅游市场呈现出井喷式发展趋势,在线旅行社(OTA)的发展壮大正悄悄地改变市场格局。凯撒旅游在巩固原有市场优势的基础上,加紧步伐新设分公司的同时,利用开设旅游体验店等创新手段,吸引游客关注。同时也进一步大力推动 O2O(实体门店和线上预订相结合)战略,加快布局 B2C 市场。2000 年成立凯撒旅游网,线上拓展还包括上线凯撒旅游 APP 客户端;开通官方微博;在微信订阅号平台推出"凯撒到家"服务,可直接预约旅游顾问上门介绍线路、办理手续。2015 年 11 月,凯撒投资 7.96 亿元红包投放到凯撒旅游 APP 中,可见凯撒旅游加码线上的野心。

1. 自建凯撒旅游网

凯撒旅游网是凯撒旅游旗下,为广大游客及会员朋友们精心打造的线上旅游资讯、交易及沟通平台。凯撒旅游网成立于 2000 年,2011 年进行全新改版,改版后的凯撒旅游网力争打造行业内最优秀的旅游电子商务平台。在这个旅游行业蒸蒸日上、电子商务蓬勃发展的时代,凯撒旅游网本着"新服务、新体验"的理念,为客户呈现一个日趋完善的线上旅游产品选购与交流平台。

凯撒旅游网站内产品丰富,功能齐全。参团游、自由行产品查看预订简洁方便,大额在线支付快捷安全;个性定制功能满足特殊用户群体需求;机票预订、签证办理服务广大商旅客户;微博、论坛互动积极,粉丝忠诚活跃;不时推出给力的团购秒杀活动也为众多游客带来实惠;DMS 目的地指南系统和手机客户端,在方便客户了解旅游目的地的同时,将为更多客户提供在线互动交流的平台。

2. 成立网络公司

2015 年 10 月,海航集团旗下"易食集团股份有限公司"变更为"海航凯撒旅游集团股份有限公司",凯撒旅游成功借壳易食股份实现上市,成为国内资本市场上继众信旅后第二家上市的大型民营企业。同时,此次重组募集资金主要用于凯撒国内营销总部项目、凯撒信息化+电商平台升级项目、凯撒体育旅游项目和凯撒户外旅游项目[①]。

2015年11月2日晚间,凯撒旅游发布公告出资亿元设立易启行网络科技有限公司,由凯撒同盛(北京)投资有限公司、网易乐得科技有限公司和凯撒世嘉网络技术有限公司共同出资组建。凯撒旅游在旅游板块具备优势,而网易有互联网方面的优势。此次与网易合作,将加强凯撒发展互联网+旅游的道路,"易启行"将帮助凯撒完善面向C端的在线交易,运用互联网技术优化用户体验。与众信旅游线上布局方式不同,凯撒旅游走的更多的是海航系的发展模式[②]。资料显示,海航旅游集团和网易旗下的乐得科技有限公司于2015年5月就在杭州正式签署合作协议,双方将合资成立一家全新的互联网旅游企业。此次网易和凯撒旅游合作,或为海航之前的签约进行落地。

同时,为了加强凯撒与首都航空和海航酒店方面的业务联系,增加产品线上销售渠道,凯撒旅游出资2000万元参与设立首航假期网络科技有限公司。北京首航假期网络科技有限公司的经营范围包括航空公司在线销售以及航空互联网技术应用。"首航假期"将以航空资源为入口,构建B2B的交易平台。

3. 携手第三方平台

(1)凯撒旅游+途牛

2015年11月,海航旅游与途牛今日正式宣布战略结盟,海航旅游战略投资途牛5亿美元,交易完成后,海航旅游成为途牛第一大股东,持有途牛约24.1%的股份。凯撒旅游同属海航旅游体系,对于未来与途牛的合作,凯撒旅游总裁陈小兵介绍表示,凯撒将会进一步开放库存,借势途牛进行线上销售;而按照途牛分销与直采各占50%的计划,在跟团游产品方面也将获得凯撒更多的优质资源,以及产品优化方面的合作[③]。

(2)凯撒旅游+京东拍拍

2015年5月29日,凯撒旅游宣布成为京东旗下移动社交电商平台"拍拍"的首个旅游类战略合作伙伴,双方将以消费者需求为中心,将专业、优质的旅游服务通过庞大的社交网络广泛链接,为消费者提供全新的旅游消费体验——让专业的旅游顾问,依托专业的社交化电商平台,实现社会化的旅游营销,进而实现旅游顾问在移动互联网平台上与消费者的一对一对接。与拍拍小店大规模存在的个人店铺迥然不同的是,凯撒旅游是作为品牌商的身份进驻拍拍小店,首期300余名专业的旅游顾问已经同期入驻,未来,其全国近千名专业旅游顾问甚至是全体员工也将加入其中。依托强大的品牌号召力以及庞大的服务网络,凯撒旅游能够快速聚拢人气,形成矩阵效应。针对此次合作,凯撒旅游负责人表示,"我们与第三方平台的嫁接,

---

① 凯撒旅游借壳上市,大力推动O2O. http://b2b.toocle.com/detail--6244905.html 2015-04-18.
② 凯撒旅游布局线上紧追众信一日成立两网络公司 http://stock.hexun.com/2015-11-04/180328465.html 2015-11-04.
③ 凯撒旅游:我们更擅长面向市场的资源整合. http://www.traveldaily.cn/article/97467 2015-12-07.

能快速凭借自身服务和产品优势，在移动电商平台上扩大产能，提升效率。"旅游行业全新的线上生存形态正在被构建①！

第四节 传统旅行社发展趋势

在线旅游企业和传统旅行社只是处在旅游产业链条的不同位置，在线旅游最大的优势在于销售和资源调配，但还需要线下门店的服务；而传统旅行社的地面网络是它的优势，也可以做平台化，双方都在相互介入，融合发展②。传统旅行社作为行业内重要组成要素，正在经历着有如脱胎换骨般的升级变革。类似众信旅游，收购、入股竹园、悠哉等企业，联合复星国际、法国私募基金 Ardian 集团、Club Med 管理层等组成的投资体收购 Club Med 地中海俱乐部等，通过收购上游控制资源、收购下游控制客源，这类在线的资源型旅行社被称之为 OTS（Online Travel Service），该理念由金棕榈企业机构 CEO 潘皓波提出，一经发表便受到了众多业界同行的普遍认同与追捧。OTS 即我们所认为的具有互联网思维，融在线旅游与传统旅游及旅途服务为一体，在智慧旅游时代背景下催生出的一种具有变革性和包容性的新型模式，同时 OTS 也是具有这类模式特征的企业代名词③。

目前，许多传统资源型旅行社都已经向 OTS 转型，包括众信旅游、中国国旅、锦江旅游、中青旅、春秋等。而这些企业在 2014 年所呈现出的业绩都是稳步增长的利好态势，众信股价连连攀升、春秋也拟将上市，万达旅业更是通过这两年频繁地出手旅游业，使得其年营业收入超过了 75 亿元！OTS 正在成为传统旅行社寻求发展的突破口。与 OTA 相比 OTS 更注重对上控资源，对中控技术和大数据，对下控客源，其服务的本质是传统旅行社固有的基因，同时也是 OTA 所不具备的核心竞争力。

一、OTS 概念解读

OTS 是大数据时代旅行业发展的新模式，是以旅行服务为核心业务，超越一般的旅行代理和中介业务，以应用互联网和移动互联网及大数据技术为手段，通过直采旅游资源、按照市场需求设计策划产品、通过社交媒体和网络媒体等新媒体营

---

① 凯撒旅游为什么选择了京东拍拍？http://www.ce.cn/cysc/tech/07ityj/guonei/201505/29/t20150529_5502165.shtml 2015-05-29.

② 2015 年我国在线旅游行业发展趋势：线上线下融合. http://mt.sohu.com/20150718/n417035986.shtml 2015-07-18.

③ OTA 下行趋势明显,OTS 正在崛起！http://www.itripdaily.com/news_detail.jsp?classid=9&id=1479 2015-01-06.

销,以及在线预订和在线支付等便捷电商平台,提供旅游消费者用户体验和满意度。从而提升企业的核心竞争优势、提高毛利收入以促进企业的可持续发展[①]。线上与线下的融合(即O2O)是一种促进转型升级的手段,能够有效地帮助企业整合线上资源以及线下资源,无论是传统旅行社企业还是OTA在线旅游企业都有各自的优势可以进行重点发挥,当转型至OTS后则将更加注重服务。该理念提出人金棕榈企业机构CEO潘皓波表示,无论是在线旅行社(OTA)还是传统旅行社(TTA),都将从"A"(Agent)端走向"S"(Service)端。

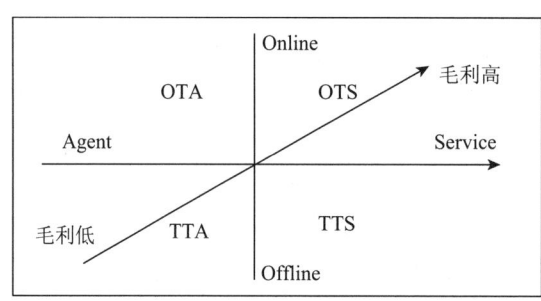

图2-15 OTS模式图

资料来源:智慧旅行。

例如携程收购北京华远国际旅行社、途牛收购天津经典国旅和浙江中山国旅等事件,都是OTA向线下、向S端渗透的一种手段。同时,传统旅行社也在向线上发力,像众信旅游收购悠哉就是TTA逆袭在线企业,向S段发展的经典案例。

二、OTA与OTS对比

(一)产品内容

从经营的产品来看,携程等众多OTA企业主要是把机票、酒店和门票等单项旅游产品为主要的经营产品,并在此基础上衍生出"机票+酒店""景区+酒店"、租车、导服等旅游产品。而OTS则是以旅游线路及旅途服务类产品经营为主,是对传统旅行社原有的产品生产模式的一种升华,它包含了食住行游购娱这六项旅游要素。

当在线旅游如雨后春笋般地崛起,并以透明度高(在线化)、购买便捷(产品流水线化)、价格低廉(价格战)等特性冲击整个旅游行业时,传统旅行社确实是受到了一定的冲击和挤压。但随着一批传统旅行社探索并升级到OTS之后其所生产的具有主题性、深度性的旅游线路产品将更具竞争优势。

(二)服务主题

以携程为例,2014年其在线交易额达1200亿元,但度假类产品的占比却不到

---

① TTA与OTA在向OTS升级的道路上将殊途同归. http://www.goldpalm.com.cn/news/Detail/56FD0BB5-8F8D-4BB9-9095-CDD0C5402EA4 2015-03-17.

10%。从中我们就能发现，OTA 提供给客户的旅游单项产品更适合商旅客户及部分目的地旅游客户的需求。在这方面，OTS 则是将服务的主题定位于休闲观光游，特别是深度游和度假需求。消费者在 OTA 网站上自行搜索需要的产品，OTS 则是将各类旅游要素整合成一道道精美的菜肴呈现到消费者面前，从而满足消费者在旅途中的实际需求，其形态千变万化，丰富多彩。

（三）服务模式

旅游的本质是提供服务，从旅游出行前对行程的规划与决策购买、到旅游过程中的实际体验、再到旅游归来的经历分享，构成了一个完整的旅游服务闭环。在线旅游网站所提供仅仅是一个营销平台、一个在线预订的窗口，它的运营模式决定了 OTA 所扮演的角色是旅游中介、代理商，通过收取佣金获取盈利。OTA 无法向游客承诺服务、质量，因为他们是靠收取佣金来盈利，与下游供应商的关系造成他们不能切实的控制下游资源提供商所提供的服务内容与质量。但在这方面 OTS 却可以做到对资源采购、产品设计开发、技术支持、导服人员等多方面监控管理，所以 OTS 是旅游服务的提供商。

不过值得一提的是，OTA 在客户体验、实时在线互动和呼叫中心服务，以及游客满意度的评价等多个方面是值得在线旅游服务模式（OTS 模式）学习的发展方向和未来旅行社服务发展的趋势。

（四）商业模式

在线旅游网站 OTA 主要以 B2B 和 B2C 这两种商业模式为主，我们熟悉的八爪鱼在线、途家就是 B2B 模式的在线旅游网站，而 B2C 模式的代表则是携程、途牛、艺龙等。

OTS 是传统旅行社的升级，所以它具有线下实体与线上网站双重同路，更容易实现旅游 O2O 经营。这一模式的优势集中在旅游产品线路开发和服务上，特别是在线下客户服务体验方面（如凯撒旅游体验店）有着不可取代的优势地位。而例如鸿鹄逸游等旅游定制企业则是 C2B 模式的成功案例。

（五）企业管理

更具有互联网思维的 OTA 是典型的贸易型企业管理模式，产品从生产到交易具有极强的可复制性，买进卖出能流水化操作。但由于旅游产品并不是一般定义的商品，其不可控性和多变性往往使 OTA 很难全面把控产品质量和后续的服务。所以才会时不时曝出在线旅游频遭投诉等新闻；相对于传统的 OTS 企业，有着复杂的内部结构与生产流程，这是典型的生产型企业的管理模式，企业从做路线，包装产品，提供服务，收集反馈意见产销一条龙。

（六）行业格局

从携程、艺龙等第一批在线旅游企业诞生开始，OTA 的行业格局就是一个以价格为导向，互相拼杀、强者为王的格局。我们看到当年还是与携程并驾齐驱的艺龙经这两年已经退居到二线行列，而途牛等 OTA 企业凭借上市融资等渠道获得雄厚的资本支持，便能很快地跻身到行业第一梯队中。从去年一直延续到今年，吵吵闹闹打了一年多的价格战便是OTA抢夺行业地位，争取寡头垄断的重要手段。

而对于价格并不是非常敏感的旅行社企业，由于其注重的是产品的差异性，所以在对产品的深加工上特别下功夫，往往通过个性化深度游的产品和精品服务等抓住消费者。与OTA寡头垄断的红海格局相对比，OTS就是小而美行业蓝海。

（七）人员团队

OTA以互联网技术，通信技术、地理位置等技术直接面向客户，其人员组成更偏向于技术类人才，携程的梁建章、途牛的于敦德就都是技术型人才出身。OTS要求人员团队更具专业性，从导游、领队到产品路线设计、计调落实等都需要其人员团队对旅游行业的专业知识有着扎实的基础和丰富的经验。

（八）竞争优势

互联网时代，OTA依靠其流量优势，一方面抓住客户资源，另一方面不断吸收线下资源，使其拥有大而全的整体竞争优势。OTS在线上引流方面不如在线企业，但其多年来积累的资源优势却是新创企业无法匹敌的。依靠手上的资源优势，OTS可以上控资源、中控技术和大数据、下控客源，在目的地旅游，地接社，导游，酒店，接送机，娱乐设施等多个方面整体把控。

（九）品牌意识

虽然OTA很努力地通过各种方式在培养客户忠诚度，但由于其互相之间的价格竞争和产品同质化较严重，造成客户对价格极度敏感，往往是哪家价格低选择哪家的产品，没有所谓的品牌忠诚度。而相对来说OTS则可以通过把服务做到极致来培养固定的客户群，树立品牌效益。

（十）毛利率

受累于价格战以及近两年在线旅游企业的佣金不断下跌等因素，加之企业不断上涨的运营成本和人力成本，OTA企业的毛利率不断地下跌。而OTS则能够很好地控制企业人数（一般在1000人左右），同时也在近几年成功引进了互联网技术和互联网思维（并且更多是以外包的形式剥离部分成本），帮助企业毛利率逐年上涨。

表2-4 OTA与OTS比较

对比条目	OTA	OTS
产品	机票、酒店、门票	旅游产品线路
主题	商旅	观光、休闲、度假
服务模式	中介	服务
商业模式	B2B/B2C	O2O/C2B
管理	简单（贸易型）	复杂（生产型）
行业格局	寡头垄断、红海	小而美、蓝海
人员团队	操作性	专业化

续表

对比条目	OTA	OTS
竞争	规模优势	资源优势
品牌意识	品牌意识弱	品牌意识强
毛利率	低	高

当前大背景下，OTA 亏损，OTS 盈利主要体现在以下三个方面：

（1）大趋势。目前的旅游市场一片繁荣，游客出行意愿强烈，供不应求。在这样的繁荣时期，企业发展必将是资源为王。只有在市场环境萧条的时候才是渠道为王，但现在，在繁荣的市场环境影响下以及国家政策的约束下，渠道已经失去了其原有的优势。

（2）诉求。旅游已经从大众旅游走向了小众旅行，定制、个性化已经不仅仅是小部分人对于旅游的诉求了。而固化的旅游产品势必将越来越难以满足游客对于旅游的需求，自由行被热捧也正好印证了这一点。

（3）发展。OTA 已经走过了 10 年的发展历程，可以说 OTA 已经走过了成长期，其基本的市场格局已经成形，进入到了一个调整下行的阶段，其发展多多少少会呈现出一定的疲势。降价不是可持续的核心竞争力，千万不可只重视价格战而不重视创新与服务。

对传统旅行社而言，要及时调整发展思路与方向，只有转向 OTS 才能摆脱当下瓶颈。而这其中要注重企业内部管理系统、大数据应用、网络营销、旅途服务、客户关怀等一系列的整合与建设。

第三章
2015年大型电商在线旅游市场发展态势

第一节 2015年大型电商在线旅游市场总体发展形势

在线旅游企业发展过程中的矛盾耐人寻味：一方面，人们纷纷看好这个市场，2015年该市场5000多亿元的交易规模，未来发展前景可观。另一方面，行业的发展又面临巨大经营困境，2015年各大OTA财报显示，在线旅游企业普遍亏损。有舆论把在线旅游企业亏损的原因归结于频发的价格战，这是显而易见的事实，像"一元门票"这样的低价策略备受争议。其实，透过价格竞争的表象，我们可以看到在线旅游企业的深层是竞争的暗流涌动，这种竞争不只来自行业内部。以波特的五力模型来分析，这个市场的发展潜力吸引了更多潜在对手的加入，既蚕食了市场的利润，其热闹与繁华又吸引了更多的对手。2015年春夏之交，京东领投以5亿美元投资途牛；万达、腾讯等以60亿巨资加盟同程旅游，创下在线旅游单笔融资之最。众信旅游、金鼎投资等机构向周边游平台"要出发"投资5.5亿元。从行业内部相互持股投资情况看，携程、艺龙、去哪儿、途牛、同程与海航等既相互绞杀，又相互融入发展。在线旅游行业内外投资的剧情跌宕起伏，其实是价值链整合的一种方式，是行业发展的一种竞合态势。

仔细审视，价值链整合已经成为在线旅游企业竞争的新高地。以虚拟价值链的观点来看，"互联网+"的发展，重塑了旅游业价值链环的竞合内涵和形式，克服了传统价值链单一线性的弊端，促使价值链走向网络化，形成星状结构。如途牛打破以往采购格局，通过与京东、海航合作掌控上游旅游资源。旅游产业链结构变革带来的结果之一是增大了企业的竞争力。

在线旅游在"互联网+"大行其道的潮流下，还将迎来新的发展高峰。如何通过价值链整合与延伸，扩大竞争力，是企业面临的新难题。如果整合延伸不当，饮鸩止渴，很可能卷入投资——亏损——再投资——再亏损的怪圈，增大企业运营成本。如果整合延伸得当，通过战略联盟、产业集群这些中间组织的运作，改善旅游价值链，既实现企业间关系重组，又实现企业与游客价值多向增值。这项复杂的系统工程，由于参与者甚众，产业内外关系复杂，既为在线旅游企业创新带来高难度问题，也为其未来的发展提供深邃的想象空间。在线电商业内整合是中国互联网市场的一个发展趋势。大众点评网的主要投资者之一是腾讯，而美团网的投资者包括阿里巴巴。大众点评网与美团网的合并也是腾讯和阿里巴巴两大互联网巨头之间的最近一次合作。2015年2月，由腾讯资助的滴滴打车和由阿里巴巴资助的快的打车已宣布合并。当前，中国三大互联网巨头腾讯、阿里巴巴和百度均积极投资O2O领域。2015年6月，阿里巴巴和蚂蚁金服宣布对口碑网投资10亿美元。而百度也不示弱，未来3年将在该市场投资32亿美元。百度O2O大战略200亿发力糯米，专注应对美团大众点评合并带来的O2O大战压力势在必行。

互联网的发展到了并购整合期，行业集中度和成熟度在加强，在线旅游细分市场也不例外，在线旅游价格战造成的烧钱大战不可持续，资本寒冬的到来值得众多互联网企业抱团取暖。从模式上来说，百度系与阿里系的对决，是两种在线旅游模式的对决：一面是携程OTA+平台的混合模式，另一面是阿里旅行纯平台模式。长久以来，携程、艺龙、去哪儿自建渠道体系，而途牛、驴妈妈等第三阵营OTA以及中青旅遨游网、港中旅芒果网、众信悠哉等传统旅行社自营的在线旅游网站，却加入了阿里旅行的平台。

双方的胜败，现在虽难判定，但是从量来说，美团占优势，而且优势还在扩大；接下来就是百度能怎么倾斜资源给到去哪儿助力、百度战略地图中的糯米与去哪儿能怎么互补，而去哪儿又能怎么用技术做好间夜争夺。去哪儿如果做不到间夜量远超美团，只要做到间夜均价远超美团，或是通过技术让成本/费用率远低于美团，也是种胜利。

战事既已升级，力度会比想象中大，时间会比想象中短。美团与去哪儿各自进行了新一轮的融资，也就是不希望打到旷日废时，决胜的时间越长，就越留给其他对手整合增长的机会，如途牛与携程。因此，这场仗不会像携程与艺龙，从1999年打到2014年；更不会像携程当初面对去哪儿，放任去哪儿从2006年到2012年快速增长，养虎遗患。这场代理人战争，对照美团的上市时间与去哪儿的盈利预期，很有可能在2016年四季度前就告一段落；而其结果，将同时决定美团的O2O边界与百度的移动未来。

劲旅网讯，国内领先的旅游市场研究咨询机构——劲旅咨询最新发布了《2015年12月份主要网站在线酒店团购产品丰富度监测》报告。监测报告显示：2015年12月份在线酒店团购产品数量从多到少的网站前5位依次是：携程旅行网、百度糯米网、同程旅游、拉手网、去哪儿网。

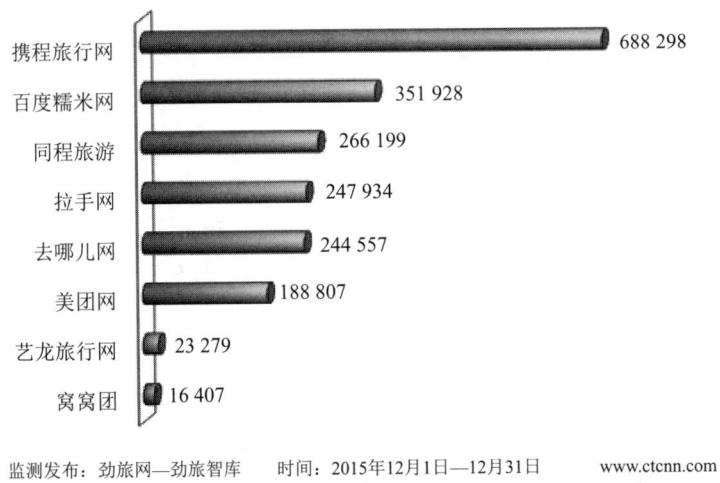

监测发布:劲旅网—劲旅智库　　时间:2015年12月1日—12月31日　　www.ctcnn.com

注:因各团购网站每日均有团品上下线,本监测取一定时间段内平均数值,数据仅供参考;携程网酒店团购产品中包含其自营的产品以及去哪儿网等网站的团购产品。

图3-1　2015年12月主要网站在线酒店团购产品丰富度监测

资料来源:劲旅网。

12月主要网站的酒店团购产品总量排名与11月相比,去哪儿网由第六名,上升一位,成为第五名。12月数据监测排名显示,携程旅行网的酒店团购产品数量为688 298,位居第一位;百度糯米网推出的酒店团购产品数量为351 928,居第二位;同程旅游有266 199单酒店团购产品,居第三位;拉手网推出了247 934单酒店团购产品,排名第四位;去哪儿网推出了244 557单酒店团购产品,排名第五位。

第二节　2015年大型综合电商在线旅游市场发展动向

一、百度进军在线旅游市场新动向

1. 百度向赴日中国游客提供免费电话服务

2015年3月,百度与三井不动产等企业联手,向访问日本的中国游客提供实际上免费的使用电话的服务。访日中国游客还能直接从百度旗下的网站购买日本航空等航空公司的机票。约70%的中国网民日常利用百度,百度的上述服务有望促进访日游客进一步增加,也为游客提供了极大的便利。

此外,百度还将与日本航空以及全日空旗下的廉价航空公司香草航空(Vanilla Air)合作,访日中国游客可在百度旗下的旅游信息网站直接购买机票。

2. 搅局滴滴顺风车市场

2014年6月底，百度上线了百度地图顺风车。就发展拼车业务而言，百度所具有的优势，如果发挥得当对现有的拼车平台都将是一大威胁。

使用习惯上，通过地图接入拼车业务，查询地点时嵌入拼车服务，对于出行而言，是更为简化的使用步骤。用户数和活跃度上，百度地图用户量已经超过3亿，并且地图相对于打车平台而言，同样也是高频应用。大数据方面，百度在地图上积累的经验和位置信息，避免了从零起步的窘境。在百度的O2O版图上，拼车将是重要一环。

3. 百度成携程第一大股东，助力OTA寡头时代

2015年10月，百度通过将拥有的去哪儿股票置换成携程增发股票，每股去哪儿ADS可转换成0.725个携程ADS，交易完成后，百度将拥有约25%的携程总投票权与2席董事席位（公司共8席），携程将拥有约45%的去哪儿总投票权与4席董事席位（公司共9席）；百度在流量上给予了携程等OTA巨大支持。百度、携程与去哪儿的三方勾兑绝对算得上是中国在线旅游史上最大的手笔，这标志着OTA已进入寡头经营时代。

4. 百度与Uber合作，百度地图将加入Uber站牌

2015年11月4日，优步中国宣布与百度合作，进一步进军旅游"食住行游购娱"环节中"行"的领域。在全国范围内，升级优步站牌（Uber STATION），在百度地图中加入优步站牌的地理位置信息。

企业社交网络互联网+绿色建设互联网+城乡规划互联网+城乡建设互联网+职业装互联网+检验检疫互联网+口岸管理互联网+海关监管互联网+便捷通关互联网+社区互联网+旅游互联网+文化。

5. 拥抱大数据，深耕目的地旅游公共服务

2015年11月24日，百度大数据参加敦煌旅游局主办的题为"借互联网东风，创目的地新篇"的第二届旅游目的地区域平台高峰论坛，会上分享了旅游大数据助力目的地智慧管理的思考和案例，交流旅游目的地运营经验、总结旅游目的地运营规律，受到与会嘉宾的高度认可，并得到业界的广泛关注。

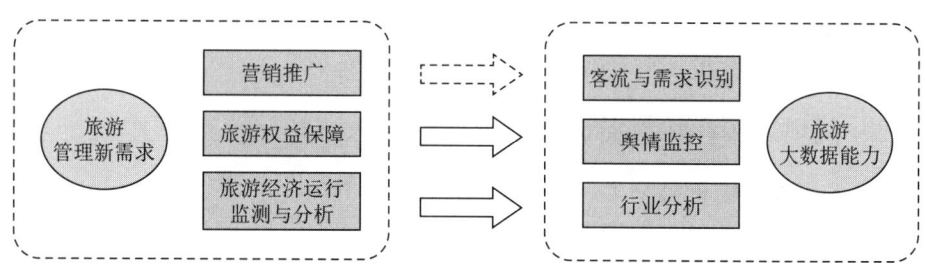

图3-2 新常态下旅游管理旅游管理专业分析

资料来源：劲旅网。

在"互联网+"背景下走向大数据时代，旅游管理将更加趋于专业化，"互联网"与"移动互联网"的爆发，为旅游行业带来了巨大的、宝贵的数据资产，通过挖掘对这些数据的挖掘和分析，百度大数据早已基于自身的技术+数据能力发布了技术+场景+服务的解决方案，助力打造目的地旅游O2O，帮助旅游行业解决营销推广的能力，精准把握游客消费场景真正实现"连接人与服务"。

大数据+技术，可以解读用户在行前信息查询、行中的移动端覆盖、行后分享等踪迹，深挖市场需求，给出精准的行业分析、竞品分析、受众画像分析、游客购买路径分析、目的地舆情健康度分析、目的地品牌差异分析等，准确把握旅游者需求与营销间的差异。大数据+旅游行业宏观分析能够全局掌控旅游业趋势、目的地游客多维分析提升精准营销能力、实时的客流量监控及预测优化安全管理效率、实时舆情监控提高游客服务质量，季节波动分析发现小长假暑期是国内游出游高峰，细颗粒度数据反映国内游发展新动向，地域景气分析发现中西部地区客源地搜索增量爆发等深度数据挖掘能力的发挥，为景区精细化运营带来更精准的洞察，发掘旅游特色资源和指导营销策略。

6. 百度助力在线旅游，客流量预测准确率超90%

在行业分析领域，百度通过对PC端和手机端每天多达100多亿次的搜索请求进行分析，可以清晰地反映出景点的搜索排名和搜索曲线变化的趋势。百度大数据通过对行业和游客进行精准化分析，打造智慧旅游、紧贴行业应用，并采取信誉认证、注重风控、权益保障等为旅游业线上的健康发展，提供了科学的数据支撑和健康的实践经验。值得关注的是，目前百度大数据对景区客流量预测的准确率能达到90%以上。很多有力数据，都为之后的旅游舆情和旅游部门的决策提供参考。

除此之外，以百度销售监察部为主的百度风控团队和北京市旅游委建立了投诉处理绿色通道，在处理客户投诉时注重线上线下结合，严控在线旅游推广企业准入资质，并推行了旅游在线推广客户分级信誉机制，实施客户信誉认证。百度风控团队并在处理网民遭受到的经济损失时，能够对使用百度账号登录实施搜索的网民第一时间取证，并快速实施先行赔付。

百度方面也在积极维护正规旅行社的合法权益，迄今为止已配合北京旅游委查处了多起虚假仿冒的黑旅行社，同时和十大旅行社总部建立直接联系，联动处理虚假冒牌旅行社，不断参与到旅游生态安全的建设中来。

二、阿里进军在线旅游市场新动向

1. 阿里参投快的D轮融资，进一步助力打车软件

2015年1月，快的打车已经完成D轮融资近8亿美元，阿里巴巴和老虎基金参与其中。当月，阿里巴巴集团原副总裁陶然出任公司资深副总裁，全面负责市场推广、公众沟通及商务合作等工作，并直接向董事长兼CEO吕传伟汇报。对此陶然表示："快的打车正处于时机很好的快车道上，加盟后希望能逐步深入这个行业，进而吸引和服务更多的消费者。"由此看来，快的的业务发展似乎将有新动态。

打车软件上升空间宽广，作为平台的打车软件，商业模式也不会局限于简单地满足用户使用需求，更多的是利用地理信息涉足 O2O 服务、场景服务，包括推送、商户信息、促销服务等；再利用大数据作为提升用户服务的辅助性工具，结合用户数据实现新的商业模式，在运营和用户体验方面增强竞争力。

2. 阿里旅行未来酒店战略：整合五大平台挑战 OTA

2015 年 3 月 30 日，阿里旅行·去啊在上海宣布发布"未来酒店"战略：携手酒店同业打造一个面向未来的，基于信用体系之上的新型在线旅游服务平台。据了解，阿里旅游还将整合阿里系五大平台能力，挑战传统 OTA 模式，持续提升酒店运营效率和用户体验。未来酒店会联合芝麻信用打造信用住，先入住后付款免排队，"未来酒店"第一阶段最先上线的是与芝麻信用合作的"信用住"服务。芝麻信用是国内第一个个人信用分，类似于美国的 FICO 分，芝麻分得高低代表了用户的信用水平。截至目前，全国有近 5500 家酒店加入"信用住"计划，包括香格里拉、喜达屋、金陵、开元、雷迪森等高端酒店集团，如家、华住、布丁、银座、易佰等经济型酒店集团等。作为首批入驻信用住的国际酒店集团，喜达屋表示，将以上海皇家艾美酒店作为试点展开，未来计划推广至大中华区全部酒店。

"未来酒店"解决了酒店行业面临的这一系列问题。信用住突破了前台现付返佣模式，通过芝麻信用了解用户的信用水平。解决了酒店最担心的 No-Show 率（指用户预订后未实际入住）高的问题。数据表明，传统 OTA 平台上酒店 No-Show 率在 40%~50%，而信用住使之降低到 30% 以下。

阿里旅游要通过互联网的势能去唤醒传统行业，让传统企业扔掉 OTA 时代的拐棍，借助互联网的力量重新站起来，释放更多潜能。信用住是"未来酒店"落地的第一步。未来，阿里旅游将逐步向酒店行业实现五大平台能力的共享：信用、效率、营销、黏性和安全。据了解，基于阿里巴巴数据和平台服务之上，阿里旅游的"未来酒店"还将推出更多服务，在其背后，是淘系 3.5 亿活跃用户、芝麻信用、支付宝、花呗、阿里云和石基的支持。

3. 在线购票可支付宝付款，达美航空成美国首家

2015 年 4 月 2 日，达美航空已推出支付宝在线购票功能，成为首个接受支付宝付款的美国航空公司，从而更方便中国游客购买达美航空的机票，表示希望成为对中国游客最友好的航空公司。自 2009 年以来，达美航空就一直在增加中美之间的直达航班。该公司目前已开通了北京和底特律以及上海和西雅图之间的直航服务，并将于 7 月 9 日开通洛杉矶和上海之间的直航服务。达美航空这一决定凸显了中国出境旅游行业的吸引力，而阿里也为此举做出了突出贡献。

4. 阿里旅行的未来系列：启动"未来景区"

2015 年 9 月 22 日，阿里旅行·去啊启动从"码上游"全面升级的"未来景区"战略，游客可以先游玩再付款，免去排队买票之苦，在景区里也可以"身无分文"，全程用手机付款吃喝玩乐，更可使用手机进行景区游览导航，寻卫生间找停车场都不再发愁。深圳东部华侨城已经率先加入"未来景区"战略，黄山、乌镇、古北水镇、海昌集团在全国的 8 个极地海洋馆也将于近期上线。而更多地域和类型的景区也将陆续加入未来景区战略，使更多的游客可以享受到超凡新颖的体验。

在"未来景区"游玩时，只要芝麻信用分达到 600 分，即可提前一天在阿里旅行客户端进行预约，预约成功后会获得一个二维码，到了景区门口可以直接扫码入园，不需再另外排队买票或换票，而门票钱会在游客刷码入园后 24 小时自动从支付宝账户中扣除，不需要再另外执行任何操作。与此同时，游客入景区也可以分文不带，景区里吃喝玩乐均可使用支付宝扫码付款。而对于那些容易在景区迷路的用户来说，手机景区游览导航绝对不可或缺。打开阿里旅行或淘宝客户端，即可找到各类设施的位置，找游玩项目、找厕所、找停车场、找卖冰激凌的地方都不再发愁。

未来景区将解决传统旅游业游客游玩时被卖方市场和服务绑架，在高峰期买票或 OTA 渠道购票后换票排队长、体验拘囿传统，以及景区高度依赖 OTA 和旅行社、营收模式单一等一系列用户和行业痛点。未来，还将有更多酷爽的功能在未来景区实现，例如呼声很高的实时查看景区内人群分布，避开排队多的项目等功能，都将是未来景区的"研发"对象。

不难看出，阿里旅行的每一个创新动作，均是阿里生态体系势能的输出，在这背后，是阿里系的"最强势能"组合——淘系 3.5 亿活跃用户、芝麻信用、支付宝、花呗、阿里云、阿里通信，甚至高德地图、石基，等等。用户体验"未来景区"之后，也更方便景区自身通过大数据更了解用户，并进而开发个性化旅游产品。"互联网+"是大势所趋，阿里旅行正在旅游行业多点突破，依托于整个阿里生态链的支持，去啊的创新动作并非竞品企业可简单模仿，这使其获得了独特的消费者认知点，有利于迅速从消费者端获得认可，引领行业创新变革。

5. 阿里旅行牵手软银加速国际化进程

2015 年 11 月，阿里旅行（Alitrip）与阿里巴巴最大的股东日本软银（SoftBank）达成合作，软银旗下的旅游公司将在阿里旅行开设旗舰店，为中国游客提供日本 local 的旅行产品与服务，软银也将集成日本各大商户的信息，通过阿里旅行为赴日游客提供店铺折扣券等优惠。在此前，阿里旅行与大韩航空签署旗舰店合作协议，并在荷兰国王率商务团访华之际与荷兰国家旅游局和荷兰皇家航空达成合作。国际巨头扎堆入驻，体现了出境游市场的火热，也凸显了阿里旅行的开放平台优势，阿里旅行的国际化进程加速。

阿里旅行正在通过与国际巨头的合作，缩短消费者与服务商之间的距离，让广大用户可以通过阿里旅行，方便地获取和购买到目的地第一手的旅行产品与服务。这一做法与之前 OTA 提供的服务显著不同。在以往，消费者多通过旅游企业购买某一目的地的产品，这一产品可能是国内代理商采购自目的地的代理商，而目的地的代理商又可能采购自很多零散的服务提供商。在阿里旅行与软银的合作中，软银刚刚与日本最大的旅行社之一 JTB 成立的子公司将在阿里旅行开设店铺——"汐留旅行旗舰店"，主要推出日本地方城市的自助游线路。针对赴日的中国游客，汐留还将开发特别的旅游产品，更好地服务平台用户。此外，软银还将集成日本上千家店铺的优惠信息，通过阿里旅行为赴日游客提供店铺折扣券，将中国游客的旅游购物需求与日本各地的集客需求相结合。

阿里旅行已经成为目前全球最大的签证平台之一，作为出境旅游的第一步，签证一直是旅游企业的必争之地。阿里旅行支持140多个国家签证的办理，阿里旅行在线签证平台实现了"想买就买、说走就走"，遇到着急的情况，还可选择商家提供的加急办理服务。在阿里电商体系"水电煤"的支持下，阿里旅行在旅行创新上也走在行业前端。此前，阿里旅行推出了在线签证，用户的芝麻信用分符合标准便可在阿里旅行的签证平台选择便捷在线签证服务，减免签证的相关材料，这成为阿里旅行平台的独特优势。

根据中国国家旅游局统计，2014年中国出境游人数达到1亿人次。另中国旅游研究院统计显示，2015年上半年中国出境游人数同比增长12.1%。预计到2020年，中国出境游游客数量将达到2亿人次。随着旅游刚需的增长，阿里旅行的国际范儿和平台优势日益凸显。传承于阿里巴巴做交易平台的优势，阿里旅行在旅游这一虚拟产品领域的平台模式探索已趋成熟。

6. 阿里旅行联合酒店PMS共同推"未来酒店"

2015年11月17日下午，阿里旅行在杭州主持召开了"阿里旅行未来酒店系统商信息化行业峰会"，石基、西软等十余家国内外知名酒店PMS厂商参与峰会，共同探讨酒店系统信息化发展。会上，各厂商纷纷表示酒店业需要创新的思维和产品，需要紧跟"互联网+"的时代浪潮。同时，阿里旅行"未来酒店"信用住成为会上主要议题，经过热烈的探讨和经验的分享，各厂商认为"信用住"是酒店业"互联网+"的成功实践，并发出倡议：共同推广阿里旅行"未来酒店"信用住。

参加本次峰会的PMS厂商有石基信息、西软、千里马、泰能、住哲、别样红、金天鹅、捷信达、中科、汇锦、佳境软件、百达屋、奥普、华仪、正威软件等十余家国内外知名厂商。在峰会上，各厂商畅所欲言，话题从近期在线旅游行业的新格局，到传统旅游业的风云变幻等。面对如此形式，"创新"成为讨论达成的共识。酒店PMS厂商在"互联网+"的趋势面前，必然也面临新的发展契机。如何从传统软件的供应商转变为酒店大数据服务商，必须从市场定位、产品研发、生产销售乃至售后服务等整个产业链的各个环节上转型升级，不断创新。

7. 阿里确认退出美团，阿里腾讯O2O正式开战

阿里巴巴已经不再跟投新美大最新一轮融资，并将退出，全力扶持口碑。而这一轮融资中，腾讯追投了10亿美元，美团已经坚定地站在了腾讯阵营。2015年11月20日，美团在针对已经开通支付宝的商家进行一次"闪电行动"，要求每个地推人员至少下线两家支付宝商家，撤掉支付宝的宣传海报和付款指示牌，并且让商家彻底关闭在支付宝上的店铺。另外一个在美团和点评合并时未披露的重要信息是，在美团和点评合并时，腾讯和阿里巴巴作为各自股东，双方均同意退出新美大的董事会。这种情况下，对美团的投资对于阿里巴巴的意义本来已经不大。美团和口碑之战，也意味着在O2O领域，阿里和腾讯全面开战。

2015年才刚刚起步的口碑网本来是没有任何机会的。当前的局面是，新美大占据订餐80%的市场份额，另外糯米超过10%，作为后来者口碑从用户端已经无路可想，所以口碑网前几日宣布其新的平台模式。从流量、支付、用户营销方面对商户进行扶持，并引入海底捞、外婆家和西贝作为股东，为商户提供供应链等一系列解决方案。

2015年阿里加入了对"在线旅游这块大蛋糕"的争夺。旅游是全球第一大电商行业，因此世界两大在线零售商阿里巴巴和Amazon都想涉足这一领域，这并不令人意外。2014年底，阿里巴巴推出了去啊旅行，正式进入中国旅游市场，与携程和去哪儿展开角逐。而亚马逊也准备推出Amazon Travel，希望在旅游市场发挥自身在线营销优势，将网站访问者转化为消费者，尤其是凭借自己出色的个性化体验来挑战Booking.com和Expedia这样的旅游企业。

推动大众零售商进军旅游市场的另一个因素是移动渠道的兴起。移动渠道将营造更加封闭的电商竞争环境，消费者们更倾向于使用自己喜欢的应用，其中就很可能包括这些领先的在线零售商。但未来在线旅游领域新的领导者可能来自中国，比如去哪儿和携程，以及后起之秀去啊旅行。预计这些中国旅游公司将在未来的几年内打破在线旅游公司的最快增长纪录，跻身全球最大的在线旅游分销商之列。移动渠道推动了中国在线旅游企业的成长。2014年，携程和去哪儿分别有超过50%和40%的业务来自移动渠道。鉴于全球移动渠道业务的快速增长，这一优势将为中国企业进入国际市场提供强有力的竞争优势。

从淘宝旅行拆分而来的阿里旅行延续了淘宝纯平台的模式，以阿里技术、数据、平台生态为依托，快速从产业链的标品切入，尽量多地连接并且积累行业资源，在短短两年的时间里，迅速成为国内在线旅游市场的一极。在海外出境游资源的整合上，阿里更多依靠与当地旅游局、上线国家馆，进而形成出境游超市而实现，纯线上基因是否能把旅游每一个链条做好需要时间验证。

三、腾讯进军在线旅游市场新动向

1. 与携程达成一致，向艺龙发出私有化邀约

2015年5月22日，腾讯与携程、铂涛集团收购Expedia所持有的艺龙62.4%的全部股权。交易完成后，携程将持有艺龙37.6%的股权，成为艺龙的第一大股东，Expedia董事将退出董事会，未来艺龙继续保持独立上市，独立运营。2015年8月4日，腾讯向艺龙发出控股的私有化邀约，以收购艺龙发行的除了携程、铂涛和腾讯等艺龙股东外的全部流通股。艺龙私有化，只是腾讯在携程、艺龙甚至阿里巴巴之间，下的第一步棋。下对了，腾讯在OTA市场上可以做到步步为营，如同电商领域里，投资京东一样。

2. 万达与腾讯投资同程，进一步布局在线旅游

2015年7月3日，同程旅游今日宣布获得超过60亿元投资，其中万达文化集团出资35.8亿元领投，腾讯产业共赢基金、中信资本等多家机构参投。为在线旅游

行业迄今为止最大金额的单笔融资。60亿元融资的完成为公司休闲旅游生态的构建和战略升级奠定了良好的资本基础和外部格局。使同程处于一个有利的格局中，接下来与万达、腾讯等投资者的业务整合将在最短时间内构建一个休闲游O2O闭环，从而进一步增强了核心业务的竞争力。

9月份，月活跃用户超6亿的微信向同程旅游独家开放了休闲旅游入口，同程旗下全线产品全部入驻。同时，手机QQ也向同程旅游开放了火车票、门票等入口。这是腾讯在连续三次投资同程旅游后，双方在具体业务的整合方面实施的最大动作，此举将对在线旅游无线端的竞争格局产生深远影响。

3. 构建中国购物中心运营新模式，打造非凡电商

2015年7月31日，腾讯、百度和万达联合打造的飞凡电商正式上线。此次飞凡电商以全新开放平台的形式上线，在推动万达集团实现转型的同时，更充分利用互联网和大数据技术，为购物中心提供了一套完整的"互联网+"商业解决方案。

"腾百万"合力打造的飞凡电商，拥有互联网的基因，更懂得实体商业的经营，用互联网思维、互联网技术和互联网资源，帮助购物中心从线下"长"起来，让实体经营全方位嫁接互联网。随着产品和服务的完善，飞凡电商或将成为中国购物中心经营的新标准，进一步完善"吃住行游购娱"中的购物环节。

4. 国家旅游局与腾讯合作：可通过微信买景区门票

2015年9月20日，在2015中国"旅游+互联网"大会上，国家旅游局与腾讯公司为共同推进"旅游+互联网"战略达成合作协议，国家智慧旅游公共服务平台12301正式上线，可实现包含导游投诉等服务。当前微信智慧景区已在全国覆盖近150个景点，武夷山、云水谣、土楼等著名景区都已接入微信智慧景区。通过景区公众号，游客可以实现景区信息及天气查询，了解景区特色。购票无须排队等候，可扫码购票或在线购买。进入景区时，自助扫码即可入园。

腾讯以微信为入口，与四川、福建等省政府部门携手构建互联网+智慧旅游，再加上"互联网+金融"助力构建互联网景区生态圈。

5. 腾讯开放微信旅游入口，在线旅游无线格局或改变

2015年9月，腾讯正式将微信钱包中的旅游入口开放给了同程，后者在腾讯在线旅游布局中一直扮演着重要角色。包含了部分移动端的流量，具体显然指的是手机QQ和微信两大平台的流量。同程就率先入驻了手机QQ全新升级后的卡包功能，而在此之前，同程的门票、周边游等业务已入驻该平台的其他频道。

作为当前移动端的超级APP，微信一定程度上支撑了腾讯市值的持续增长，坐拥近6亿用户更是为各家电商平台所垂涎。对于任何一个垂直领域而言，若能获得微信的流量入口，就意味着搭上了移动互联网的快车，移动端的拼杀也就可以不必那么辛苦，在线旅游行业也不例外。

6. 支持并促成新美达合作

2015年10月8日，大众点评网与美团网联合声明，宣布达成战略合作并成立新公司，市值预估达150亿美元。此次交易得到阿里、腾讯等双方股东支持。新公

司实施联席 CEO 制，两家公司保留各自品牌和业务独立运营，高频内部竞争。

7. 签约深圳市机场（集团）有限公司，助力微信智慧机场

11 月 28 日，腾讯公司与深圳市机场（集团）有限公司签约，共同打造微信智慧机场，利用移动互联网技术全面提升机场公共服务以及机场电子商务建设。同时，双方还将就深圳机场云计算和大数据建设展开合作。

广州白云机场已于 11 月 23 日接入微信支付。随着深圳机场的签约，微信智慧机场解决方案已覆盖包括北京、上海、广州、深圳机场在内的国内几十家大型机场，成为首个在北上广深机场全面覆盖"互联网+"的平台。在 2015 年的中国机场商业及零售高峰会议中，微信获得"最值得机场信赖的开放平台"的称号。紧接着，双方还将围绕深圳机场微信公众号，推动建立深圳机场旅客会员体系，并逐步实现线上预订、预售等电商化服务，提升旅客的出行及消费体验。

深圳机场微信公众号的信息发布与公共服务能力也将得到拓展，并与深圳市相关发布平台建立联动响应，随时为旅客提供丰富实用的机场服务信息，实现旅客身处深圳，就如同"身处深圳机场"。下一步，旅客在深圳机场停车时，通过微信还可享受到空车位导航、反向寻车、微信缴费、车位预订等智慧停车服务；进入机场后，也可通过微信摇一摇，轻松获取场内导航与指引服务。后续，微信与深圳机场还将就无纸化值机、行李自助托运等方面展开深入合作，致力于提升航班准点、加强运行安全、优化乘机流程，将深圳机场"智慧机场"打造成全国机场行业"互联网+"创新标杆。

四、京东进军在线旅游市场新动向

1. 京东入股途牛，旅游 O2O 军备竞赛开始

2015 年 5 月 8 日，京东以 3.5 亿美元领投刚刚经历了 17 家旅行社集体断供风波的途牛，弘毅资本、DCM、携程、淡马锡和红杉资本跟投，加上之前京东 5000 万美元的入局，京东以 27.5% 的占股比例成为途牛第一大股东。

这是近年来中国在线旅游领域单笔最大的投资，但除资本之外的东西更值得注意："根据协议条款，途牛获得京东旅行一度假频道网站和移动端的 5 年免佣金独家经营权，途牛同时将成为京东机票和酒店业务的优先合作伙伴。借此，途牛将获得来自更多的流量入口和广泛的客户基础"。这段披露出的不长的协议片段信息量很大，我们可以从中看出途牛旅游 O2O 布局突围战的开始，也感到京东一盘大棋的展开，但从此旅游 O2O 也逐渐进入巨头军备竞赛状态。

2. 战略入股百日后，京东让途牛全面接管其旅游业务

2015 年 8 月 18 日，由途牛独家经营的京东旅行度假频道上线，这是继 5 月 8 日途牛宣布获得京东战略投资之后，双方战略合作的正式落地。也标志着途牛开始全面接管京东的旅游业务。在该频道独家销售打包旅游产品、邮轮、景点、签证、火车票以及租车等产品及服务。同时，途牛成为京东机票和酒店业务的优先合作伙伴。京东还将为途牛提供广泛的运营支持，包括大数据、金融服务、流量及其他经营资源等。用户即可在京东上预订途牛全部类型的旅游产品,同时,途牛和京东还会共同打造跨类目的套餐产品和服务。

3. 京东旅游白条与我趣旅行合作,出境定制游首开分期支付

2015年9月18日,我趣旅行与京东旅游白条展开合作,深度自由行及境外参团产品接入京东旅游白条的分期支付方式,用户可选择分三期或十期付清全款,企业客户在分期支付的同时还可享受免手续费优惠。除此之外,我趣旅行还与京东旅游白条联手打造"小白趣旅行"专题活动,该活动将挑选出近30条适合年底出行的精品旅行线路,所有线路都可享受分期支付且手续费减免优惠。

第三节　2015年团购网站在线旅游市场发展动向

一、团购网站在线旅游市场发展态势

据Analysys易观智库数据显示,2015年第三季度中国团购市场规模达553.5亿元人民币,环比增长18.9%,与去年同期相比增长149.7%。团购作为中国本地生活服务O2O领域中最为成熟的业务之一,经过近5年的竞争与盘整,市场格局已非常明朗,各家厂商也已逐渐从恶性补贴战与争夺团购份额问题中抽离,向自身相对强势业务领域发力,并逐步确立各自在细分市场的领先优势。基于基础团购不断拓展的场景化服务和消费方式,以及团购厂商们对各线城市布局的集体发力,团购业务自2015年以来一直保持高速增长。

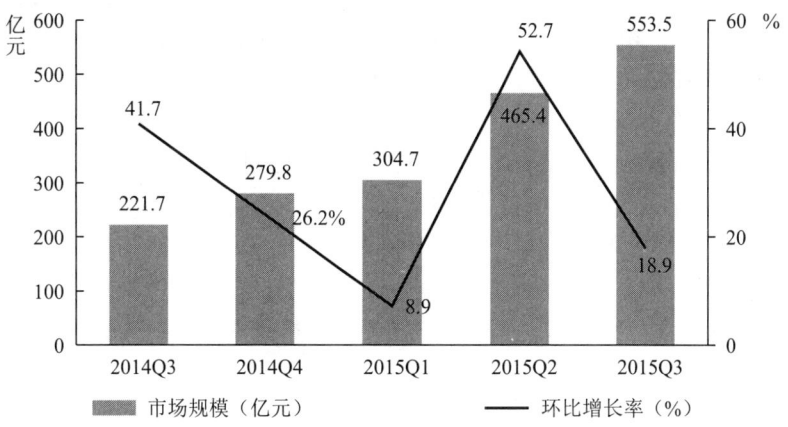

图3-3　2014Q3—2015Q3中国团购市场规模

资料来源:易观智库。

2015年第三季度中国团购市场规模较第二季度环比增长88.1亿元，环比增长率较二季度有小幅下降，但整体季度市场规模依然成长为553.5亿元，团购业务绝对值增速节奏较2014年明显加快。

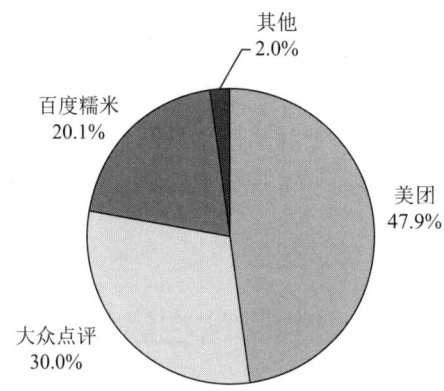

图3-4　2015年第三季度中国团购市场厂商交易份额

资料来源：易观智库。

注：厂商交易额包含手机买单类业务，未包含酒店预订以及电影票预订收入。

从竞争格局上来看，目前团购市场除有资源进一步向行业前三集中的趋势外，市场整体格局依然平稳。美团2015年第三季度交易额绝对值继续保持一定增长，由于去团购的战略措施进一步深入，美团团购业务在其本身业务中所占比例有所下降。第3季度，美团对自身组织架构进行了重大调整，包括将团购业务设立为到店事业群，并配合外卖配送、酒店旅游事业群及猫眼公司，进一步完善向本地生活综合服务平台的建设转型。大众点评第三季度团购发展稳中有升，去年下半年对三四线城市的布局和发力今年已取得显著效果，第三季度其市场份额较第一季度的24.3%增长到30%，市场竞争力进一步增强。其中闪惠业务发展态势良好，本季度的增长为营收做出了重要贡献。而团购行业另一位重要成员百度糯米在第三季度份额相较第一季度有明显涨幅，横向增幅近10%，随着百度O2O战略的深入，百度糯米更是获得了强大支撑，糯米的节日营销也对其市场份额产生了猛烈拉动。第三季度，8月22日七夕当天，据披露数据，糯米单日全站流水突破4.5亿，比去年同期增长20倍。第四季度初，美团和大众点评宣布合并，目前各方团队和业务仍独立运营。两大生活服务平台的领先巨头强强联合显然能给二者带来更强的竞争力，其合并后的理想估值也为二者新一轮融资带来了谈判资本，不过未来新公司的合并效应以及后续发展情况还有待观望和市场进一步验证。

团购网站不断"侵蚀"在线预订市场，对传统OTA造成压力。尤其大众点评和美团宣布合并的消息，更加重了OTA企业的焦虑。2015年10月，美团和大众点评正式宣布合并，消息一出引爆业内，市场普遍认为，合并后美团和大众点评新组建的公司将会引发本地生活服务平台领域的格局巨变。一直以来，机票预订和酒店业务是在线旅游企业的营收重点，不过，在中低端的酒店订购业务上，美团和大众点评早就开始发力。公开资料显示，2015年上半年美团的酒店间夜量成交量突破3300万元，交易额达53亿元，超过去哪儿网，仅次于携程网，成为国内第二大酒店在线交易平台。在先期试点的青岛海昌以及天津绿博园项目中，美团旅游借助现场引导会员购买、即刻入园、门票立减等多重活动，为景区实现了交易总额、销量、新客数的大幅增长。同样地，大众点评也在旗下设立了酒店事业部，酒店间夜量达到了50万。种种举动，都对OTA企业构成了一定的压力。同时，美团还在布局机票业务。2015年8月份，美团宣布完成对TripAdvisor旗下的酷讯旅游网的整体收购，酷讯被并入美团酒店旅游事业群发展机票业务。借此，美团实现了对在线旅游全产业链的布局。然而，这场合并的影响并不仅限于本地生活服务，与美团、大众点评等团购网站存在业务交集的OTA企业也同样感到危机重重。

二、美团在线旅游市场新动向

随着资本的注入，弹药充足的美团点评在旅游板块的布局越来越深。据悉，美团点评的机票业务已经悄然上线，也通过投资酒店PMS厂商别样红，加速对酒店业务的渗透，布局休闲旅游度假市场的意图也更加明显。美团点评此前作为酒店市场的一匹黑马，早已与去哪儿网展开火拼。前不久有报道称去哪儿网针对当时的美团采取了切客行为。而另一方面，携程则以"封杀令"对阵阿里旅行。有业内人士指出，从携程系角度来看，不论是去哪儿网的切客还是携程的封杀号令，都是携程系阻击对手所出的组合拳。种种迹象表明，在资本市场风生水起的美团点评，大有与携程、阿里旅行形成新的三足鼎立之势。据了解，美团点评合并后新公司名称为CIP（China Internet Plus Holding Ltd）。截止到2015年12月中旬，已完成28亿美元融资；美团点评还在继续融资，最终融资金额会超过30亿美元，新公司总体估值约150亿美元。美团点评28亿美元融资中，包括国内一家互联网巨头的10亿美元投资，另外，DST投了3.5亿美元，红杉资本投资1.5亿美元、CICC及今日资本等一共投资了13亿美元。数据显示，新公司目前国内O2O市场占有率将超过80%。按照计划，未来大众点评重点布局低频、高客单价业务，而美团将负责餐饮等高频业务，新公司预计未来3年内启动上市计划。

1. 与酒店PMS提供商别样红达成战略合作协议

美团点评（指美团与大众点评合并后的新公司）与酒店PMS提供商别样红达成战略合作协议，双方希望通过各自在不同领域的优势积累，建设酒店互联网开放平台，与产业链上下游伙伴合作共赢，共同为酒店业商户创造价值，和行业中各利益相关方一起把蛋糕再做大一点。同时，美团点评还对别样红进行了战略投资，具体金额未透露。据了解，别样红于2014年4月获得了盈动资本的天使轮投资，并于2015年1月获得了来自华创资本的A轮融资。别样红的创始团队均来自于微软及汉庭、携程等在线旅游和酒店企业。

美团点评CEO王兴在今年年初提出"搭平台、建生态"的发展战略，希望通过平台建设融汇自身在用户端（C 端）和商户端（B 端）的能力，并通过生态建设将这种平台能力分享给餐饮、旅行、电影等行业中的各类合作伙伴，与合作伙伴的优势能力相互叠加，推动"互联网+服务业"的发展。此次美团点评和别样红的合作，正是"搭平台、建生态"战略的具体实践。美团点评酒店旅游事业群总裁陈亮表示，在业务发展过程中，我们秉承开放合作的态度，坚持与行业上下游联动发展，我们希望与酒店业各类合作伙伴持续探讨和开展各个层面的合作，一起建设酒店互联网开放平台，推动产业进步，实现产业共赢。我们希望与别样红一起，做好行业的"配角"和"绿叶"，为让行业有"接天莲叶无穷碧，映日荷花别样红"的美丽景象贡献自己的价值。

2. 打造多终端进入性，增加用户体验的便捷性

现在最重要的终端是手机 APP，美团的交易已经有超过 95% 的比例跑在手机 APP 上，这个比例是中国几家大型的电子商务平台中最高的。往后看，终端可能有客厅的电视，手腕上的手表通过语音，或者现在比较火的基于智能眼镜的虚拟现实或增强现实。谈到终端，就还有一个入口的问题，也就是通过什么入口使用这个终端，我们想除了用户自己直接点击这个 APP 外，还会有很多可能，比如旅游的电视广告中直接嵌入二维码引导观众及时扫码浏览、扫码消费，以后也可能在去往某个地方的飞机上可以通过免费 Wi-Fi 直接访问当地旅游局在线上平台开设的专区，等等，通过多终端、多入口，未来线下的场景与线上的场景之间有很多机会串联在一起。基于美团在这三个层次的积累，我们想我们可以为旅业的广大商户提供一个很好的平台，这个平台可以提供很多基础的能力，对美团，这些基础能力就包括产品发布、结算、呼叫中心，这些都是一个平台很基础的能力。有了这些能力，大家可以在美团的平台上放心做生意。在这个基础上，美团还会把路修好，有大路，有小路，有大通道，有小通道，把客流给大家带过去管理好市场，使那些让消费者安心的商家挣到钱，不要让劣币驱逐良币。还可以帮大家打品牌，为大家提供用户运营的能力，给大家提供金融支持，等等，让大家把生意做大。

3. 立足本地即时预订

据美团网酒店旅游事业群战略合作部总经理钟永健介绍，美团网的酒店预订客人大部分是本地即时预订的客人，即客人在抵达目的地后，用美团 APP 上的 GPS 智能定位系统预订酒店。"不少客人从预订到入住大概只用 30 分钟的时间。目前，美团在本地酒店即时预订的市场份额，已占所有团购网站的 80% 以上。而且，随着智能手机的广泛普及以及消费者移动端预订习惯的养成，移动端交易额已占到了美团整个酒店旅游交易额的 96.6%。"美团网等团购网站进军酒店在线预订市场的另一个优势在于通过餐饮预订带动酒店预订。"很多客人原先就是美团网的忠实用户，通过美团网来团购当地的餐饮等。开辟酒店频道后，美团网给客人增加了另一个满足其住宿需求的渠道。而且较传统 OTA 相比较低的团购价格，吸引了很多人预订，当地酒店通过美团也会在短期内获得很可观的销量。美团网主要满足的是本地即时预订的酒店市场需求，而传统 OTA 面向的大多是异地预订市场需求。另外，我们销售的酒店产品以中低端为主，而传统OTA销售的酒店产品更偏向于中高端。

4. 整体收购TripAdvisor旗下的酷讯旅游网

8月19日，美团宣布完成对TripAdvisor旗下的酷讯旅游网的整体收购，不过并未公布具体的收购金额。根据此前《财经》的报道，此次收购的价格不到一亿美元。对于本次收购，美团高级副总裁兼酒店旅游事业群总裁陈亮表示："酷讯在旅游平台方面有多年深厚的积累。此次酷讯加入美团大家庭将提升美团酒店旅游业务的产品技术能力，为中国的广大消费者和合作伙伴创造更大的价值。"早在2015年7月13日，美团官方曾向外界透露美团酒店旅游要从本地走向异地、做大规模，而酷讯网完整的业务链和数据信息恰好与之相契合。美团收购酷讯，意味着本地服务巨头大举进入异地旅游。

5. 美团悄然布局休闲游或已瞄准门票市场

美团的旅游业务会先从需求量较大的景点门票、周边游着手，产品将以门票、酒店、游乐项目等打包产品为主。渐渐模糊团购概念，向O2O大平台概念做转变的美团，正在旅游业内悄然招聘。记者获悉，美团此轮招聘希望物色到有景区、旅行社、OTA从业经验的人才。在业内人士看来，此举意味着美团已开始在休闲旅游领域低调布局。从美团的招聘信息可以看到，其欲在北上广地区招聘目的地旅游项目经理/专员、旅游策划产品经理、旅游度假项目经理（国内游业务、出境游业务）等多个旅游相关职务。同时，招聘信息中出现"3年以上旅游行业，或有景区合作经验优先"；"1~3年于OTA、旅行社从事产品或市场工作经验者优先""负责第三方国内线路、出境线路旅游商家的拓展和管理"等字眼。据中国旅游研究院行业分析师杨彦锋介绍，已经在酒店团购处于领先地位的美团，的确想拓展酒店之外的旅游业务。记者登入美团看到，目前旅游的频道的入口中有景点门票、本地/周边游、国内游、境外游四大板块。不过，板块中的内容处于起步阶段，尚不够丰富。例如景点门票板块中，多为温泉、滑雪、游乐园等美团的原始资源。

据美团内部人士介绍，随着新业务人员到位，美团旅游四大板块中的内容会逐渐丰富，未来国内知名景区均将出现在美团频道中。杨彦锋指出，美团的旅游业务会先从需求量较大的景点门票、本地/周边游业务着手，产品将以门票、酒店、游乐项目等打包产品为主。随后再向国内游、境外游业务延伸。

6. 美团点评上线机票预订

2015年12月，美团点评机票预订业务悄然上线，在其新版APP首页的热门频道栏目，"订飞机票"赫然在列，但当前功能较为简单，尚未显示价格趋势、航班选座、航班动态等服务，美团点评的机票资源大多由票代和旅行社提供。

美团点评布局机票业务早有征兆，2015年8月，还未和大众点评网合并的美团就收购了酷讯，后者是专业的旅游垂直搜索和预订网站，提供国内外机票、酒店等的搜索、比较、预订。不过对于此次上线"订飞机票"是否是美团点评已经接入了酷讯的机票业务，一位接近美团点评的人士指出，目前双方仍在整合中。而钟永健表示，目前美团点评的机票业务刚刚起步，无法披露更多信息。上线"订飞机票"

是美团点评快速拓展旅游领域的又一动作。就在上周五,美团点评宣布投资酒店PMS厂商别样红,这使得前者对酒店业务的渗透加速,布局旅游休闲度假市场的意图也更加明显。从美团点评的页面也可以发现,目前酒店、周边游、旅游三大栏目均在美团点评的关键位置。

7. 美团全面接手团购闪惠业务

深圳市宝安区广场大厦是美团在深圳的办公驻地,进入2015年12月,大众点评的销售团队陆续入驻这里,与美团销售人员进行正式融合。《IT时报》记者从"大美团"内部获悉,12月开始,美团和大众点评将不再各自独立运营,各地区美团管理层正式全面接手大众点评和美团两个平台的到店餐饮业务,而大众点评原管理层则主要负责结婚、亲子、家装、丽人、KTV、休闲娱乐、外卖等非餐事业群。经纬划分正变得越来越清晰。根据美团和大众点评公布的合并调整方案:原有业务条线将细分为到店餐饮、到店综合、外卖配送、酒店旅游、猫眼电影全资子公司等七大事业群。其中到店餐饮事业群业务最为核心,包括餐饮团购、闪惠买单、预订、选菜、点单、餐饮商户广告,由原美团网COO干嘉伟负责。12月起落实的人员调整方案则进一步明确,各地区的到店餐饮都将由美团管理人员全面接手。

三、大众点评在线旅游市场新动向

在美团宣布完成新一轮7亿美元融资后,其对手大众点评也不甘落后。腾讯科技今日独家获悉,大众点评8.5亿美元的新一轮融资可能很快完成。大众点评最初只想融资到3亿美元左右,毕竟融资会稀释股权,但随着美团获得巨额融资,大众点评也不得不跟上。O2O行业正越来越成资本聚集地。今年2月,已有消息称,大众点评在和多家潜在机构投资者洽谈,潜在投资者包括新加坡主权基金淡马锡、私募股权公司方源资本和大连万达、汉景家族,大众点评老股东也有跟投。资料显示,美团2010年时获得红杉资本A轮1200万美元投资;2011年7月获阿里巴巴和红杉资本B轮5000万美元投资;2014年5月获得3亿美元C轮融资。大众点评在2011年获来自挚信资本、红杉资本、启明创投及光速创投超过1亿美元的联合投资,2014年上半年又获得来自腾讯的战略入股,腾讯占股20%,且有权增持5%股份。上述人士称,"当前国内好的O2O项目不多,美团7亿美元融资宣布后,很多基金也找上大众点评。大众点评这轮巨额融资交易由业内知名机构操盘,近期可能会最终敲定或宣布。"

1. 定位于"服务之年"

2015年大众点评还将更好地建构与商户的关系,为消费者更好地服务,2014年大众点评做了很多准备,不管是行业布局投资层面,还是在产品业务模式层面,都做了充分的准备。2015年要发扬这些优势,进一步扩大服务范围,秉持用户第一的理念,让消费者、商家、用户都满意。2015年国内旅游突破40亿人次,不论是长假的中远程旅游、还是仅有3天的小假期短程游,又或者是如今越来越火爆的亲子游、游学游,国民的旅游诉求已经越来越强烈,逐渐成为日常生活中必不可少的一部分。目前,大众点评根据2015年全年旅游实际消费数据,特别推出了《2015国内景区消费大盘点》,在这里你可以了解到哪里的人最爱旅游,哪些美景最受欢迎,哪一类型的休闲娱乐场所正逐渐火爆起来。

2. 大众点评完成其第六轮共计8.5亿美元的融资

2015年4月,大众点评完成其第六轮共计8.5亿美元的融资,投资者包括小米、腾讯、新加坡政府投资公司淡马锡控股、万达集团和复星集团。此前,大众点评网共完成过五轮融资,分别是:2006年红杉资本的首轮100万美元投资,2007年Google投资400万美元,2011年4月挚信资本、红杉资本、启明创投和光速创投联合1亿美元的投资,2012年第四轮融资6000万美元以及2014年的腾讯战略投资。一位不愿具名的投资界人士对《财经》记者表示,大众点评不愿公开第六轮融资是因为有合作方在意愿投资美团而不得的情况下选择了大众点评网,并提出了更多的要求和限制,双方在磨合上耗费了很长时间。未来大众点评势必要迎合投资者,并且多轮融资对企业股权的稀释是不可避免的。

3. 投资美餐网,切入企业用餐市场

2015年4月,大众点评网投资美餐网,切入企业用餐市场。6月,主做餐饮食材供应链的链农完成3000万美元B轮融资,大众点评领投,红杉跟投。大众点评正利用已有的信息权威和资金优势不断完善其整体布局,为最终的上市做准备。更早之前,大众点评网曾宣布入股线下餐饮ERP系统提供商天财商龙,投资外卖外包服务提供商上海智龙企业管理有限公司与提供信息化管理解决方案的上海石川科技有限公司。由此试图将团购、外卖、在线订座、点菜等环节打通,完成O2O产业链闭环过程中的重要一环,同时完善餐饮商铺的管理、会员经营、大数据挖掘等环节,促使数据在整个O2O体系中顺畅地流动起来。

4. 与百盛商业集团在上海达成战略合作

2014年6月30日,大众点评与百盛商业集团在上海达成战略合作,前者为后者全国60家分店提供O2O解决方案,后者则为前者超过2亿的用户提供更加丰富的生活消费应用场景。今年以来,大众点评的积极已可见一斑。此前的6月12日,为了抢夺市场,大众点评网员工还曾在镇江、咸宁和常州三地与美团员工之间发生斗殴事件。成立12年的大众点评一直保持低调,其创始人张涛多次表示"耐心是优秀企业脱颖而出的关键"。易观智库发布的2015年5月移动APP排行榜中,美团以2888.34万的月活跃用户成为国内用户规模最大的O2O移动电商,而曾经最先发力于移动端的大众点评网以2118.21万位居第二。

5. 美团与点评的合并

美团和大众点评于10月8日联合发布声明称,正式达成战略合作,双方已共同成立一家新公司。声明还称,新公司将实施Co-CEO制度,美团CEO王兴和大众点评CEO张涛将同时担任联席CEO和联席董事长,重大决策将在联席CEO和董事会层面完成。美团与点评的合并没有外界传说的那么完美。美团与点评只是合并了公司,但资产和人才都没有合并。这也许是此时此刻最中肯的点评。在人才、资金的问题上，点评的管理团队早已为美团入局做好了"铺垫"。张涛本身并不愿意，只不过迫于资金上的压力与投资人的极力斡旋。但5∶5换股的方案对点评来说并不吃亏，同时还可以享受到财务上的收益，因此张涛答应合并。事实上，在腾讯入股之后，张涛及部分高管团队已经实现了财务自由，再加上传说中对饿了么的投资，所以在合并之初张涛就提出过退出当时的约定。美团和大众点评合并后的新公司将占据中国团购领域80%的市场份额，同时成中国最大O2O平台。这半年的时间被预留用来进行事业线战略规划、调整人事安排。然而，在协商过程中，张涛与王兴发生了很大的意见冲突。并且王兴提出整合时间需要加快，要赶在年底之前完成整合。从"新美大"最新的组织架构图可以看出，点评系已经被美团系架空。美团和大众点评合并同时启动的融资规模可能超过30亿美元，而本次合并主要的推手腾讯将领投10亿美元。美团和大众点评合并后的新公司合并股权占比为：美团占6，大众点评占4。以此计算，美团的估值为102亿元，而大众点评的估值为68亿美元。如果本轮融资超过30亿美元，合并后公司的估值将超过200亿美元。

四、百度糯米在线旅游市场新动向

进入2015年以来，百度糯米加速了从简单团购网站到全面O2O生活服务平台的转型步伐，并且正在向高端、精致方向的生活服务领域迈进。业内人士指出，在当前生活服务类网站竞争白热化的阶段，百度糯米以"会员+"模式全面出击，后来居上的形势越加明显。随着百度3年200亿的大规模资本注入，以及百度系全生态的鼎力支持，百度糯米将以更快速、更高效的方式不断创新产品服务体验，扩展业务布局，为更多用户提供全方面精品生活服务体验。

1. 百度支持糯米，打造在线旅游强势平台

近年来，受O2O、在线旅游和视频等业务的拖累，百度盈利能力出现严重下滑，过去两年，百度的运营利润率从45%下降到21%。在当前互联网三巨头中，腾讯、阿里在移动互联网以及O2O领域各有相应龙头产品或合作伙伴，而百度的核心业务仍是搜索。因此，百度希冀在O2O一战中拔得头筹，巩固自身巨头地位的意愿也非常强烈。未来三年将投入200亿支持糯米，百度发展O2O业务的决心可见一斑。但是糯米的处境并不乐观。今年上半年，美团宣称上半年间夜量破3300万，为国内第二大在线酒店交易平台。10月初，美团更与大众点评合并，行业内第一和第二联手让处于第三位的糯米处境更加尴尬。因此，对百度而言，整合去哪儿与糯米是一个不错的选择。事实上此前有传闻称百度有意将去哪儿与糯米合并，今年7月，糯米新增旅游频道，接入去哪儿产品，百度希冀通过糯米打造吃喝玩乐平台的意图明显。不过随着百度与携程达成股权置换交易，去哪儿与糯米合并可能性已经非常小。但是，去哪儿与携程在在线旅游市场的巨大优势对糯米而言无疑是巨大的支持，因此未来也不排除携程、去哪儿、糯米三方有更加深入的合作。从携程的角度考虑，与百度达成股权置换的交易，除去可以暂停价格战

之困,同时也能借力去哪儿与百度的移动端产品,弥补自己在移动端相对弱势的现状。

2. 新增旅游屏道入口

打开新版百度糯米,就可以看到新增的旅游频道入口,用户点击后即会进入到相关页面。"旅游频道的上线,让百度糯米的O2O生态布局更加完善,给用户带来更为充盈、更加贴心的一站式生活服务体验。"去哪儿的专业品质旅游服务加上百度糯米覆盖全国范围吃喝玩乐精品团单,形成最有利用户的生态组合。

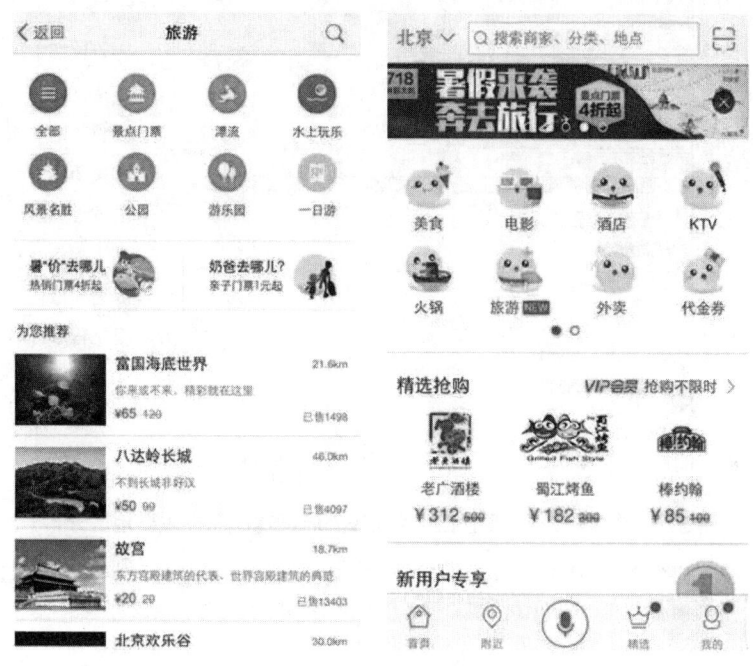

图 3-5　百度糯米 APP 页面

而在上线之初,百度糯米就重磅推出了第一波促销精品团单:原价 50 元的北京郁金香魔锐大世界门票,在百度糯米只需 1 元即得;原价 75 元的厦门观雪山冰雪世界门票,只需 20 元即可;原价 600 元、让众多游客倾心不已的丽江雪龙雪山直通车+进山费+冰川公园大索道组合套餐,在百度糯米旅游频道也只需 355 元。

据悉,此次 11 个热门景点及城市周边游门票团单,覆盖了北京、上海、厦门、青岛、重庆、苏州等热门旅游城市,更有与去哪儿网独家合作的极致优惠项目。对于准备在夏日出游的用户来说,通过百度糯米旅游频道选择合适目的地,既可以享受到远低于正常价格的优惠,同时更能用百度糯米下单各类美食、休闲场所,一站式解决出游时的吃喝玩乐所有问题。值得注意的是,百度糯米此次借助百度生态优势打通去哪儿平台,在最短的时间内直接为用户提供了最优质、最全面的服务。百度糯米负责人表示,除了旅游频道之外,此前百度糯米对接百度外卖资源上线了外卖频道,未来也会不断拓展新的业务领域,构建生活服务生态平台。

3. 大力发展酒店业务、成为业界最大的"黑马"

任何一个互联网企业要想发展壮大，流量是基础，赋能是关键，而创新则决定着未来。现在，随着 AI 与大数据成为 O2O 业务的潮流，百度糯米在酒旅业务方面可以将自己的技术优势更多地发挥出来，从而争取在未来的竞争中赢得主动。

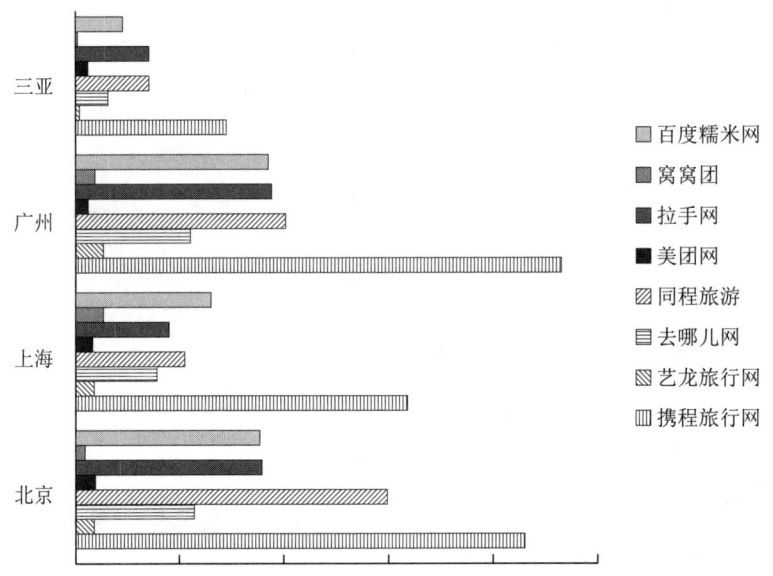

图 3-6　2014 年 12 月主要网站在线酒店团购产品在主要地区分布

注：因各团购网站每日均有团品上下线，本监测取一定时间段内平均数值，数据仅供参考；携程网酒店团购产品中包含其自营的产品以及去哪儿网等网站的团购产品。

资料来源：劲旅网。

国内领先的旅游市场研究咨询机构——劲旅咨询最新发布了《2015 年 12 月份主要网站在线酒店团购产品丰富度监测》报告。监测报告显示：2015 年 12 月在线酒店团购产品数量从多到少的网站前 5 位依次是：携程旅行网、百度糯米网、同程旅游、拉手网、去哪儿网。12 月监测的 8 家网站酒店团购产品数量，其中携程旅行网、去哪儿网与百度糯米网三家环比呈上升。携程旅行网酒店团购产品增加 287 222 单，环比上升 71.6%。据监测，11~12 月，携程网酒店团购项目进行了较大的改动，12 月，其网站基本完成改变，其酒店团购数量也因此较 11 月份增加许多。如今携程酒店团购中接入了很多来自去哪儿网的产品，看来"去携"的姻亲关系正在紧密升温中。去哪儿网酒店团购产品增加 82973 单，环比上升 51.3%。百度糯米网酒店团购产品增加 28532，环比上升 8.8%，百度糯米网酒店团购产品数量连月上升，稳中求进。窝窝团单月净降 2116 单，月环比下降 9%，自 11 月以来，窝窝团也在对其网站进行整改，团购酒店产品数量连月下降。同程旅游单月净降 6042 单，月环比下降2.2%；拉手网酒店团购产品减少3976单，月环比下降1.6%。艺龙旅行网单月净降299单，月环比下降1.6%。美团网酒店团购产品与上月相比下降408单，月环比下降0.2%。酒旅O2O在今年的黄金周中大放异彩。其中，百度糯米再创佳绩，成为最大的一匹"黑马"。

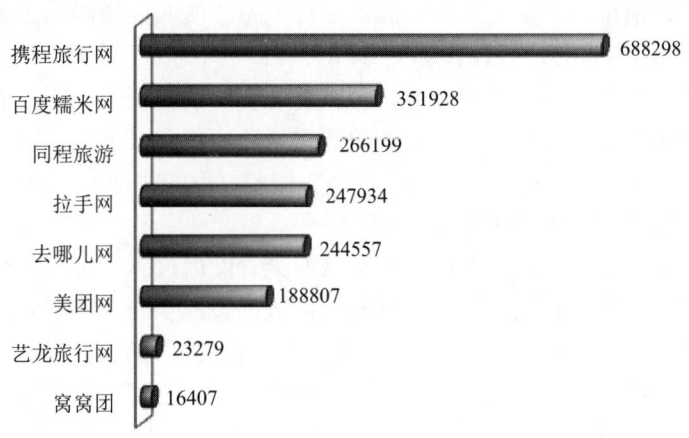

图3-7　2015年12月主要网站在线酒店团购产品丰富度数据

注：因各团购网站每日均有团品上下线，本监测取一定时间段内平均数值，数据仅供参考；携程网酒店团购产品中包含其自营的产品以及去哪儿网等网站的团购产品。

资料来源：劲旅网。

表3-1　2015年12月主要网站在线酒店团购产品丰富度检测数据

排名	网站	12月	11月		环比变化（%）
1	携程旅游网	688298	401076	287222	71.6
2	百度糯米网	351928	323396	28532	8.8
3	同程旅游	266199	272241	-6042	-2.2
4	拉手网	247934	251910	-3976	-1.6
5	去哪儿网	244557	161584	82973	51.3
6	美团网	188807	189215	-408	-0.2
7	艺龙旅行网	23279	23578	-299	-1.6
8	窝窝团	16407	18523	-2116	-9.0

资料来源：劲旅网。

4. 百度用糯米+去哪儿抗击美团

这是美团与百度的 O2O 争夺战，争夺战的主战场是美团的酒店旅游事业群与去哪儿的战争，其中的先锋战则是美团酒店事业部与去哪儿目的地事业部，在二三四线非标准住宿在间夜数与间夜均价上的比拼。美团向媒体证实全资收购酷讯以及去哪儿网资源接入糯米网，是近期在线旅游堪称重量级的两则新闻。去哪儿是从元搜索跨界踏入 OTA 模式的，曾让作为 OTA 的携程与艺龙陷入支绌。美团收购酷讯，意味着本地服务巨头大举进入异地旅游；去哪儿资源接入糯米，则代表着百度系整合异地旅游与本地生活的布局，双方竞争势必激化。目前，去哪儿酒店业务的与美团酒店业务在非标准民宿的争夺，其实就是美团与百度的代理人战争（Proxy War），成败攸关双方未来在 O2O 世代的市场格局。

如果说美团从本地生活跨界迈向异地旅游，百度通过旗下去哪儿与糯米的分进合击，整合本地生活与异地旅游，一样有着巨大的想象空间。去哪儿的周边生活频道加入电影票与外卖已有一段时间；从 UED 看，百度糯米酒店与旅游频道的思路，则与美团如出一辙。百度 CEO 李彦宏宣布要投资 200 亿元用于支持百度糯米的发展，这不禁让人思索，Uber 用了 10 亿美元就能在中国的用车市场对决滴滴快车的翻云覆雨，并且在部分城市取得优势地位。那么，百度的 200 亿是否能用得好，百度糯米与去哪儿网的未来走向，将决定百度在 O2O 战局的影响力，也就是决定百度的未来。

双方的胜败，现在虽难判定，但是从量来说，美团占优势，而且优势还在扩大；接下来就是百度能怎么倾斜资源给到去哪儿助力、百度战略地图中的糯米与去哪儿能怎么互补，而去哪儿又能怎么用技术做好间夜争夺。去哪儿如果做不到间夜量远超美团，只要做到间夜均价远超美团，或是通过技术让成本/费用率远低于美团，也是种胜利。

战事既已升级，力度会比想象中大，时间会比想象中短。美团与去哪儿各自进行了新一轮的融资，也就是不希望打到旷日持久，决胜的时间越长，就越留给其他对手整合增长的机会，如途牛与携程。因此，这场仗不会像携程与艺龙那样，从 1999 年打到 2014 年；更不会像携程当初面对去哪儿，放任去哪儿从 2006 年到 2012 年快速增长，养虎遗患。这场代理人战争，对照美团的上市时间与去哪儿的盈利预期，很有可能在 2016 年四季度前就告一段落；而其结果，将同时决定美团的 O2O 边界与百度的移动未来。

5. 去哪儿网资源接入百度糯米

2015 年 7 月 19，百度糯米上线旅游频道，去哪儿网资源全面接入。通过与去哪儿网的联合，百度糯米变身成为一站式解决出游吃喝玩乐的应用。此外，百度糯米还对接了百度外卖。百度糯米方面对此表示，上线旅游频道以后，百度糯米的 O2O 布局将更加完善。值得注意的是，百度 CEO 李彦宏宣布要投资 200 亿元用于支持百度糯米的发展。前几日，去哪儿网与百度糯米合并的消息不断出现，但去哪儿网对此予以否认，此次将自身资源接入百度糯米，去哪儿网表示只是资源接入，并非合并。此外，美团网之前和去哪儿网之间在酒店方面也竞争激烈，去哪儿网和百度糯米的合作，对于美团网来说是一种回应。

百度糯米的酒店业务开始连接手百、糯米、地图三大流量入口，并与餐饮、票务、景点等场景形成联合营销。另外，百度糯米也希望借助技术手段对酒店进行智慧升级，此外，AR技术、远程自助办理Check-in利用百度信用体系搭建支付体系等都成为百度糯米酒店领域的新举措。另外，百度糯米还希望在景区方面打造线上线下一体化的O2O智慧旅游服务格局。

虽然数据之争涉及百度糯米、美团点评和去哪儿网三家，但百度糯米和去哪儿网以及背后所牵扯到的携程均属于百度系，且前不久曾疯传百度与美团点评之间的合并收购传闻、去哪儿网则与美团点评在酒旅领域竞争激烈，如此格局下未来如何上演新的戏码备受关注。

参考文献

[1] 环球旅讯. http://www.traveldaily.cn/?s=noredirect.

[2] 劲旅网. http://www.ctcnn.com/.

[3] 易观智库. http://www.analysys.cn/view/home/home.html.

[4] 百度旅游. http://lvyou.baidu.com/.

[5] 大众点评. http://dwz.cn/Fja2r.

[6] 美团网. http://dwz.cn/wzSu4.

[7] 艾瑞资源统计数据. http://www.iresearch.cn/.

[8] 飞猪旅行. http://www.alitrip.com/.

第四章
旅游APP移动应用

第一节 旅游 APP 发展概述

2015 年上半年,"互联网+"正不断推动着旅游线上与线下的融合,而在下半年,业界似乎迅速进入更加细分的领域,即移动旅游时代。在过去,人们出行旅游更多的可能是依靠旅行社安排旅游行程,但如今,游客们只要随身携带一款安装有专业旅游客户端的智能手机,景点查询、机票酒店预订、日程规划等从前需要旅行社完成的工作,现在自己随时随地就能轻松完成。而这些,正是移动互联网给传统旅游业带来的最为直观的改变。随着时代的进步、社会的发展,越来越多的旅游APP 进入了大众的生活,这些个性化旅游 APP 的出现,打破了传统的生活模式。在以智能终端为主要载体的移动互联时代,赋予了旅游产业更多的标签和特性。人们已经开始逐步摆脱 PC 的束缚,习惯于从移动 APP 端随时获取更多有价值的信息,直接形成购买意向。聊微信、刷微博、玩游戏、手机支付、预订等大量移动应用,让越来越多用户贡献了海量的数据。对于在线旅游来讲,移动 APP 是当下行业的颠覆者,也是未来的王者。

一、旅游 APP 发展现状

近年来,随着人们消费习惯的转变,互联网旅游得到了高速发展,大量的攻略和游记开始在互联网上分享,机票、酒店、旅游产品开始通过网上预订,这是互联网旅游的第一次转身。对于互联网用户来说,旅游 APP 颠覆了传统的去门店、坐在电脑前,或者打电话预订产品的模式,使操作更为便捷、流程更加简化,互联网旅游迎来了二次跨越。

由于智能手机价格低廉普及率非常高,很多刚进入旅游市场的年轻用户,直接跳过了 PC 端，习惯在手机端消费。中老年游客接受手机消费的程度也非常快。据中国互联网信息中心统计，截至 2015 年 12 月，我国网民规模达 6.88 亿，全年共计新增网民 3951 万人。互联网普及率为 50.3%，较 2014 年底提升了 2.4 个百分点。调查结果显示，2015 年新网民最主要的上网设备是手机，使用率为 71.5%，较 2014 年底提升了 7.4 个百分点。2015 年新增加的网民群体中，低龄（19 岁以下）、学生群体的占比分别为 46.1%、46.4%，这部分人群对互联网的使用目的主要是娱乐、沟通，便携易用的智能手机较好地满足了他们的需求。新网民对台式电脑的使用率为 39.2%，较 2014 年有所下降。全球最大的在线旅游公司 Expedia 的首席执行官在接受媒体采访时称"研究显示 90% 的在线消费者最先使用的是手持设备或者 PC，之后才转向平板电脑，然后才使用另外一款设备"。

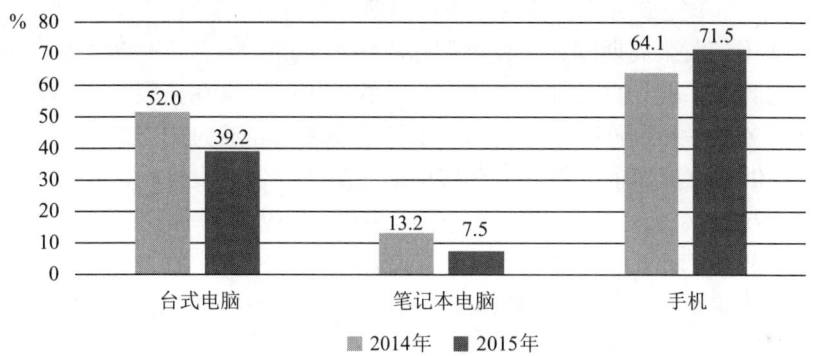

图 4-1　新网民互联网接入设备使用情况柱形图

资料来源：根据 CNNIC《2015 年第 37 次中国互联网络发展状况统计报告》整理。

全球领先的旅游平台 TripAdvisor 公布的《2016 年全球旅游经济报告》，该报告样本分析基于世界各地 44000 多名受访者，涵盖全球 32 个国家和地区。报告显示，超过 75% 的全球受访者表示出游时必带智能手机，这一比例甚至超过卫生纸、化妆品等个人护理用品。其中，内地游客对于手机的依赖程度稳居全球第一，有 87% 的中国受访者表示他们出游必带手机。中国受访者使用移动客户端（APP）预订旅行的比例位居世界第一。来自猫途鹰 2015 第三季度发布的《TripBarometer 移动旅行者报告》[①]显示，超过 75% 的全球受访者表示出游时必带智能手机，这一比例甚至超过手纸、化妆品等个人护理用品（69%）。亚洲游客的"移动化"比例明显高于全球平均水平，有近一半（49%）的亚洲旅客曾使用智能手机计划旅行、预订住宿或行程，其中中国受访者以 65% 的高比例与泰国位列全球第一。同时，在中国受访者中，有 87% 的中国受访者表示他们出游必带手机，通过手机端来预订其旅行的旅客

---

① TripBarometer 研究由 TripAdvisor 主导，独立研究公司 Ipsos 执行。在 2015 年 10 月 15—29 日期间使用在线问卷调查的方式，受访人数一共为 44782 人，来自世界 32 个国家和地区。问卷样本中的 34026 个消费者样本来自 TripAdvisor 及 Ipsos 用户且在去年在线搜索过旅游行程；10756 个酒店业者样本来自 TripAdvisor 数据库，是迄今为止全球范围内最大规模的联合了旅行者与酒店业者的问卷调查。

比例超过 37%，是全球平均水平（6%）的 6 倍。中国受访者使用移动客户端 APP 预订旅行的比例位居世界第一，达 12%，超越全球平均水平 6 个百分点。另外，专业市场研究咨询公司 Mintel 英敏特最新报告指出，七成左右的中国消费者曾在线预订旅游产品，近 1/5（19%）的消费者使用手机预订。

旅游企业的数据也证明，中国旅游者的手机端消费迅猛增长，报团旅游已经不限于门店和电脑。国内最大的在线旅游公司——携程旅行网称，跟团游、自由行、出境游、签证等度假产品，今年 APP 订单占比超过 50%，仅第三季度，通过移动端预订旅游度假产品的人数同比增长 400%。每年数百万人通过手机端预订，超过 PC、电话成为最主要的预订渠道。同程旅游发布的《2015 年春节出境游需求趋势报告》显示，2015 年春节黄金周出境游游客中，近九成通过旅游网站（或旅游网站开发的移动客户端）完成机票、酒店、景点门票等预订。

2015 年十一黄金周期间，在线旅游移动端产品的影响在进一步加深，在移动端购买产品比例节节攀升的同时，移动端产品的应用范围也在拓展，为游客出行提供更多便捷。多家在线旅游网站的数据显示，移动端已经成为用户购买产品的主要渠道。携程提供的数据显示，得益于在移动端的持续开发与投入，今年黄金周的旅游度假订单中超 50% 来自携程 APP，其中门票预订手机下单占比最高超过 90%。途牛在中秋国庆双节期间移动端订单同比增长近 180%。

国内专业旅游市场研究机构劲旅咨询发布的《2015 年 12 月国内旅游类应用（APP）市场监测报告》中显示，目前国内主流安卓系统应用下载市场上，已有近百家旅游应用产品，相关旅游 APP 下载量已经过亿。携程、去哪儿、同程、途牛、驴妈妈等在线旅游服务商，通过 APP 预定产品的用户占比超过 50%。其中，80 后、90 后对移动端预订旅游产品的接受度越来越高，越来越多的用户开始选择在无线端上预订单价相对较高的旅游产品，来自 APP 端的旅游产品预订量占比在逐渐增大。根据同程旅游的大数据，目前使用 APP 端的旅游产品预订量已达到将近 7 成。携程移动平台交易量占总在线交易量的 70% 以上。从去哪儿网 APP 的数据来看，去哪儿网全部机票订单的 50% 以上来自无线端，酒店订单的 85% 来自无线端，无线端营收占比已达 68.1%。途牛移动订单数占总在线订单数超过 60%。驴妈妈日均支付订单，APP 约占总订单量 70%。

对于旅游而言移动化必不可少的，当游客身处异乡，需要了解当地的人文地理、需要查询附近的食宿、需要临时变更行程以及确定自己所在位置的事情，手机等移动设备成为了最快捷便利的途径。携程、途牛、驴妈妈这些在线 OTA 网站纷纷开发自己的 APP，提供手机预订服务、大众点评等生活类 APP 跨界旅游行业为游客提供身边的餐饮搜索、百度地图等地图类 APP 则提供位置服务和周边信息推送服务……以前出门旅游需要准备的攻略书、地图等，现在只要一个手机就轻松解决，移动化已经成为人们生活中必不可少的一部分。预计 2016 年移动旅游消费的趋势会延续，特别是二三线市场会爆发性增长。由于手机用户一般不会使用多个同类 APP，移动端业务领先的大旅游平台、大 APP，将极大受益于这一趋势。业内预计,手机端"行中购买""行中服务"将成为下一个趋势和爆发点。

二、旅游 APP 市场分析

(一)旅游 APP 渗透到旅行全流程

智能手机的出现,移动互联网的崛起,让旅行前、旅行中、旅行后的种种需求形成一个循环,几乎可以全部用移动终端去实现。在线旅游有查询、预订、支付和分享四个典型环节,对移动用户来说,最理想的方式是通过移动设备解决全流程需求。如一个用户在旅行过程中需要预订酒店,他使用手机 APP 查询到附近的酒店,在查看其他用户推荐和评论后锁定了其中几家,经由客户端搜索到其中一家有便宜的团购,于是赶快下单抢购,下单后通过手机支付成功;入住以后,该用户通过手机把酒店照片和入住心得分享到网上,供其他客人参考。

(二)旅游 APP 切入细分市场

随着使用 APP 出行人群的逐步增长,无线端旅游产业也将迎来下一个高潮,旅游企业在 APP 的延展性探索上也是煞费苦心。根据旅游消费的不同环节,旅游 APP 的行程规划、定制服务等细分功能应运而生。如,途牛推出的"同团聊"服务,用户可在"同团聊"群组中与同团成员沟通、分享出游感受。且同城 APP 的社交和分享的功能,用游币便可以给好友分享红包;还可以通过旅游相机,随时随地分享出游途中的美景。又如,携程 APP 上线的新功能,客人在预订签证时可以选择照片打印服务,通过自己手机拍摄或者从相册选取符合要求的照片、上传,携程就会根据各国领馆要求匹配相应尺寸,并完成冲印到提交领馆的一条龙服务。从申请表格填写、证明材料提交、照片提供都可以在 APP 上上传解决,一些材料要求简单的签证,像斯里兰卡、柬埔寨、土耳其电子签证及台湾入台证的申请,整个申请过程只要 3 分钟。

(三)用旅游 APP 预订旅游产品成为主流消费方式

从携程网、去哪儿网、途牛网三家在线旅游平台公布的 2015 年第三季度财报中显示,虽然这三家在线旅游平台的业务重心各不相同,但无线业务激增是他们的共同特点。以去哪儿网为例,其第三季度的无线业务收入占总营收比为 73.6%。由此可见,通过移动端预订旅游产品已成为当下的主流消费方式。去哪儿网财报显示,其 2015 年第三季度的无线业务端收入为 9.755 亿元,同比增长 381.3%,并将该在线平台无线端每季度超过 300% 的增长速度延续到了第 9 个季度。同时,其 2015 年第三季度的无线业务收入占比达 73.6%。途牛网财报显示,其第三季度移动端的订单数占总在线订单数的 70% 以上,比第二季度再提升 10%;而其 2014 年同期的这一比例仅为 40% 左右。携程网提供的数据显示,第三季度通过携程移动端预订旅游度假产品的消费者人数同比增长 400%。此外,携程是国内唯一一家跟团游产品无线预订量占比超过 50% 的在线旅游企业。

三、旅游 APP 的竞争格局分析

（一）移动端旅游用户渗透率突破 10.5%

2015 年 1—6 月，中国移动端旅游 APP 用户渗透率均突破了 10.5%，其中 6 月份渗透率为 10.8%；同时与旅游的周期性一致，具备明显的淡旺季波动。

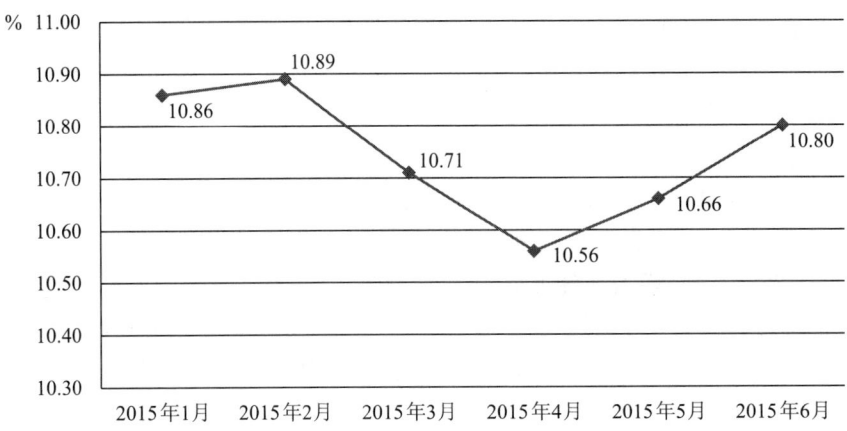

图 4-2　2015 年 1—6 月移动旅游用户渗透率

注：移动端旅游数据选择的是去哪儿、携程、阿里旅行、同程、途牛、艺龙和驴妈妈移动端越活跃用户数之和。

资料来源：根据比达咨询数据中心相关数据整理。

（二）旅游 APP 活跃用户数

2015 年 6 月，主要手机旅游 APP 中去哪儿旅行月活跃用户数最高，为 2817.91 万人，携程位居第二，为 1964.28 万人，阿里旅行位居第三名，但月活跃用户数和前两名差距较大，然后依次是同程旅游、艺龙旅行途牛旅游和驴妈妈，这四个 APP 月活跃用户数都在百万级，与去哪儿旅行和携程旅行的差距较大。

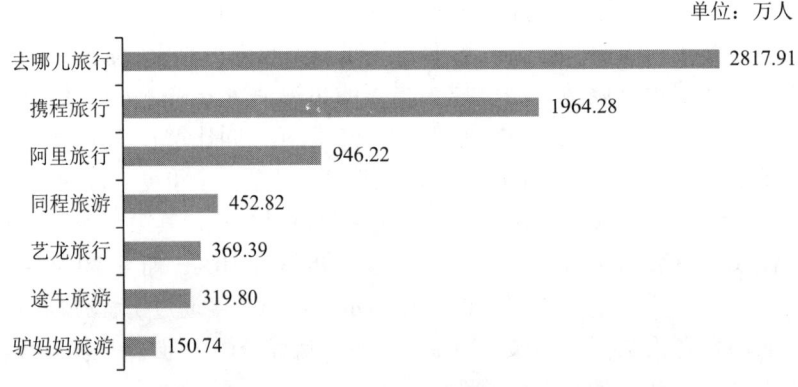

图 4-3　2015 年 6 月主要手机旅游 APP 活跃用户数

资料来源：根据比达咨询数据中心相关数据整理。

(三)重点企业移动端 APP 收入对比

2015 年上半年,在重点的四家综合在线旅游预订企业中,去哪儿移动端发展成熟,移动端收入占比突破六成,同时保持约 300% 的高速增长;携程和艺龙作为老牌的在线旅游预订平台,移动端起步晚,技术、营销难度大,移动端收入占比均不足 3 成;依托于手机支付宝钱包的优势,阿里旅行•去啊移动端起点高,约占总收入的 4 成以上,但整体规模较小,难以和其他三家相提并论。同时去哪儿和百度地图的合作也有利于提高移动端酒店预订和营收。综合来看,在线旅游移动端市场中,去哪儿移动化比例高、速度快、后续增长动力足,和携程、艺龙等企业的差距将进一步拉大。

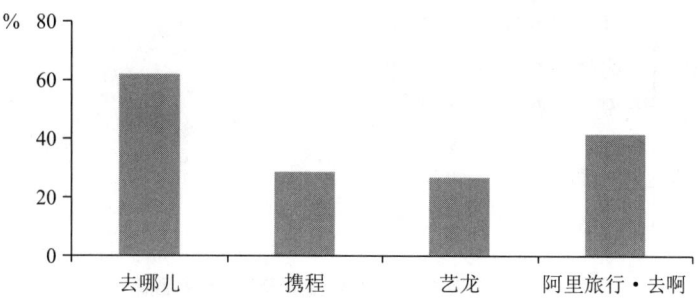

图 4-4　2015 年上半年主要在线旅游企业移动端收入占比

资料来源:根据比达咨询数据中心相关数据整理。

(四)手机旅游 APP 用户认知度

1. 旅游 APP 品牌知晓率

去哪儿、携程用户知晓率均超 6 成,其次是阿里旅行,用户比例都超过了 50%。和其他品牌相比,这三家表现用户认知度较高。

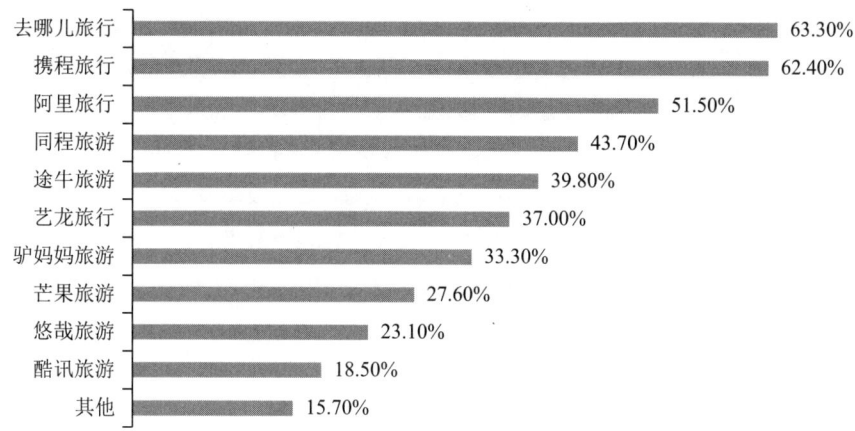

图 4-5　用户对旅游预订 APP 的品牌知晓率

资料来源:根据比达咨询数据中心相关数据整理。

2. 用户最常使用的旅行 APP

从用户常使用的品牌来看,去哪儿用户数量最多,占用户的 46.7%,丰富的产品、快速比价等优势使其成为大多是用户预订旅游产品的首选。携程作为行业的老品牌,有一定的用户基础,但在移动端起步晚,用户体验相对差点,用户使用率明显低于去哪儿旅行。

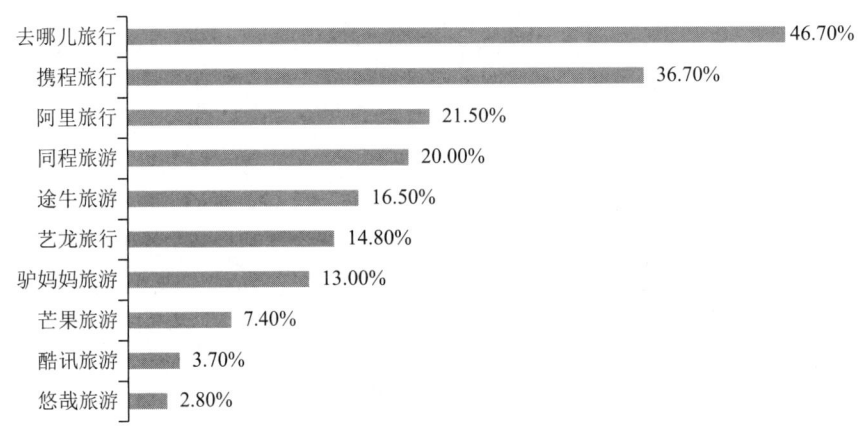

图 4-6 用户常使用的旅游预订 APP 品牌

资料来源:根据比达咨询数据中心相关数据整理。

3. 旅游 APP 品牌满意度

由于具备技术先进、起步较早、售后服务完善、产品服务全面等优势,去哪儿旅行、携程旅行和阿里旅行用户满意度位居三甲,满意的用户比例均超过 7 成。其次是途牛旅游、同程旅游、艺龙旅行和驴妈妈旅游满意用户分布占 65.6%、63.0%、59.3% 和 57.2%,剩余产品用户满意度稍微偏低。

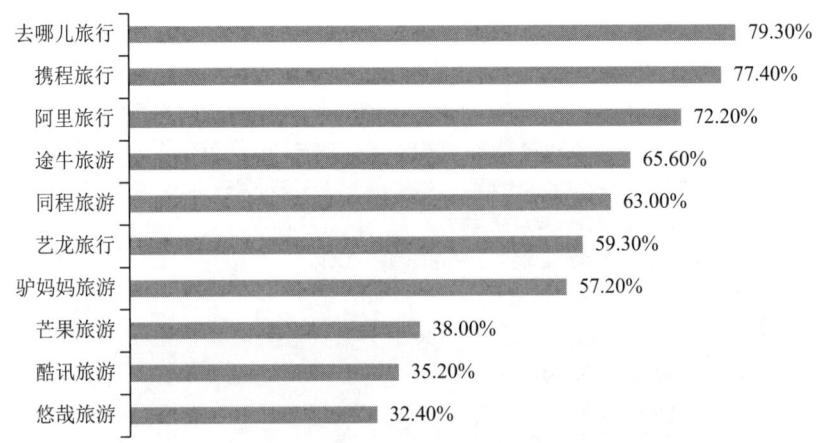

图 4-7 用户对旅游预订 APP 品牌的满意度

资料来源:根据比达咨询数据中心相关数据整理。

四、旅游 APP 的发展问题

（一）强调企业目标容易忽视用户体验

过度竞争已经成为近年来旅游业内的诟病，这也直接促使业界专注于打造品牌和提升顾客忠诚度，品牌网站流量和用户数量的提升成为可持续商业模式建立的关键。很多旅游企业的移动策略也成为了这一理念的复制品。在原有网络 APP 的基础上，针对移动设备开发的优化版的网站和原生移动 APP，迫使旅游者在使用 APP 时不得不面对大量的移动旅行产品选择。尽管品牌和消费者忠诚度奖励具有一定的吸引力，然而移动旅行体验本应具有的便捷性、简易性却大打折扣。

（二）产品同质化引发价格战

当前旅游类 APP 市场规模迅速扩大，旅游 APP 产品同质化程度越来越高，价格战成为最简单的竞争方式。作为服务的承载者，用户对于商家价格战的态度也是有喜有忧。能够以最低廉的价格享受旅行中的各项服务，对旅游者来说自然求之不得。但旅游企业利润空间本身有限，新技术对于降低成本作用尚不明显，价格战必然会导致在线旅游企业利润下降、服务品质降低，进而必将影响用户体验。但随着市场逐渐稳定，实力较弱、创新力不强的 APP 将被市场淘汰，集中度会日益提升。在当下互联网＋的时代中，互联网企业欲得到消费者和市场的肯定，不单是要不断提升产品的创新力，走差异化发展道路，还应建立完善的管理、运营体系，以确保用户的服务体验度。因此，产品技术趋同的情况下，保证服务质量，提升用户体验才是关键。

（三）品牌成为影响用户体验的双刃剑

手机 APP 商店中最受欢迎的大多来自知名旅游品牌（如旅行社、酒店或航空公司）。对知名品牌而言，注重品牌网站可以利用品牌为旅游者实现目标的同时获得好的用户体验。站在旅游者角度，完美的体验平台的来源可能并不是品牌 APP。旅游者为完成一次旅游，可能需要下载某航空公司、某酒店、某景区等多个 APP，占用内存，操作烦琐。旅游类 APP 应打破品牌的局限，将用户体验放在第一位，围绕着消费者的喜好和需求，吸引消费者成为品牌的代言人。

（四）产品"照搬"使得 APP 空间相对狭小

传统 OTA 将旅行线路、景点门票、旅游度假产品等移植到手机端，其面临的最大问题就是开发商需要真正重视手机用户的体验和需求，将 PC 端的产品服务完美地呈现在手机 APP 上，而不是直接照搬。

（五）PC 端与 APP 端产品无法兼容

用户个人信息管理的同步功能是影响用户体验的关键要素。用户希望能通过 PC 端和 APP 同步地管理自己的个人资料、分享行程、旅行攻略，等等。在 PC 端与 APP 端产品的互通性上面，很多 APP 并没有予以重视，导致兼容性差，数据不能同步。面包旅行、去哪儿、在路上等 APP，较好地实现了数据的同步，方便用户通过 PC 端和 APP 同步管理个人信息。

（六）APP 的功能丰富与界面精简存在矛盾

手机屏幕较小，APP 功能却非常丰富，这二者之间的矛盾，成为影响用户体验的重要因素。很多手机 APP 相对于 PC 客户端，功能要缩水很多；而追求全面的 APP，往往界面又过于复杂、导航不清晰。虽然旅游者需要多方面的多种类的信息，究竟是"大而全"，还是"小而精"，才能给旅游者带来更好的用户体验，则需要旅游类 APP 的开发商们综合考量。

五、旅游 APP 的未来发展趋势

（一）市场细分化

根据客户的具体情况，将市场细分化，为客户量身定制 APP 应用程序，并进行 APP 推广，将其产品以一种更为直观、更为精准的方式推荐给客户，才能够以较低的成本迅速提高品牌知名度，提升客户忠诚度和黏度。去哪儿旅行客户端满足旅行者的机票、酒店等查询预订需求，完成旅行前的采购。途客圈是一个移动社交以及个性化旅行定制应用，定位于提供融合社交和移动的旅行计划服务。"欣欣旅游线路"手机版则帮助游客享受便捷的一站式旅游预订服务。

（二）用户社区化

同购买其他商品一样，大多数用户会先从价格、销量、评价等方面考虑 APP 的选择。用户评论是影响用户选择的一个至关重要的因素，并且越有价值的评论，越能吸引到更多的 OTA 和搜索引擎的用户。能吸引用户把自己在旅游中的见闻、经验等写下来，形成旅游社区，可以增加旅游 APP 的黏性，甚至可以根据用户的旅游经验，开发新的线路。"面包旅行"的用户不仅可以在旅途中随时用手机记录精彩瞬间、录制旅行线路，还可以随时通过新浪微博等社交网络将游记分享出去。

（三）策略区分化

对旅游企业来讲，最理想的情况并不是直接照搬 PC 端产品，而是分开制定网站策略以及 APP 策略。如"去哪儿网"成立无线部门，开发移动终端市场，到目前共有 5 个 APP，包括"去哪儿酒店""去哪儿精品酒店""去哪儿旅行""去哪儿兜行""去哪儿旅图"。携程旅行网相继推出"携程无线""携程特价酒店""携程旅游""驴评网""铁友"5 款 APP。

（四）竞争立体化

旅游 APP 的竞争，已经演变成为一场融合品牌宣传、渠道建设、市场运营、团队作战的立体战争。立体化战争，意味着 APP 的营销应该多方面并重，更是遵循木桶理论，短板决定败局。

（五）功能核心化

APP 的核心内容是功能，也是它能提供给用户的核心价值。核心功能不能太多，否则会使用户在使用过程中产生困惑，影响用户体验。在用户交互的设计过程中有一个理念叫作"one-click"，即让用户只需进行一次交互操作的情况下就能到达目的地，避免多层交互产生的用户疲劳与用户困惑。以艺龙酒店预订为例，用户不需输入文字，三步操作就可找到目标酒店，开启 GPS 定位信息后，只要点点屏幕，就能迅速完成周边酒店的预订。

（六）信息特色化

APP 需要真正解决用户旅游过程中的实际问题，为旅游者提供有特色的信息服务。在同质竞争激烈的大环境下，有特色的信息甚至可以决定一个 APP 是否能留在用户的手机里。比如提到"航班起降信息"，旅游者首先想到的是机场"航班大屏幕"，而"去哪儿"和"携程"，将其内置到 APP 中，用户打开手机就能获得相关资讯，去哪儿的最新版本，还提供飞机"飞行动态"信息，小小的创新，却提供了极好的用户体验。

第二节　旅游 APP 运用分析

一、旅游 APP 的优势分析

市面上开发的旅游 APP，以一种新的合作模式参与到互联网商业活动中去，这些第三方程序一方面可以聚集不同的受众群体，另一方面也为平台载体提供了大众流量和定向流量。相对于传统的网络推广渠道，借助于无线技术的移动旅游 APP 有着自己独特且不可取代的优越性。

（一）移动端优化旅游体验

1. 行前简化旅游准备时间

为了保证旅游行程的顺利进行，自助游旅游者需要提前了解旅游目的地各个方面的信息，对于大多数的上班族而言，专门抽出时间进行信息收集整理较难实现，甚至可能会导致对行程的放弃。以手机为代表的移动终端为信息收集整理提供了平台，潜在旅游者可以充分利用上下班路上等碎片时间进行信息的搜集，在出发前筹划旅游行程旅游攻略以节省了时间。各种旅游 APP 等都为旅游者出行提供全面的信息，而且大多数平台支持在线支付和随时退订，都保证了旅游行程的顺利进行。

2. 行中刺激潜在旅游者

基于智能手机的随时性、随地性、交互性等特点，使用户更容易通过微博、SNS 等平台快速实施旅游体验的分享和传播，从而实现裂变式增长并带来更多的潜在客户群。旅游者在旅游过程中通过微博、微信朋友圈、空间等交流平台可以实现随时随地分享旅游心情，美食美景及其他美好的旅游感受通过"微信息"、借助"微平台"可以产生广泛的影响，这些美好的方面也是一种潜在的营销，对分享内容中所涉及的景区或者游览项目的宣传，而且可以刺激潜在旅游者走出家门踏上旅途，朋友们的点赞和评论等互动也会增加旅游者在旅游途中的乐趣；另外旅游者在旅游行程中对行程中不满意地方的吐槽也会产生相应的影响，由于现在信息时代信息传播的广泛性和开放性，一些方面还会引起旅游各个方面的管理部门对所反映问题的重视，促进问题解决，优化旅游环境，提供更好的旅游服务。

3. 行后增强用户黏度

良好的自助游感受会成为旅游者后续旅游活动提供经验，使旅游者更加信任依赖这种方式。旅游者经过自己运用移动终端完成高度符合自己需求的旅游行程，会获得极大的满足感和成就感，无疑这种旅游行程更加符合个人需求。出发前获取旅游信息，旅游过程中分享旅游心情，地图导航、酒店预订、门票及车船票预订这些体验，会为以后的出游提供经验和教训，好的体验会使旅游者提高对这种新型自助游方式的认可度，也会更加依赖这种方便快捷的自助游形式，进一步推动电子自助游市场发展。

（二）整合多方资源，简化预订流程

旅游服务类 APP 可以整合多方资源，提供预订以外的更多增值服务。比如携程 APP 的周边查询功能，不但大大增加了"食住行游购娱"一站式旅游服务信息的丰富度，还可以通过对用户浏览、预订时留下的大量数据系统地进行实时分析，向用户推荐经过挑选最适合的产品。去哪儿网 APP，不仅随时随地可以完成预订，系统还会根据预订信息提醒你的行程、酒店等信息。

（三）降低成本，提升高效服务

智能手机客户端旅游 APP 的开发和推广成本，相比传统网络营销手段更低，安装和使用也更为简便。通过新技术以及数据分析，旅游 APP 可实现精准定位旅游公司的目标用户，让低成本的快速增长成为可能。用户的手机在安装 APP 以后，相当于旅游公司在用户身边安插了一个随身客服，可持续与用户保持最直接的一对一即时联系。与整合资源相比，APP 更大的优势便是预订价格和专属特惠。同程旅游推出的暑期的万元红包可以在景点门票、出游、邮轮、周边游、电影票等全线产品中使用，驴妈妈 APP7.0 版上线的同时，推出了"景点+酒店 9 元周周抢""下载有礼""1 元门票"等活动，都是在 APP 端专享。

（四）特色服务打造用户最佳体验度

旅游 APP 对于用户来说是一种线上的预订渠道，在整个的出游中、出游后等环节需要线下的服务支持来完成。现在几乎所有的网络推广渠道都在关注和提升用户的体验，而旅游 APP 通过整合 LBS、QR、AR 等新技术，可以为用户带来各种前所未有的体验感受。对于众多的旅游 APP 来讲，服务体验是体现产品的差异化的主要环节。同程旅游提供的"程意正品"出境游产品，就是在用户体验上做出更好的服务承诺。

二、旅游 APP 用户行为分析

（一）旅游 APP 预订机票用户行为

出发或降落时间是用户通过 APP 预订机票时最关注的信息，其次是价格走势和折扣或返现。针对时间敏感型客户，尽管预订平台不能决定飞机晚点的情况，但可以给予相关方面的晚点通知或天气变化等人性化提醒。针对价格敏感型用户，可以推荐价格低廉的日期或时段及有营销活动的机票。航空公司及客机信息、保险、改签或退费、中转等也是用户比较关注的信息，预订 APP 可以丰富这些方面的信息，提高用户满意度。

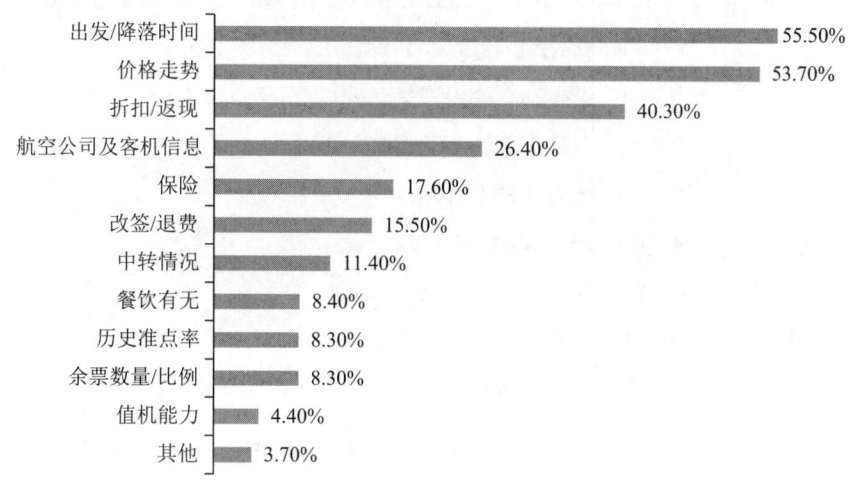

图 4-8　用户选手机预订机票时关注信息

资料来源：根据比达咨询数据中心相关数据整理。

用户在手机预订其机票时，近一半的用户表示会预订酒店，预订旅游度假和保险的用户比例也较高，均超过了 30%；预订门票的用户比例为 26.8%，"机＋景"或将是可以发力的创新产品组合。

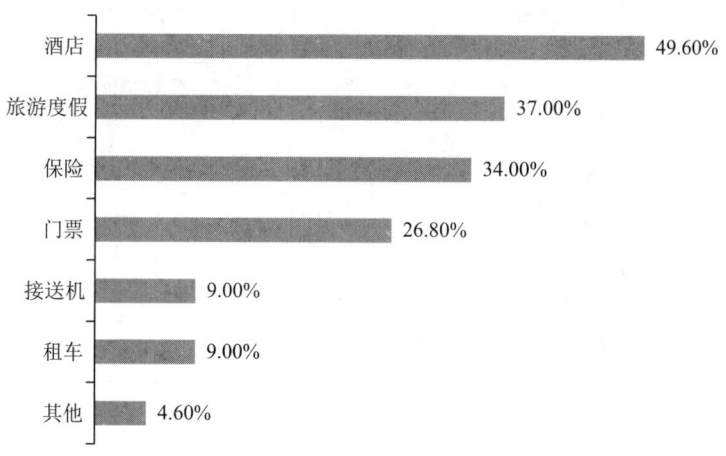

图 4-9　手机预订机票的用户同时订购的其他产品情况

资料来源：根据比达咨询数据中心相关数据整理。

（二）旅游 APP 预订酒店用户行为

价格是用户手机预订酒店最关注的问题，其次是酒店的品牌口碑，对于众多非经济型同时知名度不高的酒店，用户就比较关注评分点评相关信息，免费 Wi-Fi、周边设施和餐饮服务也是用户比较关注的信息，其余信息用户关注较少。

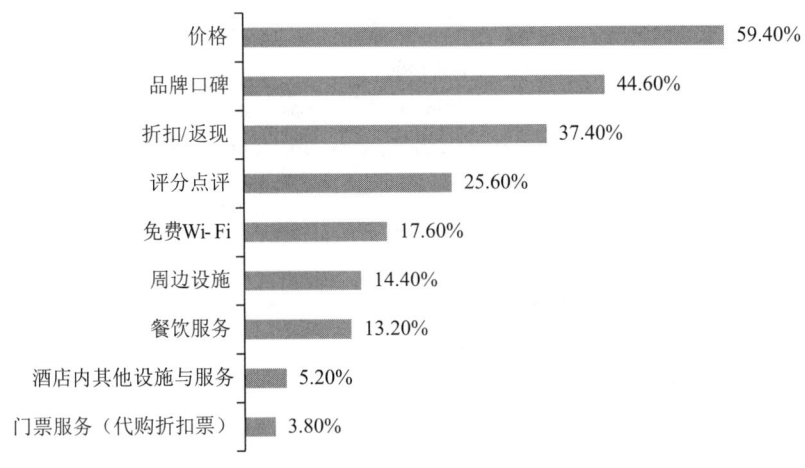

图 4-10　用户手机预订酒店时关注的信息

资料来源：根据比达咨询数据中心相关数据整理。

用户更喜欢使用旅游 APP 预订中低端价格的经济型酒店。从价格来看，100~200 元/间夜的用户量最多，占总用户的比例接近 50%；其次是 200~300 元/间夜和 100 元以下/间夜，300 元以上/间夜的用户比例仅有 13.3%。从类型来看，手机预订经济型酒店用户比例超过 50%，其他产品用户比例都低于 20%，手机预订用户对经济型酒店比较钟爱。

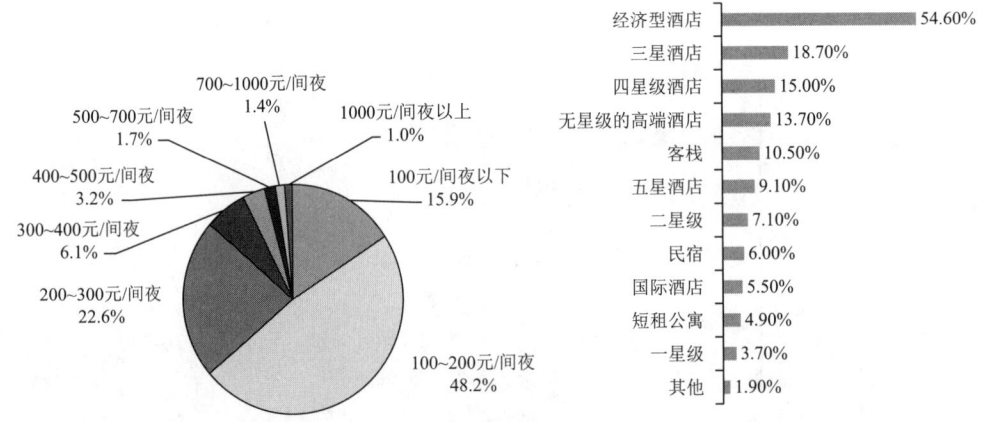

图 4-11　用户手机预订酒店的单价及类型

资料来源：根据比达咨询数据中心相关数据整理。

超过一半的旅游 APP 预订酒店用户会同时预订门票产品，"酒+景"也是目前比较火热的一个组合产品；其次有 39.8% 的用户会预订旅游度假产品，租车、火车票/高铁票和机票的用户需求也比较旺盛。和 APP 预订机票的用户相比，预订酒店的用户需求更贴近目的地游玩体验。

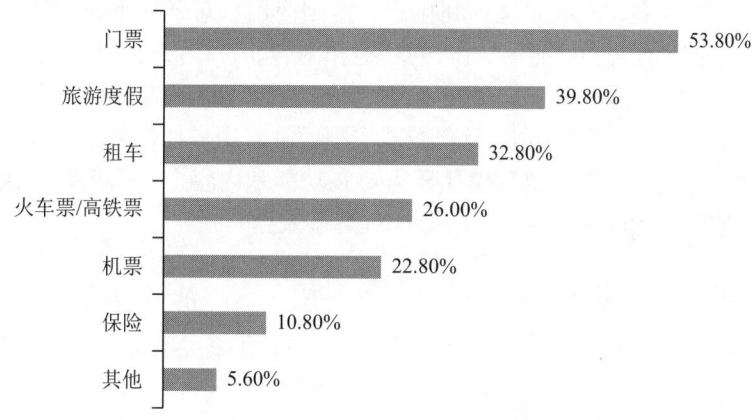

图 4-12　手机预订酒店的用户同时订购的其他产品情况

资料来源：根据比达咨询数据中心相关数据整理。

三、旅游 APP 的盈利模式

目前大多数互联网服务实行的都是免费策略，在免费的基础上，旅游 APP 如何快速建立有效的盈利模式自然成为了我们最为关注的方面，当下旅游 APP 的收入主要来自三个方面：服务销售收入、广告推广收入、中间性收入。

（一）服务销售收入

服务销售收入指的是通过预订模式来实现盈利，采取这种策略的主要是预订类旅游 APP，还有分享和攻略类 APP 的增值服务。它们的旅游预订服务集中在餐饮、门票、酒店、目的地活动和地面交通等领域，结合基于用户位置而推出的特色广告推送及特色预订才会具有更大的市场和利润空间。

（二）广告推广收入

主要是指通过旅游广告模式盈利，这是各类旅游 APP 的主要盈利模式。作为一种分类广告，旅游广告具有一般商业广告的各种特点。再者针对旅行计划和体验分享阶段，广告已经成为旅游点评和社区网站实现流量变现的成熟模式。随着移动智能终端持续的创新和渗透率不断增强，其对于旅行计划和研究过程的影响力已经越来越大，用户使用移动 APP 进行旅行计划和体验分享的变化为移动 APP 的盈利创造了更多的机会。另外在旅行途中基于用户位置的广告推送和信息促销模式可以成为一个新的突破口，比如在合理合法的范围内通过跟踪用户经常到的地方和日程安排，从而给用户提供相关的广告信息。

（三）中间性收入

主要指通过网络支付等服务的手续费来盈利，这是针对以旅游垂直搜索服务为主导的旅游 APP，以去哪儿、酷讯为代表，它们通过打造旅游供应商和消费者之间零距离沟通的平台，担任中间商来收取用户的手续费。对于大多数旅行 APP 来说，用户付费在短期内很难完全实现盈利化，一是国内用户对软件下载付费的消费习惯没有形成；二是目前大多数旅游 APP 的功能和内容非常相似的情况下，在免费的大环境下基本不可能让用户为一款 APP 而去付费使用。目前只有极少数公司开发了的一些旅游 APP 的付费应用组件，但它们基本都面临着用户使用频率低和用户黏性不高的问题。因此用户付费的盈利模式还需要在功能和内容上不断创新，比如推出一些会员个性定制方案和专属客户增值等针对高端人群的服务。

四、旅游 APP 出身基因

从目前来看，旅游 APP 的出身大致可以分为三种，第一种是由传统旅行社开发的移动应用，推出该旅行社的移动版本 APP；第二种是由在线企业推出的移动终端 APP，其意图主要是由 PC 端向移动端发展；第三种则带有显著的移动互联网基因，这些企业往往在看到移动互联网发展的良好势头后，进而开发、推出市场所需的移动应用。

（一）传统旅行社出身

在我国旅游消费者迅速由个人电脑端向移动端转移的背景下，"中国国旅"手机客户端 APP 于 2013 年 12 月 6 日正式上线试运营，其共推出 iOS 苹果和安卓的两个 beta 版本。通过 APP 客户端，用户可在手机上完成旅游线路查询、旅游产品预订、在线支付等操作。除此以外，用户可通过"我的国旅"页面管理自己的订单、查看出团通知、维护常用联系人、参与在线问答等。2015 年 1 月新版手机网站上线，现已具备出境跟团和国内跟团两个频道的预订支付功能，并与微信平台对接，有效地支持了微信、微店的应用推广工作。2015 年 4 月，国旅在线又推出了旅游电子合同，并率先实现 CA 认证技术应用，成为中国旅行社业内首家推出最权威、最安全电子合同签约标准的企业。

图 4-13　国旅在线 APP 介绍

（二）在线旅游企业出身

在线旅游企业不管是携程、去哪儿、同程、艺龙、传统OTA纷纷发力移动端APP应用，马蜂窝、途牛等攻略类网站也纷纷加入移动市场的争夺，而大型电商百度、京东等也逐渐发布旅游类APP或者在自身APP基础上增加旅游板块。

在大型OTA组建无线部分进军移动互联网方面，自去哪儿网于2009年开始组建无线部门，携程旅行网于2010年组建无线部门，艺龙旅行网于2011年3月组建移动客户端开始，大型OTA成功实现从互联网到移动互联网的转变。

图4-14 典型OTA标志

除此之外，各大在线旅游企业的上游运营商，航空、酒店、旅游目的地等也竞相推出与主营业务相关的独立APP。航空类如国航、东航、南航、海航、深航、山航等，以国航APP为例，该APP能够提供机票预订、办理值机、航班动态、出行服务等服务。酒店类如七天、如家、布丁等，以如家为例，手机移动端可以提供酒店查询、酒店预订、地图服务等服务。旅游目的地例如浙江、杭州等，以"玩伴——南京"，玩伴——南京定位为景区导游，提供当地景区解说和图片浏览等服务。

（三）移动互联网基因出身

移动互联网的发展和智能手机的普及使得一大批创新型企业看到旅游发展的未来趋势，专属服务于移动终端的APP也蜂拥而出。例如今夜酒店特价、TouchChina，等等。这些新型企业往往带有很强的移动互联网基因，需求源于移动用户，最终服务于移动用户。

"今夜酒店特价"是一款基于移动互联网的手机预订平台。每晚6点后预订当天酒店剩房，只需要付白天网络预订价格的五折，四星级酒店仅需300元。消费者可以根据距离远近、星级、价格、酒店风格等个人喜好，方便地查找和预订这些特价房间，以接近经济型酒店的低廉价格享受更舒适的一夜。

今夜酒店特价是一个典型的移动互联网的应用APP，以LBS加"最后一分钟优惠"的形式切入移动电商领域，盘活了酒店当日剩余库存，从中赚取差价或佣金的同时为消费者得到了高性价比的房间。只有在移动互联网和移动终端普及的情况下，才可能出现酒店及时更新当天客房剩余库存以及实现用户可以"随时随地获取信息"的这一局面。

图 4-15 "今夜酒店特价" APP 简介

在整个销售过程中,"今夜酒店特价"和奥特莱斯走了一条完全一样的路线:一方面,通过超低折扣价格吸引注重性价比的顾客,从而销售掉酒店的库存;另一方面,则用渠道(只能通过智能手机 APP 预订)、时间(只能在晚上 6 点以后预订)和商品(大部分酒店只能预订一晚)来增加限制,以区隔用户,从而保护酒店的正常销售不受影响。

通过这种"限制性渠道+限制性商品"的搭配,既保护了上游商家的正常销售,同时也让自己实现了利益最大化。

五、旅游 APP 分类

旅游者一次完整旅行过程中的消费决策包括了启程前、行程中与行程后,智能手机的普及,让一次完整旅行的种种需求形成一个循环,几乎可以全部用旅游 APP 来得以实现。根据目前旅游市场里 APP 的功能和特征,目前市场上的旅游 APP 主要分为预订类、分享类、攻略类和工具类四大类。

(一)预订类

目前,国内预订类旅游 APP 可分 3 种类型:一是以"机+酒"模式为主导,以携程、艺龙为代表,它们运营的核心在于将自己变成中介服务机构,成为强大的渠道商;二是以旅游垂直搜索服务为主导,以去哪儿为代表,它们旨在打造旅游供应商和消费者之间零距离沟通的平台;三是以提供旅游景点和线路服务为主导,以悠哉网为代表,兼供应商和渠道商两种角色。

(二)分享类

分享类旅游 APP 作为记录旅行、分享旅行的社交软件,依靠用户 UGC(User Generated Content,即用户原创内容)形成社区,被越来越多的游客所认可和使用,该类旅游软件主要为用户提供景点周围的商店、参订以及当地交通的情况等,同时还会为用户提供游玩的详细攻略以及设置游玩时的地图导航功能等。认可度较高的有面包旅行、到到、在路上，等等。该类APP主要有两种形式：一是在手机上打造新型的旅游社区，记录游客的行程和见闻分享；二是旅行直播，通过记录下每张图片的GPS位置，系统自动地会在地图上生成一张完整的足迹图和带时间轴的照片墙，真正实现了分享变得随时随地。

（三）攻略类

攻略类旅游APP是指专门由开发者撰写或者汇编内容成集，供用户浏览或下载的应用。相较于UGC主题分散、针对性较弱等缺点，攻略类APP相对于分享类APP的优势是有对目的地衣食住行的全方位系统介绍。虽然内容可能十分有限，无法面面俱到，但对于多数的旅游者，这种全景式的描绘或许已经可以满足他们的需要了。

（四）工具类

工具类旅游APP的特点为功能专一，特色鲜明，旨在应对旅游者在旅行中产生的个别细节需求，是旅途中的实用助手，以旅行翻译官、百度地图、穷游清单等为代表。如穷游网推出的"穷游清单"，可轻巧记录行前事项、出行物品、购物清单等作为备忘；又如马蜂窝的"旅行翻译官"，以翻译旅行中会遇到的外语、方言的词汇、语句为卖点；再比如一些查询火车时刻表、地铁公交线路图的应用，如百度地图，飞常准等，设计简单易用便可省去出行中的诸多麻烦。此外，还有一些为用户旅行前准备的清单，这类应用多以笔记本备忘录的形式出现。

六、旅游APP运营模式分析

APP本身的便捷性、实用性和娱乐性以及其企业运营模式的低成本性、强持续性、精准营销性使得APP免费经济模式与传统的免费不一样，更多地结合了移动互联网的营销特点。APP初创阶段的企业，最重要的任务就是吸引流量，流量一大，就会有风投来投资，而已较为成熟的企业则应尝试以广告、付费用户和出售流量等方式来养活自己。

表4-1 旅游APP免费经济模式

旅游APP免费经济模式	概念理解
免费增值模式	在免费服务的基础上实行增值收费，可行之处在于1%的付费用户足以支撑起其他所有用户，其他那99%的用户成本几乎为零
广告模式	引入第三方分摊成本，使流量变现，从而使产品价格降低，创造自动营销
竞争市场模式	在完全竞争市场里，竞争激烈，但竞争者提供的服务差异较小，缺乏个性化
社会共享模式	包括开源软件或UGC，由千百万普通人自愿免费提供信息，更加契合第二代互联网的发展

（一）预订类

预订类APP有两个特点：其一，从网页延展到无线应用，有一定量稳定的客户；

其二，实质上属电子商务，大部分都是 OTA（Online Travel Agent），即在线旅行社，商业模式清晰，这也决定了它们的免费形式为主体服务收费，加以攻略、信息查询和游记分享等免费的增值服务来吸引用户，增大用户黏度。它们在移动互联网爆发之际就开始向 APP 发力，是目前较有影响力的旅游客户端。但同时它们也是竞争最激烈的对手，免费运营上实施竞争市场模式，为了争夺市场相继地推出了一系列超乎寻常的低价活动，如艺龙的半价酒店，途牛的"一元旅游"，同程的"零元门票"以及悠哉网的"限时打折出游"等，纷纷以低价甚至低于成本价来吸引较多的用户。

（二）分享类

分享类旅游 APP 的功能主打为记录和分享，少量带有咨询和旅程定制功能，这些都为免费服务，广大游客都可以自由地在网站上面找到自己所需的内容，实行社会共享模式。如面包旅行 APP 的定位是一款针对旅游出行的免费移动应用软件，用户可以通过它来记录途中的点点滴滴，以结构化的方式存储，自动生成有条理的游记。面包旅行软件本身完全免费，但现在面包旅行已开启免费增值模式，在 APP 上增设了售卖旅行产品的"度假"板块作为增值服务，方便用户找寻和预订，这也就意味着分享类 APP 走的是主体服务免费，增值服务收费的形式。

（三）攻略类

攻略类旅游 APP 如 Touch China 致力于为热爱旅行的人提供可信赖的随身攻略和私人导游，它的系列导游 APP "景点通"和"多趣旅行"分别以景点和城市为侧重点，主打官方提供的目的地导游功能。穷游网的"穷游锦囊"APP 采用众包的方式制作"锦囊"攻略，用户可以下载到众多基于目的地的锦囊，这些都是以一种免费的服务为用户提供方便。但这些攻略类 APP 多数都是 OTA 为了扩大市场份额，增加品牌识别度而开发的客户端，是开发者进入手机应用旅游领域的敲门砖，目的是逐步将用户转化到更具黏度的分享类社区中。所以免费形式也是主体服务免费，增值服务收费。

（四）工具类

工具类旅游 APP 的免费形式是主体服务免费，一般无收费的增值服务，同时也会有广告模式。因为对于开发者或者企业而言，工具类 APP 往往不会是主菜，更多的会扮演旗下无线应用矩阵中某一环的角色，他们的目的往往也是同攻略类旅游 APP 一样，逐步将用户转化到更具黏度的分享类社区中去。

表 4-2　旅游 APP 的分类和免费运营策略

类型	举例	特征	免费形式	免费经济模式	发展类型
预订类	携程、去哪儿、艺龙、同程等	包含门票、酒店、机票和车票等多种旅游产品，信息全面，产品丰富，方便比价	主体服务收费，增值服务免费	竞争市场模式、广告模式	一站式

续表

类型	举例	特征	免费形式	免费经济模式	发展类型
分享类	到到、面包旅行、在路上等	记录旅行足迹，信息真实，实用性强，社交功能强大	主体服务免费，增值服务收费	免费增值模式、社会共享模式、广告模式	细分化
攻略类	马蜂窝、多趣旅行景点通等	提供攻略和游记，覆盖面大，为行程的安排提供信息	主体服务免费，增值服务收费		
工具类	旅行翻译官、百度地图、穷游清单等	提供特定一类的信息和帮助，是旅途中的实用助手	主体服务免费，一般无收费的增值服务	广告模式	

参考文献

[1] APP 走俏移动端成在线旅游市场发展趋势 [EB/OL]. http://www.ctcnn.com/html/2015-09-09/10993124.html.

[2] 中国旅游者 APP 预订比例位居世界第一移动端将代替线下门店 [EB/OL]. http://www.ctcnn.com/html/2015-12-22/18075128.html.

[3] 旅游 APP 市场快速增长或引发格局调整 [EB/OL]. http://www.traveldaily.cn/article/88757.

[4] 庄诚. 无线网络时代下旅游 APP 的分析与探讨 [J]. 湖北经济学院学报（人文社会科学版），2013（10）：49-50..

[5] 孟刚. 用移动端预定旅游产品成主流 [J]. 中国消费者报，2015（15）.

[6] 2015 上半年度在线旅游移动端市场研究报告 [EB/OL]. http://www.jianshu.com/p/be3880de0515.

[7] 李嘉琪，邹光勇. 旅游企业 APP 免费运营模式研究 [J]. 旅游论坛（8）：52-59.

第三节　旅游 APP 排名及分类详情

一、旅游 APP 排名总结

（一）2015 年度十大旅游 APP 盘点

2015 年，移动端依旧是各家在线旅游企业争相布局的重点。自 2013 年 4 月起，移动旅游 APP 下载量的飞速增长是移动旅游市场快速成长的一个见证。下面以各家企业安卓市场 2015 年 APP 总下载量为依据，盘点出下载量最多的前十大旅游 APP，并以这十家 APP 为典型，对旅游类 APP 的发展进行了梳理分析，作为对 2015 年移动旅游市场发展的印证。

1. 2015年总下载量排名前十大旅游APP

以劲旅咨询监测的下载量为依据，截至2015年11月，安卓市场十大旅游类APP依次为：携程旅行、去哪儿旅行、同程旅游、滴滴出行、途牛旅游、快的打车、艺龙旅行、航班管家、高铁管家、驴妈妈旅游。2015年以来，这十家APP下载量保持着快速的增长，具体月度下载量走势如下图：

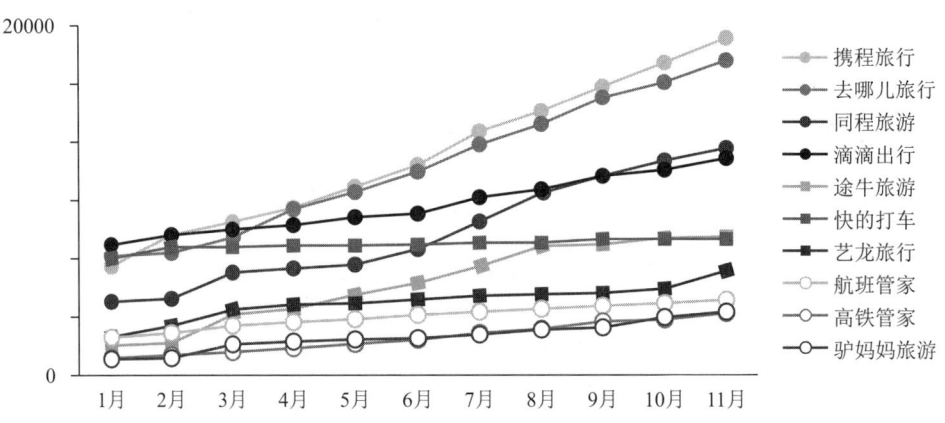

图4-16　2015年十大旅游类APP月度下载量变化（安卓市场）

注1：以上各APP下载量由安卓市场、91助手、木蚂蚁、安智市场、百度手机助手、豌豆荚、应用宝、应用汇、360手机助手、机锋市场、搜狗市场、华为应用市场、联想乐商店、OPPO软件商店、易用汇、魅族Flyme、3G门户十七个国内最主流安卓应用市场汇总得出，仅供参考。

注2：2015年十大APP排名以截至2015年11月末的下载量累计为排序标准。

注3：以上APP各月的下载量为截至当月月下载量的累计。

资料来源：劲旅网。

2. 携程、去哪儿移动端下载量优势明显，预订贡献占比持续增高

2015年盘点的十大APP中，"携程旅行"与"去哪儿旅行"分别位列第一名和第二名，在2015年，这两款APP始终保持快速的增长。而在用户转化效果方面，根据两家企业披露的数据，来自移动端的预订占比在稳步增加，特别是在节假日，移动端更是用户预订的重要渠道之一。根据携程披露数据，第三季度携程通过移动端预订旅游度假产品的人数同比增长400%。在结束不久的"双十一"促销大战中，携程旅游度假移动端预订比例超过六成，PC端仅占四成，与上年相比比例颠倒，移动化趋势明显；而去哪儿2015年第三季度无线收入为9.755亿元，占总营收的73.6%，上年同期该占比为40.4%。

通过企业的数据可以看出，移动端超越PC端已经不再是简单的"口号"，而是成为真真正正的现实，如果说2014年是在线旅游向移动旅游的过渡，那么2015年移动旅游时代已经真正来临。携程和去哪儿作为在线旅游市场竞争激烈的两家企业，也在2015年成功牵手，两家未来如何战略协同也成为业界关注的热点话题，而在移动端，两家主打APP也十分相近，未来如何做好移动端的竞合，也十分值得期待。

3. 同程、途牛、驴妈妈持续发力，奋起直追效果显著

在十大旅游APP盘点中，同程旅游、途牛旅游、驴妈妈分别位列第三、第五和第十位，三者业务内容相似，也是行业里针尖对麦芒的"劲敌"。在移动端布局上，与携程、去哪儿相比，同程、途牛、驴妈妈属于起步较晚的"后辈"，自2014年以来，三者在移动端追逐的脚步就不曾慢下来，2015年更是在不断提速。来自途牛数据显示，途牛2015年第三季度移动订单数占总在线订单数超过70%；同程虽没有明确披露移动端目前的整体销售占比，但在最近的一次"双十一"大促中，同程旅游表示官网及移动端浏览量突破1亿，其中超过九成来自移动端；与同程、途牛相比，驴妈妈移动端在累计下载量方面稍显落后，但在2015年仍是发力较为迅猛，跻身到2015年十大旅游APP榜单。

作为休闲旅游市场竞争的三大主要公司，同程、途牛、驴妈妈在今年均获得了来自不同企业的大笔投资，对于移动端的投入也是在不断加大。随着移动端下载量的累积，同程、途牛、驴妈妈已经拥有了良好的下载量基础，但如何将下载量转化为有效用户，如何能够增加用户忠诚度成为摆在三家企业面前的新课题，特别是休闲旅游本身属于低频次消费，用户维护要比快消品行业更加复杂困难。在2016年，期待三家围绕用户转化及用户体验有更加出色的表现。

4. 滴滴、快的走向合并，两款打车软件两极分化

2014年，一场属于滴滴与快的之间的"烧钱补贴大战"着实让业界感叹"有钱就是任性"，但在迈入2015年不久，一则滴滴、快的合并的消息更是让一众看客大跌眼镜，相爱相杀的戏码来得太快。从劲旅咨询监测的下载量数据来看，合并后的滴滴正式更名为"滴滴出行"，增速更加势如破竹，一路高歌猛进，而快的则逐步趋于平缓，虽然仍在运营，但从增势上已然没有了2014年的"风光"。

作为打车软件的典型代表，滴滴与快的合并之后并没有让市场就此平静下来，Uber、神州专车等新的竞争对手再一次出现，打车业务也由之前的出租车之争转向了专车市场，特别是与Uber的竞争更是愈演愈烈。此外，合并后的滴滴快的业务也在不断拓展，除打车外，还先后新增了巴士、代驾、试驾、拼车以及卖车服务，业务触角快速伸展，滴滴快的公关总监和公共事务高级总监叶耘曾在接受采访时表示，未来滴滴要向传统企业靠拢，或是进入到传统企业的上下游，才可能创造更高的价值。2016年，滴滴、快的要如何利用好用户优势与传统企业更好地融合，值得拭目以待。

5. 航班管家、高铁管家，打造出行大交通的"双利器"

"航班管家"与"高铁管家"是同一家公司打造的两款针对航空出行和火车出行的不同功能APP，以机票、火车票预订为核心，基本涵盖了旅行所需的大交通业务。2015年，管家系列在下载量和增速上均势头强劲，近日更是透露了2015年达到200亿移动GMV，成为携程、去哪儿之后不容忽视的一个交通票务流量入口。

航空出行市场与火车出行市场相类似，核心资源均为掌握在资源方自己手中，特别是火车票预订业务，对于官方12306有很强依附性，数据开放远不如航空市场，开放程度还十分有限，第三方软件能够做到的更多还是信息查询，真正的预订还是要靠12306来实现。期待2016年这一市场现状能够迎来新的改变。

6."嫁入豪门"后的艺龙移动酒店战略依旧不变

2015年对于艺龙而言，迎来了"惊天大逆转"，5月，昔日里争得你死我活的"冤家对头"终于走到了一起，携程成为艺龙的第一大股东，其实早在2014年，因梁建章回归而大刀阔斧抢市场的携程就已经让艺龙有些吃不消，早已经不是携程的对手。与携程"牵手"之后，原携程高级副总裁兼无线事业部CEO江浩代替原CEO崔广福成为艺龙新任掌门，江浩曾表示，艺龙将继续执行专注于移动住宿的战略，移动端仍旧是艺龙未来布局的重点。在劲旅咨询的监测中，艺龙的另一款专业酒店预订APP"艺龙酒店"增速十分迅猛，进入了2015年净增量前十大APP排行，位列第十位。

与携程结为战略同盟之后，艺龙未来将走向何方成为业界关注的热点，携程原无线部干将掌舵艺龙也为艺龙未来在移动端的局部增添了新的看点。根据艺龙2015年第三季度披露的数据，艺龙移动端客房间夜数量在艺龙自有品牌下间夜数量的占比超过了75%。2016年艺龙在移动端又将有哪些新动作值得期待。

7. 2015年总净增量排名前十大旅游APP

除了总下载量维度，劲旅咨询还根据长期的下载量监测对2015年一年时间净增量最大的前十大APP进行了梳理，通过梳理结果可以看出，与总下载量最大的前十名相比，基本符合，只有"途家"和"艺龙酒店"取代了"快的打车"和"航班管家"，进入前十名。本数据排名以截至2015年11月末的下载较2015年1月末的差值为依据进行排序取前十名，通过图表可以看出"驴妈妈旅游""途家""高铁管家""艺龙酒店"等在2015年均有不错表现，实现了在移动旅游市场的逆袭。随着各家企业移动端比重的不断提升，移动旅游市场的竞争也将进一步升级，迎来新的变化。

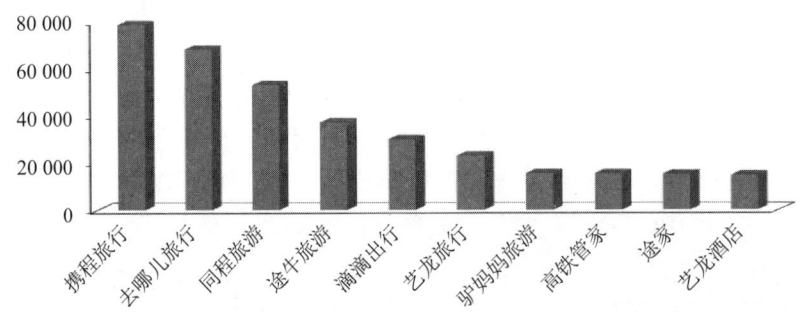

图4-17　2015年总净增量排名前十大旅游APP（安卓市场）

注1：以上各APP下载量由安卓市场、91助手、木蚂蚁、安智市场、百度手机助手、豌豆荚、应用宝、应用汇、360手机助手、机锋市场、搜狗市场、华为应用市场、联想乐商店、OPPO软件商店、易用汇、魅族Flyme、3G门户十七个国内最主流安卓应用市场汇总得出，仅供参考。

注2："2015年下载量净增量"指截至2015年11月末下载量与2015年1月末的差值。

资料来源：劲旅网。

(二)2015年12月国内旅游类APP运营商月度排名

国内领先的旅游市场研究咨询机构——劲旅咨询最新发布的《2015年12月国内旅游类APP运营商月度排名》报告,对国内主流安卓系统应用下载市场上的近百款旅游类应用产品进行了重点监测,并对各移动旅游APP运营商进行了汇总排名。

根据最新发布的《2015年12月国内旅游类APP运营商月度排名》显示,12月国内旅游类APP运营商总下载量排名前十位的依次是:携程旅行网、去哪儿网、同程旅游、小桔科技有限公司、北京市活力天汇科技有限公司、艺龙旅行网、杭州快智科技有限公司、途牛旅游网、驴妈妈旅游网以及中铁程科技有限责任公司。

表4-3 2015年12月国内旅游类APP运营商总下载量排名(安卓系统)

排名	运营商	总下载量(万次)	APP数量	排名	运营商	总下载量(万次)	APP数量
1	携程旅行网	118 247.9	5	16	淘宝网	10 844.0	1
2	去哪儿网	111 869.4	6	17	百度旅游	9367.8	1
3	同程网	83 017.7	5	18	铁友旅行网	8041.6	1
4	小桔科技有限公司	76 013.1	1	19	酷讯旅游网	7689.6	5
5	北京活力天汇科技有限公司	56 487.9	3	20	7天连锁酒店	3189.7	1
6	艺龙旅行网	55 652.0	2	21	中航信	3186.4	1
7	杭州快智科技有限公司	50 303.1	2	22	北京驿动网	3128.3	1
8	途牛旅游网	47 783.9	3	23	号百信息	2962.9	2
9	驴妈妈旅游网	22 553.4	1	24	面包旅行	2867.9	1
10	中铁程科技有限公司	18 016.9	1	25	在路上	2463.5	2
11	飞友科技	17 721.1	1	26	广州天趣	2112.3	1
12	途家网	15 689.9	1	27	住哪网	1733.1	1
13	蒜芽工作室	14 704.8	1	28	北京东方车云	1705.2	1
14	TripAdvisor中文	12 493.0	1	29	穷游网	1654.5	4
15	马蜂窝旅行网	11 688.8	6	30	汉庭连锁酒店	1647.5	1

资料来源:劲旅网。

如表4-3所示,排名第一位的是携程旅行网,其运营的五款APP(携程旅行、携程学生旅行、携程攻略、携程特价酒店、携程旅游)总下载量为118247.9万次;排名第二位的是去哪儿网,其运营的六款APP(去哪儿旅行、去哪儿兜行、去哪儿酒店、去哪儿网、去哪儿攻略、去哪儿当地）总下载量为 111 869.4 万次；排名第三位的是同程旅游，其运营的 5 款 APP（同程旅游、非常酒店、非常机票、全国景点团购、温泉团购）总下载量为 83 017.7 万次；排名第四位的是小桔科技有限公司，其运营的 1 款 APP（滴滴出行）总下载量为 76 013.1 万次；排名第五位的是北京市活力天汇科技有限公司，其运营的三款 APP（航班管家、快捷酒店管家、高铁管家）总下载量为 56 487.9 万次；排名第六位的是艺龙旅行网，其运营得两款 APP（艺龙旅行、艺龙酒店）总下载量为 55 652.0 万次；排名第七位的是杭州快智科技有限公司，其运营的两款 APP（快的打车、一号专车）总下载量为 50 303.1 万次；排名第八位的是途牛旅游网，其运营的三款 APP（途牛旅游、特价门票、途牛自驾）总下载量为 47 783.9 万次；排名第九位的是驴妈妈旅游网，其运营的一款 APP（驴妈妈旅游）总下载量为 22 553.4 万次；排名第十位的是中铁程科技有限责任公司，其运营的一款 APP（铁路 12306）总下载量为 18 016.9 万次，排名前三十七位的 APP 运营商总下载量均在千万级以上。

经过 2015 年的大力营销与布局，各家旅游企业在移动端下载量层面均获得不错的成长，移动端为企业带来的预订量贡献也在逐步加大，甚至已经超越 PC 端，中国旅游市场也真正迎来移动互联网时代。在有了量的积累之后，如何提高有效用户转化以及提升用户体验与黏度将成为需要各旅游企业加大重视的新课题。

在历经与携程的"牵手"之后，艺龙旅行网与去哪儿网都迎来了全新的掌门人，巧合的是，艺龙信任掌门人江浩为原携程旅行网高级副总裁兼无线事业部 CEO，去哪儿网则是原执行副总裁和无线事业群负责人谌振宇接棒，由此不难看出，未来无线端也必将会成为两家企业布局的重中之重，加之携程、同程、途牛、驴妈妈等在线旅游网站以及淘在路上这类纯移动互联网基因企业对移动旅游市场的布局，可以预见的是，2016 年，移动旅游市场将迎来更多精彩新故事，竞争也将更加激烈。

（三）2015 年 12 月国内旅游类 APP 月度监测报告

根据劲旅咨询发布的《2015 年 12 月国内旅游类应用（APP）市场监测报告》显示，国内安卓系统旅游类应用产品下载量排名前十位的依次是：携程旅行、去哪儿旅行、同程旅游、滴滴出行、途牛旅游、快的打车、艺龙旅行、航班管家、驴妈妈旅游、高铁管家。

根据 12 月监测结果显示，与 11 月相比，"驴妈妈旅游"超越"高铁管家"排名上升至第九位，"高铁管家"降至第十位。如上图所示，国内旅游类 APP 下载量排名第一位的是"携程旅行"，累计下载量为 117 569.1 万次；排名第二位的是"去哪儿旅行"，累计下载量为 110 897.8 万次；排名第三位的是"同程旅游"，累计下载量为 82 543.8 万次。排名前四十三位的 APP 下载量均达千万级以上。

表4-4 2015年12月国内旅游应用（APP）下载量监测及排名（安卓系统）

排名	APP名称	下载量（万次）	排名	APP名称	下载量（万次）
1	携程旅行	117 569.1	26	超级指南针	3128.3
2	去哪儿旅行	110 897.8	27	面包旅行	2867.9
3	同程旅游	82 543.8	28	旅行翻译官	2654.5
4	滴滴出行	76 013.1	29	114商旅	2485.0
5	途牛旅游	47 677.8	30	8684火车	2112.3
6	快的打车	46 646.8	31	住哪儿订酒店	1733.1
7	艺龙旅行	37 762.2	32	易到用车	1705.2
8	航班管家	26 181.6	33	华住酒店	1647.5
9	驴妈妈旅游	22 553.4	34	搭伴玩旅行交友	1605.7
10	高铁管家	21 973.7	35	春秋航空	1543.6
11	铁路12306	18 016.9	36	淘在路上社区	1524.5
12	艺龙酒店	17 889.8	37	穷游	1360.7
13	飞常准	17 721.1	38	神州租车	1357.4
14	途家	15 689.9	39	大拇指旅行	1250.6
15	智行火车票	14 704.8	40	火车票实时查询系统	1185.9
16	TripAdvisor（猫途鹰）	12 493.0	41	高铁达人	1175.4
17	阿里旅行·去啊	10 844.0	42	超级火车票	1166.6
18	百度旅游	9367.8	43	掌上如家	1036.3
19	鹰漠旅行	8332.7	44	淘在路上	939.2
20	马蜂窝自由行	8117.8	45	南方航空	901.6
21	铁友火车票	8041.6	46	一路乐旅游	862.5
22	酷讯机票	5988.6	47	买火车票	771.1
23	一号专车	3656.3	48	景点特价门票	753.9
24	铂涛会	3189.7	49	中国国航	661.3
25	航旅纵横	3186.4	50	海玩	659.3

注：以上各APP下载量由安卓市场、91助手、木蚂蚁、安智市场、百度手机助手、豌豆荚、应用宝、应用汇、360手机助手、机锋市场、搜狗市场、华为应用市场、联想乐商店、OPPO软件商店、易用汇、魅族Flyme、3G门户等十七个国内最主流安卓应用市场汇总得出，仅供参考。
资料来源：劲旅网。

12月旅游类APP下载量增长最快的是"百度旅游"，与11月相比单月净增6223.5万；其次是"同程旅游"，与11月相比，下载量单月净增4614.4万；"去哪儿旅行"与11月相比单月净增为2993.4万;"艺龙酒店"与11月份相比单月净增为2584.9万;"携程旅行""艺龙旅行""滴滴出行""驴妈妈旅游"下载量单月增长也在千万级以上。

转眼间,2015年已经结束,经过一年的酝酿与竞争,移动旅游市场也迎来了新的格局,携程、去哪儿、同程、途牛、驴妈妈等在线旅游网站在移动端的布局力度仍旧持续加大,经过两到三年的军备竞赛,各家移动端已经有量的积累,迈入破亿时代。

"移动化"已经成为中国游客出游的重要特点之一,有调查显示,87%的中国游客受访时表示他们出游必带手机,中国内地游客对于手机的依赖程度和移动客户端预订比例已经稳居全球第一,在旅游"移动化"上达到世界领先水平。此外,根据各家在线旅游企业发布的节假日预订数据也可以看出,移动端均已成为游客重要的获取出游信息以及预订产品的渠道,移动端为旅游企业带来的预订量占比也在不断提升,甚至超越PC端,移动旅游时代已真正来临。

展望2016年,移动旅游市场预计仍将快速发展,市场竞争也将进一步加剧,但与以往不同的是,企业间围绕移动端的竞争将不再聚焦于"量",而是会转向如何提升有效用户转化率、如何提高用户黏性以及增强用户忠诚度。同时,随着"携程旅行""去哪儿旅行"等一站式服务APP竞争优势的建立,贯穿于游客游玩过程中的途中消费以及服务的细分APP或将成为移动旅游市场下一个竞逐热点。

二、旅游APP分类详情

(一)预订类旅游APP

1. 预订类APP含义

旅游过程中,住、行是途中最大的两个问题,所以预订酒店、机票等是必不可少的。预订类APP就是为旅途提供酒店、住宿的移动预订平台。这类APP的开发者大都是从传统的互联网行业过渡到移动互联网来的,有稳定的合作伙伴、客户和商业生态,所以基本拥有最稳定的市场,同时也意味着预订类APP存在较少的创业公司。

移动互联网时代到来之后,各大旅游预订类网站都开始布局移动市场。早在2009年,去哪儿网就成立了无线部门,开发移动终端市场。紧随其后,携程旅行网、艺龙旅行网、淘宝旅行网也纷纷推出了自己的APP客户端。截至目前,几乎各大旅游预订类网站都根据网站特色和消费者需求,推出了各具特色的APP客户端。移动互联网的到来,真正实现了在线旅游,通过移动终端实现了用户实时的查询、预订、分享各种美食、景点、娱乐以及住宿信息。

2. 预订类APP分类

对于往常的旅游消费者而言,以往准备到一个地方旅游前,都会上网去搜寻大量的自助游攻略,打听有什么好吃的、好玩的。这些准备工作很烦琐,有时候甚至会影响旅游的心情。这时候,如果随身携带的手机如果能查询并预订路线、酒店、列车、团购、景点、餐饮，将会大大提升旅游的质量，让旅途更加轻松和快乐。

根据现有旅游 APP 来看，预订类 APP 可以分为两大类型。一类是由电脑 PC 端传统旅游 O2O 电商延展而来，如去哪儿、携程、同程等大型旅游预订平台的 APP，这些 APP 具有综合性强的优势，可以提供包含旅游吃、住、行、游、购、娱六大要素所有的预订类服务，称之为一站式移动 APP。另一类是只提供单一服务的预订类 APP，提供酒店预订的如今夜酒店特价、快捷酒店管家、七天、如家 APP 等，提供票务类预订服务的如酷讯机票、铁友火车票 APP 等，称之为细分化移动 APP 应用。

一站式预订类旅游 APP 是作为所有旅游 APP 应用的主体服务，是定位为综合类型的旅游应用产品。携程旅行、去哪儿旅行、同程旅游 APP 在吃住玩多方面都能较完美地服务到用户所需。这些大型旅游电商的 APP 作为自身 Web 端电商的延展，依托了多年来稳定的合作伙伴和客户资源，将优势资源进行整合，为用户提供整体的产品服务。而从整体来讲还会一些有不起眼的"尾单"，由于大公司操作成本的问题不会被巨头所重视，于是便留给了创业者从细分领域切入在线旅游的机会。单一类别的预订类 APP 常针对某一具体细分市场，对市场空白进行补充，满足部分游客的需求。这类移动 APP 的产品逻辑在于移动端的应用场景、网络环境不断优化，相应的也会产生许多应用场景。正如在路上 CMO 浦明辉比喻称，"旅游细分 APP 就像金矿边上的卖水人，繁华区的便利店"。

3. 2015 年国内预订类旅游 APP 下载量 TOP10

劲旅网发布的 2015 年 12 月国内移动旅游领域预订类旅游应用（APP）下载量月度 TOP10 排名具体如下：

表4-5　2015 年 12 月国内预订类旅游应用 APP 下载量 TOP10（安卓系统）

排名	APP名称	下载量（万次）	排名	APP名称	下载量（万次）
1	携程旅行	117 569.1	6	驴妈妈旅游	22 553.4
2	去哪儿旅行	110 897.8	7	铁路12306	18 016.9
3	同程旅游	82 543.8	8	艺龙酒店	17 889.8
4	途牛旅游	47 677.8	9	途家	15 689.9
5	艺龙旅行	37 762.2	10	阿里旅行·去啊	10 844.0

注：以上各APP下载量由安卓市场、91助手、木蚂蚁、安智市场、百度手机助手、豌豆荚、应用宝、应用汇、360手机助手、机锋市场、搜狗市场、华为应用市场、联想乐商店、OPPO软件商店、易用汇、魅族Flyme、3G门户十七个国内最主流安卓应用市场汇总得出，仅供参考。

资料来源：劲旅网。

4.预订类APP案例分析

案例1　携程旅游APP

旅游和移动互联网天然契合，因为旅行本身就是一个移动中的进程。消费者的行为正在随着移动互联时代的到来而发生迅速的转变。用户通过APP不仅仅只是局限于机票、酒店、度假产品这类传统旅行产品的预订，更多的是在移动端获取目的地产品信息及服务的需求。

图4-18　携程APP页面

（1）推出移动APP应用

2010年4月，"携程无线"手机网站正式上线。2013年6月，携程旅行网移动客户端"携程无线"更名为"携程旅行"，其意图为转向"大而全"的在线旅游客户端。目前来看，Iphone端携程主要推出的APP应用为"携程旅行"。新版携程APP整合了携程旗下"携程旅游"和"携程特价酒店"两个客户端。新版APP首先同步更新了其品牌LOGO，在海豚图标上做了相应调整。其次在内容和功能方面，新版携程APP整合包含火车票、机票、酒店预订、门票预订、目的地攻略等全套功能，并上线了酒店团购等新功能，并支持机票在线申请退、改签，火车票和门票支持在线退票。携程意欲打造移动端的"一站式"旅行平台。

携程的无线平台继承了线上和线下平台的优势不断拓展，并综合利用了语音识别和定位服务等新的技术。通过版本的更新，实现可持续的价格优势，同时也开发了一系列产品来满足旅行者的需求，不断扩展产品与服务的广度和深度，持续为移动场景中的旅行者提供最便捷的服务体验。

（2）无线布局

为了激励无线端业务和加强用户黏性，携程采取了"无线端酒店多返 5 元""机票、门票多返 2 元""手机预订多享 1 倍积分"等措施。同时，自 2013 年第三季度以来，携程着力于移动客户端的发展。从签约知名男星邓超作为其品牌形象大使，到连续战略性投资蝉游记、途风旅游网和易到用车，携程开始了无线业务布局。通过多种媒体渠道的全线品牌推广，携程逐渐将与移动用户高度重合的年轻观众导流入移动端。

从 2013 年第三季度开始，携程进行了大规模的市场投入加之多种整合营销手段，不遗余力打造携程品牌认识度，力求将客户导入移动端。对于当前，当产品、价格、分销及促销等传统的 4P 策略被越来越多的外部因素所影响，尤其面对新媒体发展的影响，产品成为 4P 中最为关键的一环，开发出让消费者方便使用的产品，在扩大携程消费群体的同时提升消费者满意度，最终可以提升整体品牌价值和认知度。

为此，携程的最大价值在于产品，不断更新其移动端 APP 应用。多渠道传播的本质在于良好的产品品质，携程推出手机客户端"携程旅行 5.0"到现如今的版本，携程不断对产品进行改进。新版本不仅升级了订机票、酒店、火车票等常规功能，还联合蝉游记、途风旅游网和易到用车等资源优势，优化了用车、门票、团购等预订服务，覆盖全国 33 个城市的接送机打车功能，国内和国际机票的手机值机等新功能也是携程旅行 APP 主打的。

依靠 2013 年在移动应用方面的大幅发力，携程的品牌价值得到飞速提升。值得一提的是，2014 年 BrandZ 最具价值中国品牌 100 强中，携程旅行网作为唯一的在线旅游企业入选，以 7.18 亿美元的品牌价值，排名第 54 位，同时，在中国最受信赖中国品牌和品牌价值增长最快的品牌中，携程分列第三位和第七位。对于细分领域，携程无线团队也在不断进行手机应用的更新，通过最新版本的携程手机应用，客人已经能够随时随地搜索目的地、预订住宿和交通、退改签、预订机票座位、查询登机口、购买景点门票、团购酒店餐饮及当地活动等。

（3）无线端发展战略

2013 年 4 月携程正式启动"大拇指 + 水泥"（即无线客户端 + 呼叫中心）的业务战略，仅仅过后不到两个月，携程正式对外发布新版品牌标识与广告语。新标识强调移动互联网的创新感，新版手机端广告语"携程在手，说走就走"则将携程在移动战场的投入，浓缩为简练的语言，释放出其在无线领域继续领跑的强烈企图心。在发布新品牌标识与无线应用广告语的当天，携程还发布了新版无线应用，并将"携程无线"更名为"携程旅行"。

"大拇指 + 水泥"战略，具体是指基于"专业系统"的线上和"稳定扎实"的线下一种全新的用户预订体验方式。用户通过 APP 进行机票、酒店等预订，同时，携程多达一万余人的线下服务团队保障用户通过 APP 定制的各项服务可以有效快捷地落地。

随着消费者在旅行过程中个性化需求的加强，只是为其提供单一服务显然已经不能满足日益膨胀的需求。而APP的一站式服务可以满足游客的不同需求，机票、酒店、门票等的预订，让游客在出行时高枕无忧。APP与呼叫中心结合，也是携程对于旅游电子商务产业的一种创造性使用。携程将移动互联网与呼叫中心相结合，则是"大拇指+水泥"战略的重要组成部分。这两者也最容易结合在一起：因为都是基于手机的服务，一个是打电话，一个是在手机上用APP进行操作。

（4）无线端明星营销

在携程发布新版品牌标识与"携程在手，说走就走"的广告语同时，携程也邀请了明星邓超作为代言人，诠释携程手机客户端"说走就走"的出行新时尚。邓超的良好形象以及周围大量的年轻粉丝，对携程吸引更多的年轻用户打下了良好的基础，很符合携程的品牌特征和主要服务客户的年龄层次，携程品牌更加趋向年轻化。

人的一生至少需要两次冲动，一次"说走就走"的旅行和一场"奋不顾身"的爱情，携程移动端借势网络热词大打情感牌。目前，邓超拍摄的广告片包括"机场邂逅篇"和"一场奋不顾身的爱情"等，主要展示携程手机客户端"携程旅行"的一站式服务体验，广告主题也与携程"大拇指+水泥"的战略转型相切合。邓超成为携程旅行网形象大使，也将进一步助力携程由OTA（Online Travel Agency）向MTA（Mobile Travel Agency）转身。

图4-19 "携程在手，说走就走"广告

无论是进行产品改版还是狂投产品广告，携程网为移动客户端量身打造的"金甲圣衣"使其竞争对手霎时隐身失色。除了"携程在手，说走就走"的电视和地铁之外，这则广告在网络视频上也有大量播出，同时，携程也搭上了热门电视节目的顺风车，与《爸爸去哪儿》《中国好歌曲》以及《最强大脑》展开了赞助合作。可以看出，整合传统媒体和新媒体的各种优势做一次大规模的营销才能将品牌传播得无孔不入。

图4-20 "携程在手,说走就走"广告

(5)携程APP应用详情

携程采用了类Windows Metro的信息格子,功能上通过不同色彩来区分。使用3条纵列排列,信息量更多。用近似色来划分功能(如出行工具为蓝、天蓝、淡紫)。各个功能区间的色彩过渡与差异化也都适中、易区分且看起来也绚丽多彩,比较漂亮。从下栏风格看,携程使用5栏,首页位于左下角,比较符合日常习惯。同时,新版APP增加"旅行日程"一栏,方便旅游者对于自己旅行进行管理。

图4-21 携程APP主页面

①票务预订

我们熟知来回交通是旅行中尤为重要的一环,也是携程的核心业务之一。进入界面,第一观感上,页面简洁明了易于发现,适合干练讲究效率的人士。

携程将订机票分为五大功能区:"机票查询""低价助手""航班动态""机场攻略""值机",每个功能都做得相当细致,亮点位于右上角的电话,有24小时专人服务(据说可以解决任何问题)。在选票界面,携程默认时间排序,适合对时间敏感、讲究效率、说走就走的商务人士,同时,对于同一账号而言,APP有记忆功能,即以上一次排序为准。而其中最新增加的"低价"板块满足了又弥补了喜欢廉价的学生与社会小青年这一团体的需求。携程的飞行时间表左右排布,直观、清晰、明了。除此外,区别于其他综合类APP,在携程APP上,还可以订购儿童票甚至婴儿票,而支付方式除了借记卡、信用卡与支付宝外,APP端还增加了微信支付,符合现代消费潮流。

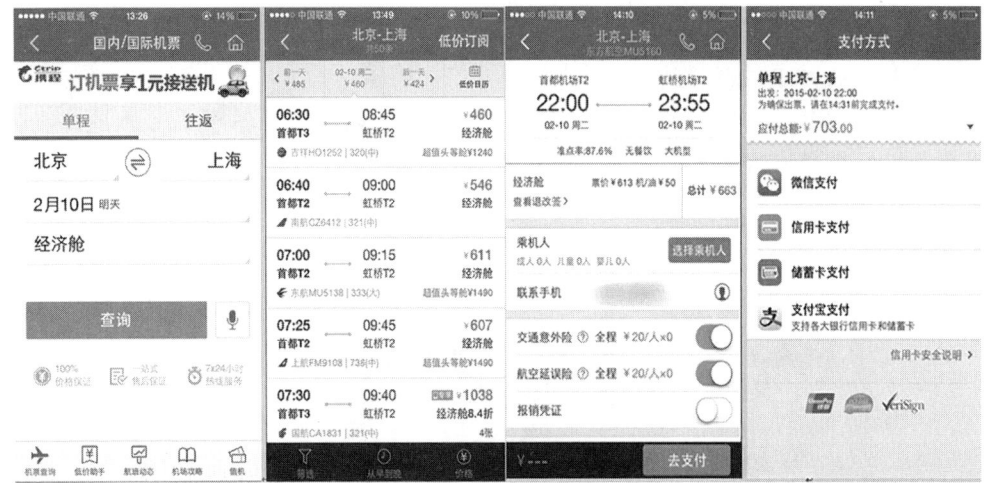

图4-22 携程机票APP预订端页面

值得一提的是,在购买往返票程的时候,携程允许自行定义、查询与预订,进行最终下单付款的时候可以一键进行。

有票、抢票、出票是火车购票的三大核心。携程可以直接接入12306查询票数,登录订购,付款成功即能出票。这就保障了与火车票预订端一样的购票成功率。在汽车票方面,携程继续出色周全的服务,做到了航运、铁运、汽运都能订购。即使乘坐大巴的机会比较少,但要是碰上了国庆、春运等极端情况下,即使是西装革履的绅士也不会埋怨大巴的。

总结来看,携程APP在票务方面可以提供全方位服务,从成人到婴儿,从飞机到汽车,基本没有什么不能满足,优势明显。

②酒店预订

如果你好不容易乘着国庆假期逃到另一个城市,坐上火车,吃着火锅唱着歌,突然酒店来电话通知你由于系统错误你今天不能住房,怎么处理?携程似乎考虑了这个问题,筛选里出现的"立即确认"刚好就能立刻确定另一家。

按照常规预订,一般来说都是一挑位置二挑价格三挑服务。以搜索深圳世界之窗为例,携程可以搜索出周边的179家,去哪儿搜出335家。但实际上的情况是,携程自动筛选出4公里内的数据,节省了用户的挑选时间。在价格方面,携程单床是单床价格,双床是双床价格,一一对应。酒店用户点评方面,携程的用户点评数量众多,打分与评论具有较强说服力。

图4-23　携程、去哪儿APP搜索"世界之窗"对比页面截图

最后,关于酒店还有一个隐藏功能,那就是抢拍。抢拍只限在当晚6点至次日6点之间,用户可以使用类似砍价的方式订酒店。首先批量选择喜欢的酒店,接着输入自己对各家的期盼价格,最后就静静等待酒店上门接单。以超低的价格去换取高质量的服务,无论是过程还是结果都令人心驰神往。

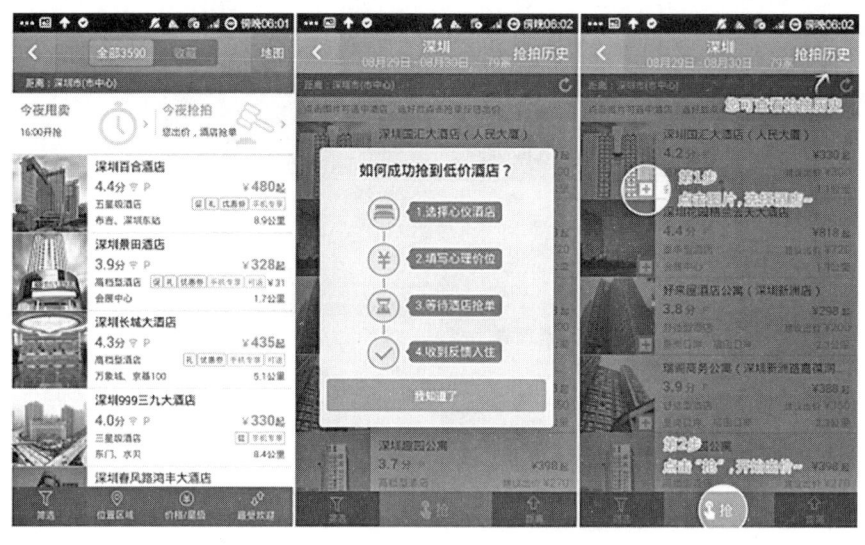

图4-24　携程APP端酒店"抢拍"页面

③其他特色功能

除了订机票订酒店这两个核心项外,携程还提供了各种便捷的增值服务。有旅行日程、高端美食、携程金融、积分商城等特色。其中旅行日程做得很好,界面类似 TimeLine,可以将行程自动生成一个内嵌式卡片,支持手动进行添加,可谓是一 APP 管全程。另外,日程还支持分享社交圈,也不失为一个显摆利器。

图4-25 携程APP端"旅行日程"板块页面

高端美食也是一绝,可以定位北上广深等城市,寻求舌尖上的美食。试想一下,去了北京游玩,除了簋街胡大、驴打滚之类的地道小吃外,是不是还想感受下有别于自己城市的味蕾体验?坐在大董酒店里品尝下烤鸭?又或者在北京 CBD 的大厦里喝杯咖啡?还是说做一次 SPA 放松神经?更重要的是,在携程 APP 里买单,还能享受高额返现。

图4-26 携程APP端美食板块页面

旅行金融是携程APP独家的金融频道，其中就包含了"礼品卡"和之前炒得火热的"携程宝"和"程涨宝"。用户只需提前规划好旅行，将预算提前存入"携程宝"和"程涨宝"，就可以在实际出行前让预算变多，估计是用来给精打细算的用户"撸羊毛赚福利"的。如若平日积攒不少积分，还能去积分商城兑礼品，也算是携程送给用户的小福利。

图4-27　携程APP端旅行金融板块页面

总的来说，携程高度整合的一站式服务使人印象深刻。24小时服务电话、丰富的酒店资源、简洁大方的UI、多样的特色功能让旅行者少了许多思考与顾虑，完全依靠软件就可以定制行程。

案例2　酒店类预订APP

现在，用APP预订酒店比在电脑上方便了不少，旅行者不用时时守在电脑前，就能轻松查到实时票价和房间信息，而且如果在旅途中需要临时更改行程，APP也给更改后的行程查询带来极大的方便。

移动互联网呈现井喷式的发展态势，掀起了各个行业对于移动互联网产品的追逐，酒店行业也不例外。单体酒店通过微博、微信等移动社交平台进行营销，或是利用OTA的移动端完成查询预订。但也有不少酒店集团或服务于酒店预订的企业正在积极开发各种APP应用程序，试图在移动互联网市场上"分一杯羹"。

各大在线旅游平台及7天、格林豪泰、华住等连锁酒店也纷纷转战移动端，推出各自的手机APP软件，移动客户端逐渐成为在线旅行及酒店预订业主流渠道。相比传统PC端，移动端更加便捷，弹指间即可轻松完成门票、酒店等旅游产品的预订。据咨询公司L2研究显示，60%的酒店品牌拥有某种类型的移动业务。多数酒店会选择移动网站，33个酒店品牌在中国的APP商店中提供英文APP。总体来看，中文的移动旅游APP每个月可以触及到9000万人。这其中，洲际酒店的APP在全球下载量总计为86.2万次。紧随其后的竞争者喜达屋酒店的APP下载量为36.9万次，雅阁酒店23.8万次，万豪酒店23.4万次。2013年洲际酒店的移动预订业务贡献了6.11亿美元的收入，较2012年翻了一倍。

在国内的连锁酒店行业中，据布丁酒店提供的数据，布丁酒店APP现在有30万累计用户，日均可以带来的预订单是1000多单，占整体预订单的10%。而在2012年，布丁酒店所有移动端的订单占2%不到。

从使用的功能上看，国际高端酒店打造APP的方式与国内快捷连锁酒店有着巨大的不同。国际高端酒店会开发出APP上更多的新功能，以科技上的创新来增加用户的黏度；而国内快捷酒店则在APP上传递了更多的优惠促销活动，以此来吸引消费者——无论方式如何，这都与酒店的定位有着直接的关系。

以喜达屋集团的"SPG"为例，日前推出了"Keyless"的功能，即无须使用门卡，直接通过手机就可以入住房间。这也是全球范围内第一家实现智能入住的酒店。喜达屋一直对数字创新大力投入。为了以技术推动业务，他们正把移动科技领域的创新成果融入客户体验的各个方面，包括预订酒店、行政规划以及实际在酒店的体验。除了Iphone、Ipad和Android这些"基本款"，喜达屋还为APPle Watch量身定做了一款APP，也是第一个支持APPle Watch的酒店APP。除此之外，喜达屋还推出了Google Glass的测试版，这些都无疑为喜达屋酒店拓展了更多的高端用户。

在国内的快捷连锁酒店中，布丁酒店以"时尚、新概念"的定位吸引了诸多"85后"和"90"后，这个群体也是使用互联网最广泛的一个群体。布丁酒店是第一家免费高速Wi-Fi全覆盖的经济连锁酒店，也是第一家与淘宝旅行社合作，第一家使用NFC技术自助Check-in，第一家与微信合作，提供微信订房功能，在百度地图上第一家上线集团直销，第一家上线支付宝钱包公众账号服务的酒店。布丁酒店在最新的APP版本中就推出了"夜销"功能，即每晚18：00到次日6：00，消费者可以在布丁酒店手机客户端以超低价格预订酒店房间。布丁酒店通过大量用户调研发现，在移动互联网平台上，主要预订的人群以爱生活、爱旅游、爱美食、爱交朋友的年轻人为主，他们习惯于入住当天预订，而这部分客人占到了布丁酒店整个移动互联网平台用户的58%左右。于是，布丁酒店把"夜销酒店"这一功能作为重点设计到手机客户端里面，意在为习惯通过手机等移动客户端订房的用户带来最好的用户体验。布丁酒店的渠道推广基本上是无孔不入的，在整个酒店里，从大堂到电梯、走廊，直到进入房间，甚至在马桶上都可以看到二维码，这样才便于客人进行扫描。

在移动互联网时代，客户体验好、平台强大、资源整合能力强的APP往往更受青睐。酒店APP若不愿沦为鸡肋，必须找准市场定位，在用户体验上下更大的功夫。

案例3　途牛APP竞品分析（携程、去哪儿）

1. 产品介绍

途牛旅游网 APP，是一款由南京途牛科技有限公司（途牛旅游网）推出的提供跟团、自助、自驾、邮轮、酒店、签证、景区门票以及公司旅游等在线旅游服务的产品。

（1）产品定位

①用户分析

a. 生理特征

途牛旅游网移动端用户群体呈年轻化趋势，25~35岁的80后用户居多；途牛移动用户中女性占比66%，男性占比34%，女性占比明显大于男性。

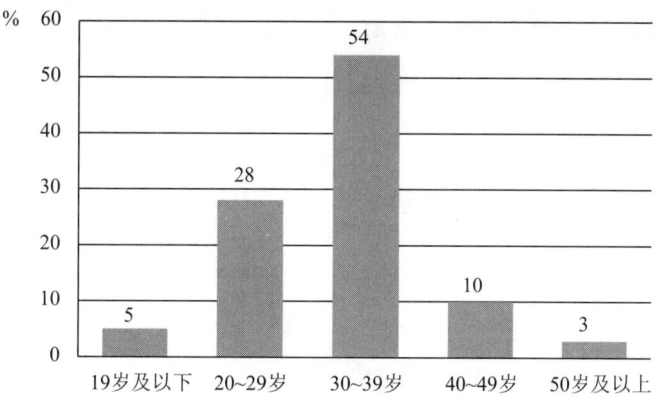

图4-28　途牛APP用户年龄分布

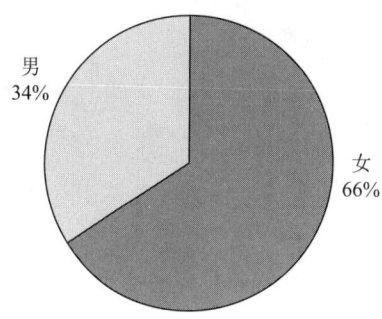

图4-29　途牛APP用户性别分布

b. 社会特征

根据途牛旅游网公布的数据显示，途牛旅游移动端用户群以大学本科学历为主，主要分布在北京、上海、南京、天津、武汉、杭州、深圳、广州、成都、重庆等一二线城市，有一定的消费能力，平均客单价在5000元左右。

c. 目标用户群

通过分析途牛旅游网用户的生理特征及社会特征，我们可以得知途牛旅游网的目标用户群为：年龄20~39岁，分布于一二线城市，有一定消费能力，偏好旅游的人群。

②需求分析

a. 用户行为

用户行为包括两个方面：旅游消费方式及旅游方式。

用户旅游消费的方式包括线下，电话，网站及移动端四种消费的方式，且移动端的占比越来越高。途牛旅游网主要通过网站及移动端满足用户的旅游消费方式，其中移动端有取代网站成为主要消费渠道的趋势。根据途牛旅游网2015年第二季度财报显示，移动订单数占总在线订单数超过60%。

用户旅游的方式包括跟团游，自助游，自驾游等，途牛旅游APP覆盖以上三种常见的旅游方式。

b. 用户动机

用户使用途牛旅游APP的动机可以有很多，例如购买旅游产品，查看旅游产品，查看旅游产品评价，购买火车票、汽车票，订购酒店、理财等，将用户使用途牛旅游APP的动机由强到弱进行区分，如下图所示。

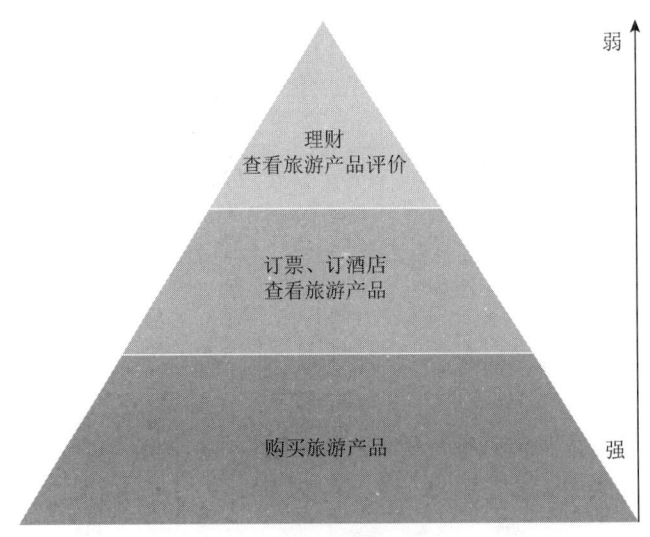

图4-30　途牛APP用户旅游动机图

c. 用户需求

途牛旅游APP作为一款在线旅游产品，它首先应满足用户对旅游的基本需求，而期望型和兴奋型需求如下图所示。

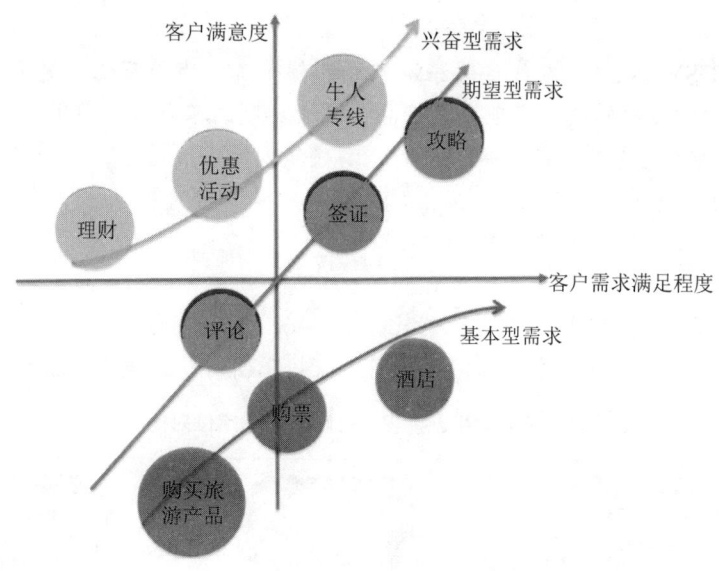

图4-31 途牛APP客户满意度

（2）产品功能

途牛旅游APP大功能如下图所示。

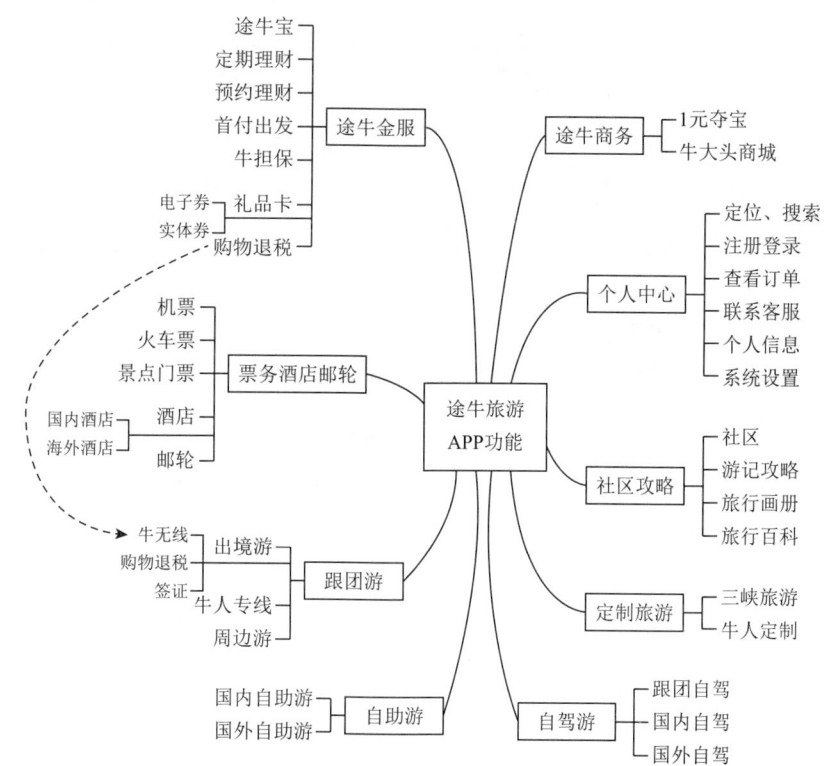

图4-32 途牛APP功能图

2.竞品选择

携程（IOSV6.8.2）：在线度假旅游市场的领导者，市值百亿，起步较早，通过成为酒店和航空公司的线上代理分销产品，属于典型的旅游行业 B2C。

去哪儿（IOSV4.7.2）：后起之秀，主打旅游领域内的垂直搜索，整合中小OTA的信息，属于典型的平台型旅游产品。

3. 竞品分析

（1）产品定位

途牛、携程、去哪儿 APP 定位对比见表 4-6，从表中可看出途牛与携程的综合性 OTA、去哪儿的垂直搜索产品定位不同，深耕跟团游、出境游一条龙服务市场。

表4-6　途牛、携程、去哪儿APP定位对比

口号	阳光价格，阳光行程，阳光支持！	酒店预订，机票预订，旅游度假，高铁预订，就上携程网！	特价机票，超值酒店，省心省钱，聪明你的旅行！
定位	包装旅游度假产品，主打跟团游、长线旅游产品	旅游加商旅的机票和酒店预订服务。	商旅的机票和酒店服务，机票代理，酒店网络流量代理。
模式	主要应用互联网优势整合旅游产业链，通过呼叫中心与业务运营体系服务客户，即用"互联网在线预订（OTA）+呼叫中心+旅行社"的模式展开。	最早切入OTA的企业，从航空公司、酒店、景区获取代理权限，以批发商的优势获取低价，为综合性OTA，现逐步向平台化渗透。	垂直搜索，将线上旅游资源整合后在平台上进行展示，旅游搜索比价平台，目前正向OTA转化。

（2）产品功能

途牛、携程、去哪儿 APP 功能对比见下表，从表 4-7 中可看出途牛与携程、去哪儿 APP 的主要功能差别不大，在线旅游业同质化严重。

表4-7　途牛、携程、去哪儿APP功能对比

	票务	酒店	邮轮	出境Wi-Fi	周边	签证	旅游定制	购物	APP特色
途牛	√	√	√	√	√	√	√	√	牛人专线
携程	√	√	√	√	√	√	√	√	礼品卡
去哪儿	√	√	×	√	√	√	×	√	货币兑换

（3）架构和设计

①导航和结构

导航和结构方面，主要是以首页为例，比较途牛、携程、去哪儿 APP 三者首页

布局及可见的菜单栏,从而分析各自的特点。从下表可以看出,途牛与携程、去哪儿 APP 首页都提供了搜索入口和常用的底部菜单栏,途牛从自身业务出发,布局主要体现自身的在线旅游服务优势,把视觉集中在主要业务营销方面,而携程、去哪儿首页采取 Metro 风格铺满功能点,不易突出其结构重点。

表 4-8　途牛、携程、去哪儿 APP 导航和结构对比

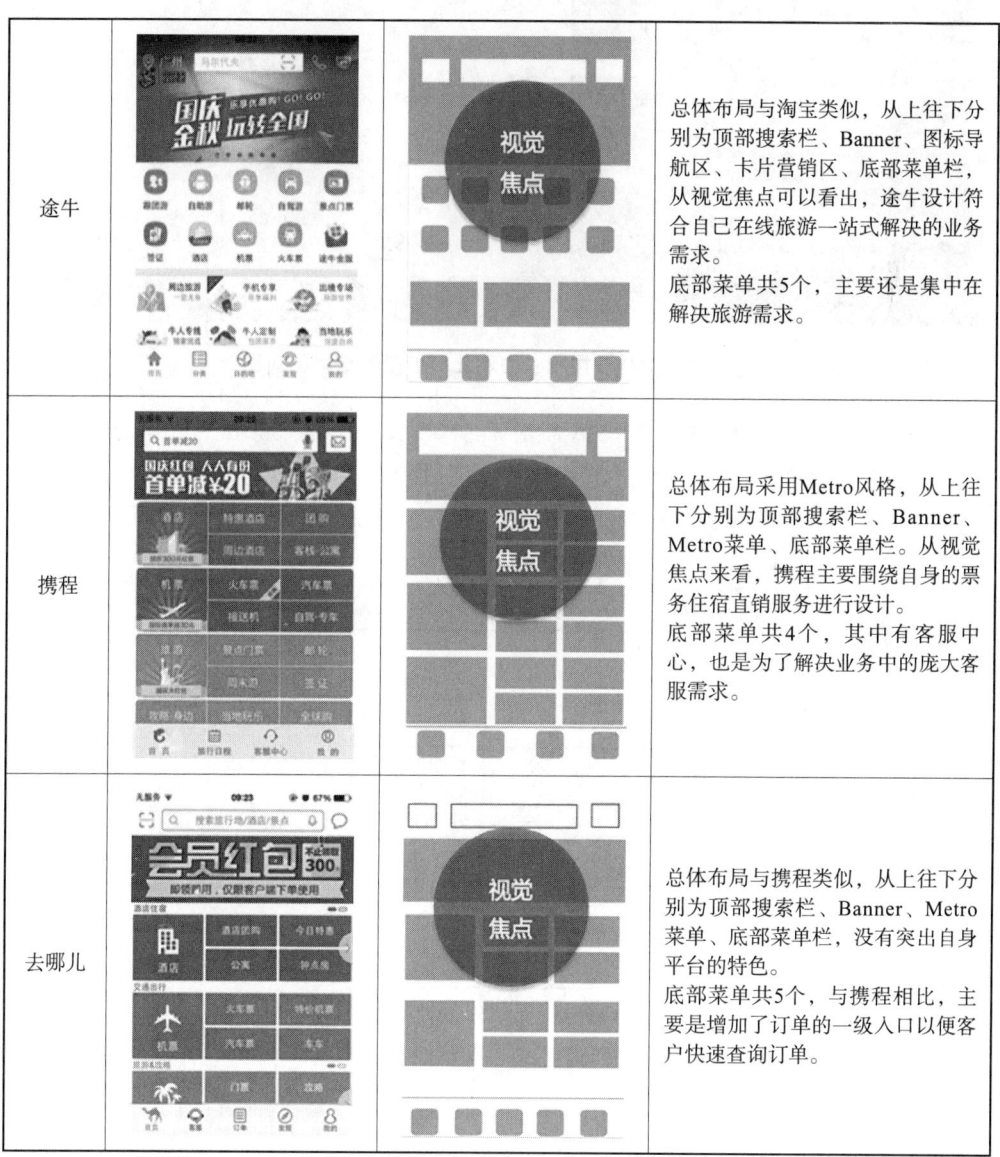

途牛		总体布局与淘宝类似,从上往下分别为顶部搜索栏、Banner、图标导航区、卡片营销区、底部菜单栏,从视觉焦点可以看出,途牛设计符合自己在线旅游一站式解决的业务需求。 底部菜单共5个,主要还是集中在解决旅游需求。
携程		总体布局采用Metro风格,从上往下分别为顶部搜索栏、Banner、Metro菜单、底部菜单栏。从视觉焦点来看,携程主要围绕自身的票务住宿直销服务进行设计。 底部菜单共4个,其中有客服中心,也是为了解决业务中的庞大客服需求。
去哪儿		总体布局与携程类似,从上往下分别为顶部搜索栏、Banner、Metro菜单、底部菜单栏,没有突出自身平台的特色。 底部菜单共5个,与携程相比,主要是增加了订单的一级入口以便客户快速查询订单。

②交互和体验

途牛、携程、去哪儿 APP 同属于在线旅游行业,则分别用三者的 APP 体验订购一款旅游产品,以订购从广州出发到成都的"跟团游"产品为例,对比三者在订购流程中存在的交互和体验问题。

图4-33 途牛、携程、去哪儿APP搜索结果图对比

流程方面，如图4-35、图4-36和图4-37所示，途牛、携程、去哪儿都是通过五大步骤完成订购的操作流程，而且都可以通过搜索直达旅游产品选择列表页。其中第二步细流程途牛和携程一致，而去哪儿在第二步主要利用搜索的方式。

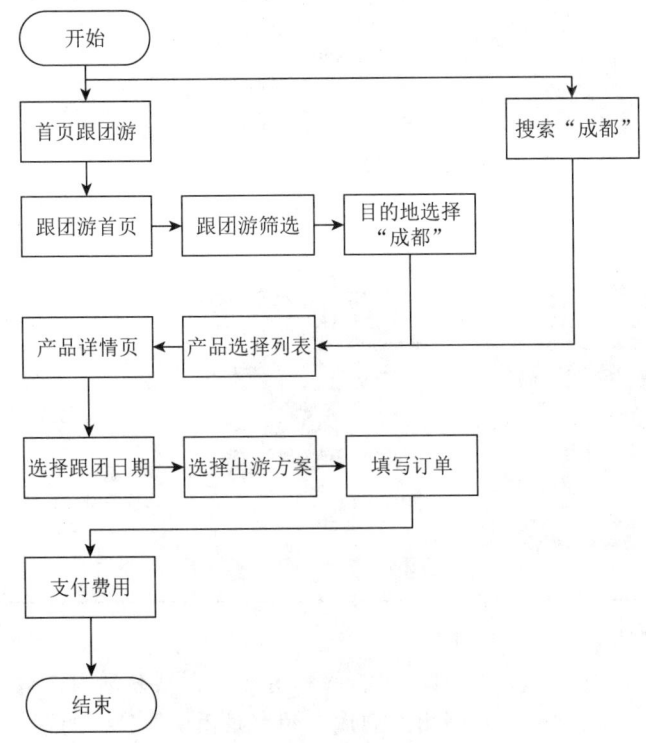

图4-34 途牛订购成都跟团游流程图

第四章 旅游 APP 移动应用

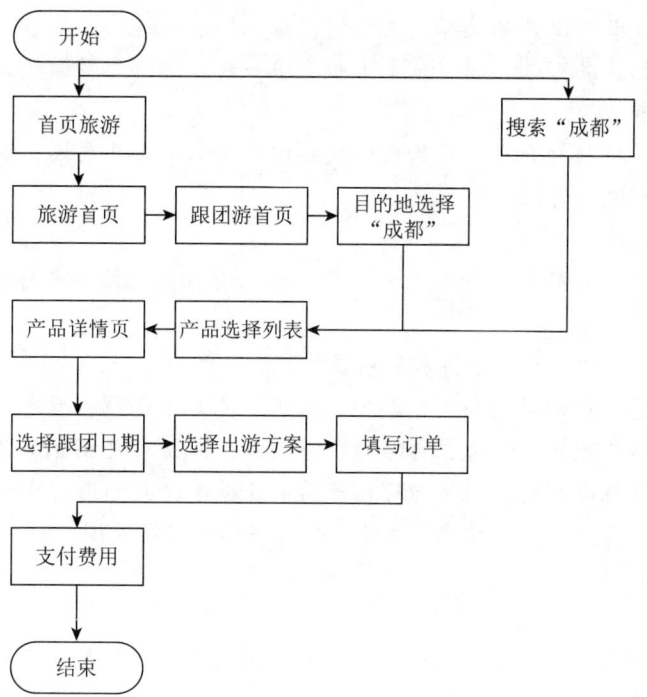

图4-35 携程订购成都跟团游流程图

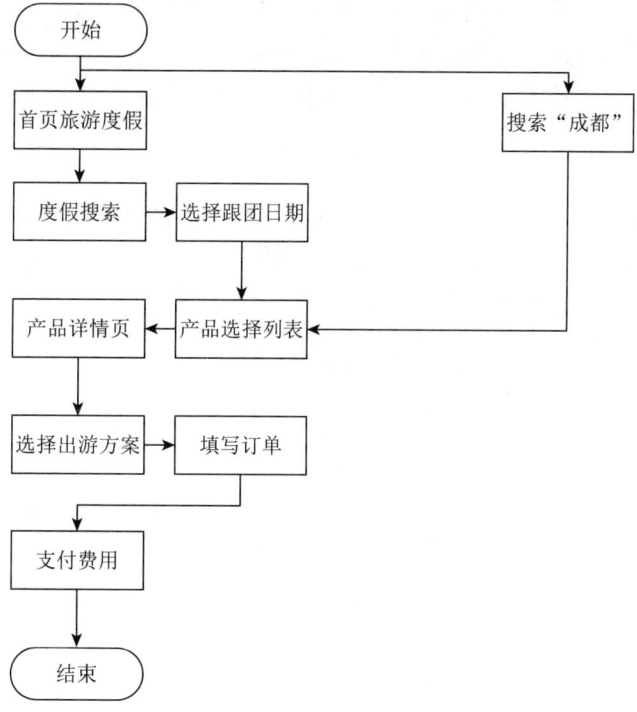

图4-36 去哪儿订购成都跟团游流程图

185

具体页面方面，以产品选择列表为例，途牛提示可选结果更多，在同一屏页面上可以有更多的产品可选，携程基本上和途牛一致，去哪儿页面较为复杂，干扰项比较多，体验不佳。

其他方面，携程打开页面的加载速度都比途牛和去哪儿要慢，说明页面加载内容较多而且没有进行优化。

③视觉和风格

途牛、携程、去哪儿APP视觉和风格方面既有相同之处，也有不同的方面，具体如下：

相同点：扁平化设计，卡片和留白设计，统一字体

不同点：途牛设计风格与淘宝类似，采用绿色为主色调，绿色作为大自然常见的颜色，突出途牛清新、舒适、自然的旅游服务；携程采用Mertro风格设计，以蓝色为主色调，象征携程的高科技与可信赖的商业服务；去哪儿同样采用Mertro风格设计，以青绿色为主色调，营造了去哪儿惬意悠闲的旅游氛围。

（4）运营和推广

①盈利模式

途牛：主要营收为在线旅游服务费，即跟团游及自助游的服务费，其他收入来源包括旅游景点门票收入、保险服务费收入、签证服务收入及其他新增业务，如火车票和机票相关服务费用收入。

携程：主要营收为住宿预订及票务预订代理费，其他收入来源包括在线旅游服务费、商旅管理业务收入及其他业务。

去哪儿：主要营收来自按效果付费项目，其他收入来源包括住宿预订及票务预订直销代理费、旅游广告费等。

②市场推广

途牛、携程、去哪儿APP推广渠道都包括线上资源（如自身网站，电子市场，百度推广等）和线下资源（如实体广告、合作旅行社）等，从三者的优势和特色推广渠道策略来看，三者对比如表4-9所示。

表4-9　途牛、携程、去哪儿APP推广渠道对比

	主要优势	明星代言	品牌赞助
途牛	线下旅行社	林志颖	中国好声音
携程	传统品牌	邓超	
去哪儿	百度引擎		

（5）总结

途牛旅游网APP总结见下方SWOT图。

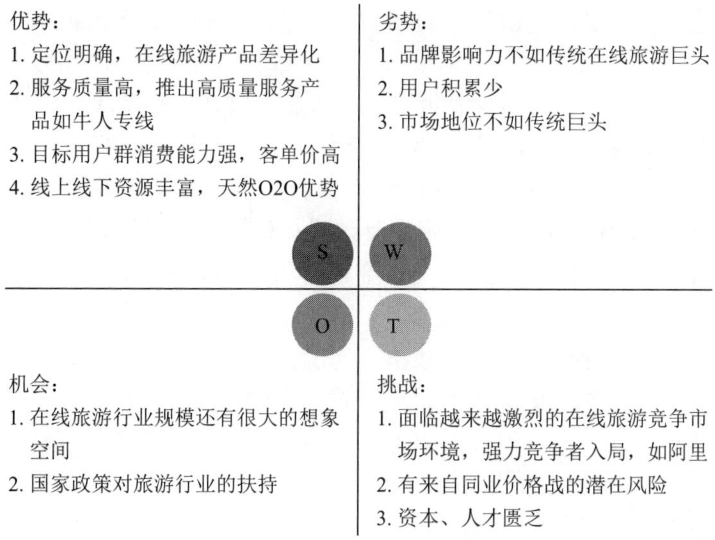

优势：
1. 定位明确，在线旅游产品差异化
2. 服务质量高，推出高质量服务产品如牛人专线
3. 目标用户群消费能力强，客单价高
4. 线上线下资源丰富，天然O2O优势

劣势：
1. 品牌影响力不如传统在线旅游巨头
2. 用户积累少
3. 市场地位不如传统巨头

机会：
1. 在线旅游行业规模还有很大的想象空间
2. 国家政策对旅游行业的扶持

挑战：
1. 面临越来越激烈的在线旅游竞争市场环境，强力竞争者入局，如阿里
2. 有来自同业价格战的潜在风险
3. 资本、人才匮乏

图4-37　途牛APP SWOT分析图

（二）攻略类旅游APP

1. 攻略类APP含义

攻略类APP指的是由开发者撰写或者汇编内容成集，供用户浏览或下载的移动应用。

2. 攻略类APP分类

目前，在旅游市场上攻略类APP有很多，但根据开发者和开发目的来分类，大致可以分为两大类型。一类是旅游目的地或旅游景区官方撰写或汇编的攻略型移动应用，如智慧浙江、济南旅游APP、迪士尼乐园APP等，此类旅游APP可以提供旅游目的地当地涵盖住宿、餐饮、娱乐、门票、交通出行等各方面的信息，但由于局限于地区，旅游者使用目的地移动应用的APP使用率较低。同时，由于官方撰写或汇编的攻略主要注重当地关于衣食住行的全方位系统介绍，实际上内容却十分有限，尤其是住宿、餐饮方面，基本无法面面俱到。

另一类是指由企业开发的旅游攻略类APP，如Touch China开发的一系列景区APP。相比旅游目的地的移动应用，此类的移动应用覆盖景区数量较多，在旅游者重复使用率方面相应较高。

3. 攻略类APP现状

在旅行所处陌生的环境中移动终端可以帮助游客增加见闻、体验目的地风光与文化、自由地从一个目的地到另一个目的地，提供各方面的攻略。就目前攻略类APP在景区建设的进展而言，游客能够感受到的功能包括：游览观光过程中的各项旅游活动引导、在网上购买电子门票、在景区可以看到二维码信息提示等。此外，APP还可实现人流情况实时在线转播，通过景区摄像头获取的景区人流影像发布到移动终端，让需要到景区的游客实时了解人流情况，如果景区人流大，游客可以选择错峰游览。

和传统的导游相比，可回放、可重复收听旅游自动讲解是攻略类APP最大的优势，然而与能在很多景区租到的讲解器最大的不同在于，大部分景区APP除提供景点的级别和描述、景区酒店价格和剩余房间数、景区演出、餐馆优惠活动等信息外，还可进行规划游览线路，整理照片及微博互动等互动交流。

游客可以根据自己的兴趣点提交游览起点和终点位置，获得最佳路线建议。也可自己选择路线，提供沿途主要的景点、酒店、活动、购物等资料。在游览过程中旅游者不但能听到原汁原味的经典故事，还能完整地玩遍景区，读懂景区的人文内涵，把导游装到移动终端里。此外，点击感兴趣的对象，如景点、酒店、餐馆、娱乐、车站、活动等，还能获得关于兴趣点的位置、文字、图片、视频、使用者的评价等信息，深入了解兴趣点的详细情况。

然而，旅游者在使用攻略APP时面临的问题是APP提供的各式各样攻略较多，游客无法快速找到匹配的优质内容并形成出行计划、用户日活跃度降低等。而与之相矛盾的是，越来越多用户的个性化和自由行需求日益凸显。

由于4寸大的手机屏幕容不下太多内容，移动攻略类APP给用户的体验就至关重要。许多APP界面过于复杂、导航不清晰，部分APP更是经常出现"闪退"，这些都给用户的使用带来了极大的不便。

4.2015年国内攻略类旅游APP下载量TOP10

劲旅网发布的2015年12月国内移动旅游领域攻略类旅游应用（APP）下载量月度TOP10排名具体如下：

表4-10 2015年12月攻略类APP下载量排名TOP10（安卓系统）

排名	APP名称	下载量（万次）	排名	APP名称	下载量（万次）
1	百度旅游	9367.8	6	携程攻略	508.4
2	马蜂窝自由行	8117.8	7	多趣旅行	487.0
3	大拇指旅行	1250.6	8	景点通	481.5
4	一路乐旅游	862.5	9	51导游	190.0
5	去哪儿攻略	568.3	10	朋游风景	49.9

注：以上各APP下载量由安卓市场、91助手、木蚂蚁、安智市场、百度手机助手、豌豆荚、应用宝、应用汇、360手机助手、机锋市场、搜狗市场、华为应用市场、联想乐商店、OPPO软件商店、易用汇、魅族Flyme、3G门户十七个国内最主流安卓应用市场汇总得出，仅供参考。

资料来源：劲旅网。

5. 攻略类 APP 案例分析

案例 1　小软件大旅行：浙江 APP

"去西湖，还请导游？你 out 啦，现在下一个西湖 APP 软件，就能自己玩啦，有讲解有线路图，还能定位呢！"智能手机发达的今日，越来越多的旅游达人都成为旅游目的地 APP 的粉丝。

旅游目的地攻略 APP 就像是一本拥有海量旅游信息的随身旅行指南，可以随时随地查看每个城市的美食、住宿、购物、游玩路线、特色活动、文化地理等各种各样的实用信息，同时针对旅游景点还有门票、电话、交通方式、详细地址等全面的旅行信息。对于用户有兴趣的旅行目的地，还能够查看其他用户分享的游记和攻略，随时调整行程。

相较于历经严苛前期调研开发的商业应用型 APP，景区、政府和一些第三方机构主导开发的 APP 则更多侧重的是服务和信息发布，基于此，浙江省推出了几款非营利性质的旅游目的地 APP 软件。

（1）杭州智慧旅游 APP

杭州智慧旅游，是国内最早面世的旅游目的地 APP 应用之一。打开"杭州旅游"，绿色的导航条搭配简洁的黑色背景让界面显得清爽大气，清晰的条目分类和图标让使用者一目了然。首页新绿色功能条集合了天气、热线电话和关键词搜索等多项功能，其下是分两屏规整排列的 16 个功能按钮，布局明确，考量周详，涵盖了旅游"吃住行游购娱"六要素的方方面面。每一个功能按钮下又隐藏着更为详尽的子菜单。游客只需登录 APP Store 等各大应用电子市场，下载使用杭州智慧旅游手机 APP，就可以轻松玩转杭州。

① 细致贴心的随身导游

值得称赞的是，"杭州旅游"充分利用了 Google 地图、搜索引擎等公共互联网技术，结合政府背景加以二次开发赋予了软件更多的附加功能。用户在搜寻酒店、餐厅等商户时可以根据距离进行排序；在地图状态下可以直观地看到所在地点周边的酒店、景点、餐馆等旅游设置。直接、主动、及时和方便是杭州智慧旅游手机应用的最大特征。借助定位功能，地图上会显示出周边的旅游信息，游客可以根据导航功能，查询自驾、乘公交车、步行三种不同的方式，选择如何前往，保证游客可以顺利无误完成游览行程。

杭州智慧旅游手机应用的"导游功能"不仅于此，它在为游客提供景区导览的同时也附带了语音讲解功能。此外，它还可以充当"导购"，为游客推荐杭州餐饮、土特产、酒店、农家乐、购物、娱乐场所等信息，并附上地址、电话、价格等参考信息，结合地图定位及导航功能为游客找到最近的商家。集导览、导购、导航等多项功能于一体的杭州智慧旅游手机 APP 应用，俨然是一位熟谙杭州、细致贴心的"金牌导游"。

② 装在口袋里的"百科全书"

如果说私人导游式的定位技术是让游客畅游杭州的定心丸，那么"百科全书"

般的应用内容则让游客轻松认识杭州。"杭州旅游"手机APP应用设计，包含杭州介绍、天气预报、旅游动态、景点、住宿、美食、购物、娱乐、交通、专题旅游、推荐线路、旅游咨询、实用信息、周边旅游、美图欣赏等15个板块内容，每个板块各有特色，整合了杭州数百个景区、旅游行业的深度信息，以图片、文字、图表、微博等多媒体的形式展示杭州活力、摩登又不失淳厚雅正的江南韵味，实现杭州旅游信息服务平台的差异化、精细化。其中，根据游客不同需求设计的"专题旅游"栏目，可以让游客如点菜一般选择自己心仪的游览杭州方式。对于喜欢赏花的游客，有春季杭州赏花之旅专题。对于来杭登山的游客，有最翔实的登山攻略专题。

此外，"杭州智慧旅游"手机APP应用也提供了实用信息查询，提供包括旅游集散中心、出游常识、常用电话、旅游常见问题等相关信息查询。杭州的贴心和魅力就从翻开这本"百科全书"开始，当游客遇到旅游难题时都能从中找到答案。

③便捷畅通的互动桥梁

点击此应用中的个人中心板块，可以看到"我的游记""线路设计""信息纠错"等分类，这是"杭州智慧旅游"手机APP应用带来的另一个惊喜，它为游客和杭州旅游架起了沟通的桥梁。注册会员的游客可以定时收到杭州旅游委员会推送的杭州旅游资讯和优惠等最新信息，为会员个性化设计旅游线路。游客也可以通过"信息纠错"对杭州市旅游委员会提供的信息进行指正，进一步提高应用中信息的准确度。而在"我的游记"板块，游客不但可以和杭州旅游的管理部门互动，和五湖四海的旅游爱好者沟通。游客可以随时随地记录微游记，通过定位系统标记方位，上传照片，还可以将照片同步到新浪微博、腾讯微博，与亲人朋友分享旅行中的美景和趣事。

图4-38 杭州智慧旅游APP应用页面

除此之外,杭州智慧旅游 APP 是浙江省首先有英文版本的,而且英文版并不只是翻译了中文版,而是针对外国游客做了很多定制。如:景区地址或者酒店地址这栏,除了显示英文地址外,增加了一个"Chinese Address"的按钮,弹出比较大的中文字,可以问路用或者给出租车司机看。

"杭州旅游"APP 应用的设计从根本上都是依据游客的实用角度和体验角度考量的,其设计开发已经具备了相当专业的水准,各种当下主流网络功能都在软件上得到了应用,小小一个软件给游客带来的不仅仅是便捷的信息体验,更极大提升了旅游效率。

(2)自在舟山 APP

"自在舟山"APP 几乎涵盖所有的公众服务内容,导游、导览、导航、导购,语音讲解,景区酒店的直接电话接入,游程分享,投诉建议,还包括紧急服务信息的推送,与官方微博的互联等。

图 4-39　自在舟山 APP 应用页面

更重要的是,"自在舟山"从游客需求的角度对旅游服务内容进行分类。如:游客未到舟山之前打开应用这个系统,"怎么去"这个模块会在首页,利用交通导航功能,引导外地游客准确快速地到达舟山。到达舟山后,这个模块就会自动跳转到第二页,重点显示的就是"我的周边"的吃、住、游等旅游商家信息检索的功能模块,提供直接的服务。

"自在舟山"另外一个智能之处还展现在它根据打开时间不同配合不一样的页面视图：APP首页的配图会依照不同的时间甚至不同的天气进行变换，如早晨打开APP，首页配图是海上日出；夜晚打开APP，首页配图是海岛夜景。

通观"自在舟山"旅游APP，界面设计具有鲜明的舟山海洋群岛的特色，功能模块也十分齐全和人性化，旅游过程当中的每一个环节所需要的信息都可以在这个APP当中找到，并且是依照旅游过程依次排列，使用起来相当之顺手，你需要用什么，什么就在你指尖。除此外，"自在舟山"旅游APP还将增加更多的多媒体功能，导入更多的旅游攻略等，从而更全面地展示舟山的旅游资源和文化。

（3）衢州旅游APP

早在2004年起衢州妹子周迅就免费成为家乡的旅游代言人，明星效应的实际作用暂且不提，但进入APP的登录页面，周迅甜美清新的形象着实让这个软件生动拟人起来。"衢州旅游"首页借鉴了Windows8系统的风格，醒目活泼，八个功能区块清晰明了。

图4-40 衢州旅游APP应用页面

"景区景点"集合了衢州区域内各大知名景区的详细介绍，并提供3种排序方式方便使用者查询。具体景区页面内风光照片、地址、电话、门票、导航等信息一应俱全，特别贴心的是软件开发者还上传了景区内部的导览图，点击小图标点击即可听到相关的语音讲解。这一设计准确地迎合了年轻人作为智慧型手机使用主体偏好自由行的游览特点。

第四章 旅游 APP 移动应用

图 4-41　衢州旅游 APP 应用页面展示图 1

在消费合作方面，"酒店""娱乐""购物"等信息查询功能一应俱全，游客可以在手机上直接下单购买优惠门票和自由行套餐。

图 4-42　衢州旅游 APP 应用页面展示图 2

在首页向左向右滑动屏幕，可以看到隐藏的两个二级菜单，紧急求助电话、天气情况、安全须知、旅游动态等比较次要的功能区块都设置在这个区域。同时，也增加"游玩满意度"选项,使 APP 更加亲民。

(4)楠溪江旅游 APP

楠溪江旅游 APP 可以帮助游客在进行景区游览时,实现游览路线规划、同步电子语音导游讲解、推荐周边景点与商铺、公众信息发布等功能的服务。

打开楠溪江旅游的 APP,栏目和导航都非常清晰和大气,包括天气、介绍、娱乐、交通等 15 个板块,提供了一日游、二日游和三日游等路线,带有的全方位定位导航和资讯非常实用,还有贴心的每日天气提醒,无论从实用性来说还是功能性来说,都较为齐全。

不可否认,浙江省旅游目的地 APP 的开发已经具备相当专业的水准,各种当下主流网络功能都在软件上得到了应用,小小一个软件给游客带来的不仅仅是便捷的信息体验,更极大提升了旅游效率。

图 4-43　楠溪江旅游 APP 应用页面

案例 2　玩伴——最佳私人导游

对于喜爱旅游的网友来说,旅行箱里除了途中必备的用品外,常常还躺着一本厚厚的地图,或是花费九牛二虎之力制作打印的攻略。旅行者们走在城市的大街小巷,穿过茂密的森林,跨过清澈的小溪,他们翻开书籍,费力查找眼前陌生的景象,或徒劳搜寻通往下一个目的地的捷径,可最后还是迷路了。烈日之下,眼前一片迷惘……

(1)玩伴发展

由 Hiker 海客科技推出的智能导游平台《玩伴》在 APP Store 上架了,这款方便易用的软件涵盖吃、行、游、购等信息，提供景点语音解说、景区手绘地图、线路规划、特色美食、本地特产推荐等服务，覆盖了全国91个旅游城市和3000个以上的景区，并且不断更新数据信息。可以说，这款软件，基本上同时解决了景区导游与城市导览的问题。

玩伴在2009年9月发布了Windows CE版，主要是为景区提供导游机服务，Android版和iOS版分别上线于2011年5月和7月。玩伴目前的核心功能是目的地城市导游，其中的景区导游为游客提供真人语音解说、文字介绍、地图等服务，真人语音解说和玩伴的"自动播放"发明专利相结合，当游客到达某景点附近时，玩伴会自动播放该景点的语音解说，不需要游客触动播放，这样游客就有比较好的体验。景区地图也是玩伴的一个特色服务，玩伴提供了全景图，不仅有景点，还包括配套设施，另外在地图中还推荐了景区的游玩路线。玩伴的内容更丰富，除了语音解说，还有地图、文字、图片、推荐游览路线，游客在去景点前就能通过玩伴了解景点的信息，比如门票、开放时间、交通等。

玩伴除了致力于解决游客在景区内的导游问题，同时也搜集整理了旅游地的特色旅游路线、本地美食、本地特产、城市介绍等本地信息，方便游客查询。玩伴的目标用户是自助游、城市游、周边游的游客。

（2）核心功能

玩伴拥有上千条旅游精华路线，不同的主题游、路线游、节庆游，只要你选择了相关的主题或需求，即刻自动匹配精选路线供你选择，完全不需要人为的过多操心。比如这个假期我就想好好地休闲放松一下，玩伴就有"逛吃逛吃的放空之旅"，让身处这个城市但繁忙的都市人，在假期不再是匆匆一瞥的过客，而是能融入到城市的每个角落，去发现这个城市平凡的美丽，体验悠闲慢生活。不同的线路将带给你不同的旅游体验，而玩伴从你创建这次旅程开始，就为你精心准备好了一切。

在景区，尤其是一些历史人文景区，如果没有导游的讲解，一般是很难自己理解景点的内涵的。而不管是跟团、景区雇导购，都不够自由，如果是电子导游呢，又很难精准，对于初来乍到的旅游者而言，出现迷路也是常有的事。而玩伴提供基于GIS定位的景区精准导游服务，定位可以精确到2米以内，即便是移步换景的苏州园林景区，也可以做到完全根据你的脚步实时讲解。而且可以为你预设最优的景区路线，方便旅行者最好的游览景区。

打开玩伴，软件的载入界面就非常吸引人，许多景区图片让人忍不住想走个遍。如果打开了定位功能，可以直接锁定到用户所在的城市。不过它的搜索速度不太令人满意，工程师在景点开启了定位功能，程序加载过程有点缓慢，然后加上定位的时间，总共需要10多秒才能定位到三个工程师所在的景点。

初次定位之后，使用玩伴来当导游就十分流畅了，我们也可以选择手工定位，在界面中点击"中国"，然后手动选择到想要游玩的城市，就会罗列出所有的景点，也非常方便。在这里，我们可以在出行前，点击右上角的"下载"按钮，在Wi-Fi环境下将该城市的景点信息下载到手机中，到了景点之后就可以离线查看并收听景点介绍了,可以节省许多流量。

在济南游玩的游客来到大明湖,可以主要使用玩伴当作自己的导游。玩伴将大明湖的14个特色景点以照片墙的形式展现出来,点击任意一张图片即进入该景点的详细介绍,并且是文字加语音一起展示给大家。我们可以戴上耳机,边听边走。如果打开网络链接,沿着推荐路线走,就可以精确定位到每个景点,自动触发新的语音播报,走到哪听到哪,非常惬意。

(3)玩伴APP应用介绍

在"我的旅行"或者玩伴官网录入旅游计划,随时查看和修改,手机端和网站可互相同步。

图4-44 玩伴旅游APP

玩伴根据游客位置自动播放所在景点的真人语音解说,同时提供文字介绍和景点图片,并推荐景区最佳游览路线,让你省时省力全面玩转景区。覆盖城市91个,景区3000个以上。"景区导游"为你讲解原汁原味的景点故事,让你移步换景,带你品味景区的人文历史;为你规划游玩的最佳路线,带你省时省力全面玩转景区。"本地向导"带你穿梭于大街小巷,吃遍本地特色美食;为你寻找合适的住所,让你住得安心舒心;向你推荐特色旅游线路,深度体验本地文化;去哪儿,怎么走?她一键索引,轻松便捷;想买本地特色物品?她如数家珍,价廉物美;需要休闲娱乐?她第一时间为你找到娱乐场所,快速、贴心。旅程很精彩,要与朋友分享?很简单,告诉玩伴你的SNS账号,她会帮你把你的所见所闻所想分享给微博、QQ、豆瓣、人人、开心网等SNS好友。同时,新版APP添加了评论功能,评论自由,吐槽无罪,让你呈现最真实的旅游感受。

"私人秘书"帮你管理旅游行程安排,什么时间出发,吃什么,住哪里,怎么走,她都一一记录,随时修改,即时更新。还能帮你和亲朋好友自助组团,告诉他们旅游行程与安排,约他们一起出发。没有行程安排?没问题,她可以为你做落地规划,为你安排吃、住、行、游、购、娱,让你体验最具当地特色的旅程。拍照太多,没法整理?不用担心,她已经为你整理好了,在哪个景区拍照,照片自动存放到该景区文件夹,让你一目了然。周边2000米范围内,查找任何信息都可手到擒来,好吃的、好玩的一应俱全,美食、购物、娱乐、酒店等信息达到50万个⋯⋯

吃、住、行、游、购、娱信息海量提供，包罗万象，应有尽有；无论是普通青年还是文艺青年都能在玩伴找到自己的菜。预下载，运行提速又省流量：提前下载城市数据，既省流量又提升加载速度。

（三）工具类旅游 APP

1. 工具类 APP 含义

工具类旅游 APP 是为了旅游途中的具体要求而出现的。这类 APP 功能单一，特点鲜明。如地图、翻译、打车等 APP 都属此类。

2. 工具类 APP 分类

根据现有工具类移动应用，可以将这些 APP 分为两大类：一类是为旅游交通服务的，集中在交通工具出行类和地图类移动应用上。另一类则是辅助于游览观光服务的 APP，如语言类移动应用。

工具类 APP 旨在应对你在旅行中会产生的个别细节需求。比如穷游网推出的"穷游清单"，可轻巧记录行前事项、出行物品、购物清单等作为备忘；比如马蜂窝的"旅行翻译官"，以翻译旅行中会遇到的外语、方言的词汇、语句为卖点；再比如一些查询火车时刻表、地铁公交线路图的应用，简单易用便可省去出行中的诸多麻烦。

对于用户，理想的工具类旅游应用应该是功能实用简洁纯粹的，Android 平台尤其应该注意软件应用对硬件的占用，否则用户体验满意度将会下降。对于开发者而言，工具类的 APP 往往不会是主菜，更多的是扮演旗下无线应用矩阵中某一环的角色。

3. 工具类 APP 现状

工具类 APP 应用所面临的共同局面是：开发门槛相对较低和竞争对手众多两个不利局面。然而，这些应用能够留存到现在，已经说明了其具备可观的用户价值。以 Camera360 应用为例，这款 2010 年 6 月诞生的 APP，是比 Instagram 还要早的拍照类 APP 之一，并且在 2012 年初就拥有了 3000 万用户。Camera360 的用户数量在很长时间内都与 Instagram 的用户数量相当。截止到 2012 年上半年，Camera360 已经拿到了三轮融资，这在当时拿到第二轮融资都屈指可数的中国开发者团队里面，的确是凤毛麟角。

一款大众工具类 APP 若想实现商业模式，必须经历几个门槛：第一道是拥有大量用户；第二道是拥有良好的产品体验；第三道是满足用户个性化需求；第四道是能使用户长时间停留。

由于门槛低却想象空间大，加之流量变现有待时日，致使工具类 APP 仍旧处在一个前途不太清晰的探索阶段。但因为它们有着巨大的用户价值，所以各开发者已经有了比较明确的产品定位和方法论。只不过，它们各自的成长道路却往往相差很大。就像 PC 互联网的 2002 年，每一款大众 APP 的最终市场饱和量就是 2~3 家，这是一致的。而且即使最后被收购，那也是一种成功。

4. 2015年国内工具类旅游APP下载量TOP10

劲旅网最新发布的2015年12月份国内移动旅游领域工具类旅游应用（APP）下载量月度TOP10排名具体如下。

表4-11　2015年12月工具类旅游应用（APP）下载量排名TOP10（安卓系统）

排名	APP名称	下载量（万次）	排名	APP名称	下载量（万次）
1	滴滴出行	76 013.1	6	智行火车票	14 704.8
2	快的打车	46 646.8	7	一号专车	3656.3
3	航班管家	26 181.6	8	航旅纵横	3186.4
4	高铁管家	21 973.7	9	超级指南针	3128.3
5	飞常准	17 721.1	10	旅行翻译官	2654.5

注：以上各APP下载量由安卓市场、91助手、木蚂蚁、安智市场、百度手机助手、豌豆荚、应用宝、应用汇、360手机助手、机锋市场、搜狗市场、华为应用市场、联想乐商店、OPPO软件商店、易用汇、魅族Flyme、3G门户十七个国内最主流安卓应用市场汇总得出，仅供参考。
资料来源：劲旅网。

5. 工具类APP案例分析

案例1　兔游——实现"社群经济"的旅游工具

当你准备来一场说走就走的旅行时，不必花费时间做攻略，旅途中自然会收到其他旅行者留下的点评或忠告；当你在陌生的城市漫步，可以踏循前人留下的足迹进行"探秘"；当你和朋友在旅行中走散时，你们可以随时知道对方的位置……这一切，兔游APP都可以帮你完成。

"其实做兔游APP的想法并不是灵光一闪，而是根据多年旅游经验总结出的出行痛点。"兔游联合创始人兼COO陈宣睿介绍说，在以往的旅程中，她经常出现与朋友走散的情况，甚至花了很多时间就因为车子不知停哪了，又或者跟团游的时候直接就掉队了，种种问题让旅程变得苦不堪言。然而她也发现，截止目前并没有一款APP能够很好地解决这个问题，于是她决定自己开发。

兔游APP的CEO麦涵珺与陈宣睿是多年好友兼自由行搭档，从创意到策划再到调研，她们在2015年的春天创立了兔游，并迅速成立初创团队，还有幸邀请到拥有20余年旅游从业经验的行业大牛加入其中。麦涵珺是80后海归，连续创业者，十载互联网从业经验，在B2C网站以及APP策划研发方面有自己独特的见解，目前主要负责项目的方向以及产品的策划；陈宣睿同样也有着多年的旅游电商及移动互联网运营经验。

（1）最初侧重于导游群体

2015年8月，兔游APP正式上线。其实在最初的产品设想中，兔游APP的目标是适用于所有出行的人，其中包括导游、旅游达人以及跟团游或自由行的游客。就目前来说，对导游群体有所侧重，导游可以通过动态行程规划分享行程，利用定位、集中、找人等功能来降低工作强度。例如，导游在与团友初次见面时便可以通过兔游APP，在行程规定的时间内可以利用定位功能实时看到互相之间所处的位置，这样在整个行程中无论遇到什么情况，都能很快地找到组织，也省去了导游挨个清点人数和查找人员的麻烦。

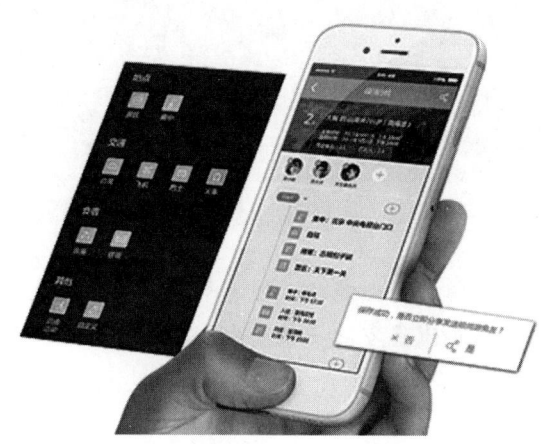

图4-45 兔游APP

而通过动态行程规划的功能，导游可以将预订的游览线路发布在社群中，每位成员对游览路线规划一览无余，如遇到临时变动，导游也可以对线路进行实时修改，这样就很好地解决了沟通麻烦的"痛点"。2015年6月，兔游APP开始进入内测阶段，他们与多家旅行社合作，让导游在带团的过程中使用兔游APP，之后发现兔游APP的实用性获得导游群体的广泛认可，同时也收集了很多的宝贵意见。然而，随着团队里更多创意的涌现，创始人觉得，兔游APP可以让旅途变得更有趣。

（2）用"工具＋社交"转型云信息平台

"时空留言"功能指的是游客在走过某一个旅游场景时，可以写下自己的感受与点评，选择发送给指定朋友或者所有使用兔游APP的用户。用户收到信息时，只会显示信息的发送地点，只有当用户来到发送地点附近时，信息内容才会显示。这一功能很自然地把原本导游与团友的社群圈扩大到了整个使用兔游APP的用户群体上，陈宣睿也形象地称之为"在线版的心愿墙"。而"时空留言"功能中带有的云信息平台属性，似乎也让兔游在使用场景上存在了无限的可能。旅游商家可以通过留言来推广产品，导游可以通过留言来临时组团，旅游达人可以通过留言来传授旅游经验，旅行者可以不必收集攻略，走到哪玩到哪。但是只有当流量达到一定程度，"时空留言"的趣味性才会得以体现，流量越大，这一功能的云信息平台属性也随之更强。

图 4-46 兔游 APP 界面

未来兔游会以"时空留言"功能向云信息平台的方向发展。兔游要做的不仅仅是一款出行工具，而是旅行中各方的连接平台，无论是用户还是商家，都可以在这个平台中自由对接，各取所需。

（3）专注行业细分，无惧挑战

众所周知，其实如微信等社交平台同样具有实时对话和位置共享的功能，而微信一旦做出与兔游类似的产品功能，兔游该如何应对可能的竞争？对此，陈宣睿显得并不担心。她认为微信等社交平台需要满足的受众范围十分全面，这也导致微信无法在每一个细分领域做到面面俱到，而且目前微信的位置共享功能用户体验并不流畅。另外，在陈宣睿看来，微信等社交平台推出与兔游类似的功能其实意义并不大。另外，她认为兔游有着自己独特的发展道路与产品功能，一旦率先被大众所接受，其市场地位将变得十分牢固。

（4）获得资本青睐后，积极开展推广

近日，兔游获得了数百万元的天使轮融资，投资人表示，投资兔游主要从三个角度进行考虑，一是现阶段共享经济在旅游行业一定是从导游和达人这个点来切入，颠覆式创新关注的就是边缘市场和不被关注的人群；二是看好团队的执行力，他们执行力特别强，有了 idea 后不到一个月产品就做出来了；三是看好团队搭配组合，两位创始人有丰富的技术和运营经验，更难能可贵的是创始人是连续创业者，创办的 O2O 项目获得过 2000 万的 A 轮融资。另外，陈宣睿也透露，目前兔游也正在准备 Pre-A 轮融资。

获得资本青睐后，兔游的推广计划也随之展开。接下来将结合旅行社、地接社、景区等开展一系列的评选类目活动，举办旅游达人路线设计大赛，线上线下推广将同步进行，利用新媒体渠道打开知名度。由于兔游的受众偏年轻化，所以计划在大学城以及商业区等地举办相关推广活动。总结下来，兔游希望先从导游与旅游达人群体切入，通过这部分旅游行业的"意见领袖"，再带动更多的用户群体，优化出行体验。

对于目前的兔游来说,现在做的是依靠旅行社和导游获取用户,但将来如何设计好组团社、地接社、导游以及兔游四方的利益机制将是商业模式成功的关键所在。兔游的目标是突破和改善传统团队游客户体验,并且提升这些用户的黏度,但这仅仅靠一款工具型的应用是远远不够的,提供真正有竞争力和差异化的产品才能够让兔游走得更远。

案例2 一路乐:智能导游切入,建目的地服务平台

当你独自一人上路,来到陌生的城市陌生的景区时,一个甜美的声音陪伴您游览整个景区,是否会让人产生"一个声音一座城"的舒心和洒脱?或者您是带着孩子出游的家长,对于缠着你的小孩,塞给他一个手机,让他任意在景区里探索寻宝,是否会让您暂时喘口气,小憩一下?随着自由行人数不断加大,智能导游APP开始成为旅行者在行中重要的"一环",而"一路乐"这家创业公司,希望通过景区语音导游这个切入点,将这"一环"越绕越大。

(1)智能语音导览,体验旅行中真正的乐趣

一路乐APP目前覆盖全国400余家景区资源。游客在下载后,就可以免费使用景区内的手绘旅游地图,720°景区实景图,以及大部分景区景点的语音讲解。

图4-47 一路乐APP界面

一路乐最基本的应用是景区语音导览,这款APP的景区导览内容非常详尽,除了景区整体介绍外,景区内部的各个子景点内容也非常丰富。用户在行程中,可以

自由选择相应的子景点收听解说。对于一路乐来说，他们面对的主要用户群是年轻的"自由一族"以及庞大的亲子游市场。针对这样的用户群，一路乐的手绘界面也显得卡通味儿十足。在语音导览的基础上，一路乐还推出了"趣味问答""景区寻宝""景区竞速"等多款游戏。用户可以在游览景区的过程中，根据景区提供的各种"提示""问答"寻找到宝物；或者是在登山中，跟同伴一起做个竞速爬山比赛；在景点游览后，还可以挑战不同难度的问题来获取积分。

（2）关心消费者旅行"痛点"，做关心游客在旅行中需求的APP

携程、去哪儿等OTA巨头重点都在行前，主要解决了游客预定时的问题，但游客在旅行中有许多"痛点"。比如景区如何导览？如何买票？甚至景区周边有什么好吃的？如何买到货真价实的当地特产等，目前还没有好的解决方案，而显然这些是决定游客旅游体验的更重要的环节，这也是一路乐最关心的问题，一路乐一心只想做一个真正关心游客在旅行中需求的APP。

（3）联手景区，共推智能导游APP

近几年来，鱼说、玩伴、驴迹等不少智能语音导游APP都出现在人们的视线中，并且各具特色，一路乐如何能从众多的语音导游APP中脱颖而出？一路乐靠提供专业的景区语音导览致胜，直接跟景区合作，APP里呈现的所有景区解说词和景点介绍都来自于该景点的专家，这样可以保证绝对的专业性和准确性。据悉，一路乐的团队给景区提供一个采集信息的软件，景区专家们帮忙把景区内各个景点介绍填进去，并且亲自采集游览线路，一路乐的团队会根据专家的线路绘制地图。

在一路乐的APP中，目前涵盖景区仅有四百余家，目前吴炳蔚的团队正在加速制作新的景区，每个月可以制作20~30个景区，在7月最高运营下，他的团队共制作了50个景区。一路乐现在面临着急需扩大景区以及直接合作景区的现状，这样才能保证用户的体验以及活跃度。

案例3　打车软件

（1）打车软件诞生背景

全国一二线城市普遍存在"打车难"问题，一方面乘客打不到车，另一方面出租车司机选择性接单，空驶率居高不下。究其原因，出租车市场供求失衡是最主要原因，而乘客和出租车司机之间的信息不对称也是加剧这一问题的助因。

以北京为例，北京实行尾号限行、严查酒驾、停车费提价等政策，很多市民弃私家车改乘公共交通出行，打车需求只增不减；另外，北京市实行出租车总量不增加的调控政策，出租汽车总量维持在6.6万辆。出租车供求市场的一增一平，是造成"打车难"的关键。从出租车司机角度考虑，司机更愿意接中长途生意，在交班或收工时愿意接顺风车生意，所以在某些情况下存在拒载。司机这种选择性接单就造成了空驶现象，运营效率偏低。

市场需要一个集中统一的出租车资源调度平台，解决乘客和出租车司机之间的信息不对称，其信息撮合机制可以让乘客更容易打到车，让出租车利用率更高，从而能够在一定程度上解决"打车难"问题。在此背景下，打车软件逐渐兴起，并成为人们生活以及外出旅行不可或缺的一部分。

（2）打车软件发展阶段

2011年底，摇摇招车在北京成立，标志着国内首家手机打车应用的出现。手机打车软件在2011年悄然兴起，主要是通过"LBS+客户端"解决出租车供求失衡的问题。在起步阶段，手机移动应用的数量呈井喷式增长，最先在"打车难"的一线城市开始流行。

而手机打车应用最早出现于2012年初，经过1年多的发展，市场上先后涌现出近百款打车应用。2012年手机打车应用陆续上线，一年时间市场获得400万注册量。2013年更是市场加速增长期，用户注册数高速提升。2012年5月，快的打车在杭州成立，同年8月APP上线；2012年6月，滴滴打车在北京成立，同年9月APP上线。接着，在2013年大黄蜂打车和易到用车旗下打车小秘书相继上线运营。在发展阶段，手机打车运营商推出了APP的乘客端和司机端，乘客和司机用户数量激增，覆盖区域深入二三线城市，竞争逐渐激烈化。2014年开始，手机打车应用市场逐渐接近成熟，用户使用习惯养成，市场上出现滴滴打车和快的打车两强相争的格局。

（3）滴滴打车APP

滴滴打车是一款免费打车软件，是时下最热、最酷、最帅的手机"打车神器"，是覆盖最广、用户最多、最受用户喜爱的"打车"应用，荣登日常助手类应用榜单冠军。2012年，滴滴打车在北京中关村诞生，9月9日正式在北京上线，此后便与正在火热发展的移动互联网行业相互交融，激发创新灵感。现在，滴滴打车每天为全国超过1亿的用户提供便捷的召车服务和更加本地化的生活服务，让正在高速发展的中国移动互联网真正渗透到用户心中。目前，滴滴打车已经成为全国最大的打车软件平台。

①产品特点

"滴滴打车"APP改变了传统打车方式，建立培养出大移动互联网时代下引领的用户现代化出行方式。较比传统电话召车与路边扬招来说，滴滴打车的诞生更是改变了传统打车市场格局，颠覆了路边拦车概念，利用移动互联网特点，将线上与线下相融合，从打车初始阶段到下车使用线上支付车费，画出一个乘客与司机紧密相连的O2O完美闭环，最大限度优化乘客打车体验，改变传统出租司机等客方式，让司机师傅根据乘客目的地按意愿"接单"，节约司机与乘客沟通成本，降低空驶率，最大化节省司乘双方资源与时间。

②使用教程

滴滴打车原理非常简单，与电话叫车服务性质类似，与微信用法大同小异。即乘客启动滴滴打车软件客户端，点击"现在用车"，按住说话，发送一段语音说明现在所在具体的位置和要去的地方，松开叫车按钮，叫车信息会以该乘客为原点，在90s内自动推送给直径3公里以内的出租车司机，司机可以在滴滴打车司机端一键抢应,并和乘客保持联系。在乘客到达目的地下车需要支付车费时,即可使用滴滴打车合作伙伴微信支付和QQ钱包进行线上支付,既可享受免找零烦恼,也避免了假币、丢钱包等现象发生,完成了从打车到支付的一个完美闭环服务,让用户的出行尽在自己掌握。

③产品优势

出租车拒载已经成为大城市的普遍现象,滴滴打车的最大价值是匹配用户和司机的需求,减少司机的空载提高效率。造成出租车拒载最重要的原因是乘客和司机之间的不理解。滴滴打车CEO程维在接受上海第一财经采访时表示,目前每个月有数千新增的司机用户。"我们没有向司机送过一部手机,都是他们主动购买的。买个智能手机装上滴滴打车对司机来说是一种投资,也许每天只能多赚几十块钱,但一个月就是上千块。掌握滴滴打车这种叫车工具,以后可能就是生存必备手段。"程维说。

④市场合作

滴滴在推广初期,与北京市两大出租车调度中心之一96106达成战略合作,系统互通,并且还为96106定制客户端;2013年,滴滴打车与入口级应用运营商高德地图、百度地图达成合作,开启了与地图类应用合作联运新模式;2013年12月12日,滴滴打车宣布与携程旅行达成战略合作,此次合作主要基于携程客户端,功能支持送机服务及城市打车;2014年1月6日下午,滴滴打车宣布独家接入微信,支持通过微信实现叫车和支付,该功能已在iOS版本中实现,安卓版也在1月8日开通。在接入微信后,用户可以在"我的银行卡"中打开"滴滴打车",并完成叫车和微信支付;并且在滴滴打车客户端也接入了微信支付,目前使用微信支付付款的乘客可立减10元车费,支持微信支付收款的司机可立享10元奖励。

与腾讯微信的战略合作再次打开移动互联网生活工具类软件新舞台,将滴滴推上历史新高度,作为首个接入微信的移动叫车应用,滴滴带来的变革并不只是简单的出行方式的改变,更多的是移动互联网O2O模式被大众的认可和支持。据滴滴目前的数据状况显示,新用户从下载注册到呼叫的周期越来越短,二次呼叫频次越来越高,也就是说,越来越多的人会主动了解、安装滴滴,首次叫车成功体验过后,便将之纳入实用类生活工具,随之而来的自然是无尽的正向口碑传播。

2015年2月14日,滴滴打车与快的打车进行战略合并。新公司将实施Co-CEO制度,滴滴打车CEO程维及快的打车CEO吕传伟同时担任联合CEO。两家公司在人员架构上保持不变,业务继续平行发展,并将保留各自的品牌和业务独立性。

⑤服务管理

业内人士认为,巨头砸下巨额资金后,已经在打车领域基本完成了移动支付各自圈地,如此大力度的补贴很难再重现。而打车软件的路今后还是要靠自己走,如何黏住用户,主要拼的将是产品和服务。2014年6月起,滴滴将提高对司机、乘客爽约行为的处罚力度。使用滴滴打车的司机和乘客,首次爽约的,禁用该打车软件3天;第二次爽约禁用1个月;第三次爽约则永久封禁账号。滴滴打车称,此举是为了更好地服务大家，打造诚信平台。业内人士认为，在返现补贴取消、导致订单流失的情况下，为了使乘客、司机继续使用打车软件，保证服务质量至关重要，因此不难理解滴滴打车为何提高爽约处罚力度。

（四）分享类旅游 APP

1. 分享类 APP 含义

旅游本身是一件极其容易诱引人们留下点东西的事情，包括文字游记和摄影图片，大多数旅游者也非常情愿在社交网站上分享出旅游行程中记录的数字信息，让亲朋好友们知晓。正因为如此，此类 APP 便是为了满足用户这样的需求而出现的。

旅游体验分享，就是用户在进行了一个旅游项目之后，将在旅行过程中的所见所闻、体验感受以游记的方式记录下来，然后发布出来让其他没有参与过某个景点某个地区旅游的人们来一起分享的过程。这种方式在很大程度上影响着人们对初选旅游地点的再次斟酌或者是兴趣的加深。另外也服务了潜在用户，即使他们没有马上出行的想法，但他们很可能就会去注意到其他旅客的旅行分享。

2. 分享类 APP 与攻略类 APP 区别

分享类移动 APP 着重为用户提供一个社区平台，利用 APP 的方便、快捷程序进行旅行行程图片、文字、摄影记录，主要目的是将自身游览经历进行分享。攻略类移动 APP 侧重为游客提供目的地吃、住、行、游、购、娱各方面的介绍，以方便游客游玩。

在 Web2.0 时代，每一个互联网用户都能生成自己的内容，而 SNS 的兴起基本就是由用户渴望分享所引发的潮流。这种分享的欲望，在旅行社交中尤为明显。2011 年以前的互联网上，旅行社交主要以社区的形式存在，穷游、马蜂窝、到到网、岛多多……这些旅行社交社区最常见的功能是，当人们想要进行一次短途或者长途的旅行时，他们会提前在这些社区寻常合适的地点，查看别人的攻略。旅行结束后，如果他们有诉说的欲求，则会登录这些社区发布自己的游记和攻略。但无论是分享照片还是发布攻略，几乎都是在出游前和出游后，一般不出去旅行的日子，他们极少会登录这种旅行社区，因此，这种轻社区的活跃度很低。而直到移动互联网近几年的发展，UGC 才显得更为容易和轻便。而对于出游当中的人们来说，随时随地发布自己的旅行记录这种碎片化的内容似乎更适合通过手机端进行。更重要的是，手机端的灵活快速和自由，恰好弥补了以前的旅行社交社区所无法做到的事——用户活跃度的提升。

3. 分享类 APP 前景

简单的信息分享已经无法满足用户需求，APP 的开发需要通过有效信息帮助不同用户快速做出最好的消费决策、并解决行程中产生的一系列问题。首当其冲的挑战是，要把分散的海量信息数据进行结构化加工。

将旅游攻略结构化并提供消费决策的线上机构，国外已经初具规模，譬如在美国纳斯达克上市的 TripAdviser，市值一度高达 150 亿美元。游记应用"在路上"也早对外公布双 APP 战略，除了原有游记应用"在路上"，将重点推广新的 APP "淘在路上"。"淘在路上"前期会通过邀约制引入各个供应商，发展目的地自由行长尾市场，并在在路上 APP 里面进行产品的精准推荐、发放优惠券和奖励。

4. 2015 年国内分享类旅游 APP 下载量 TOP10

劲旅网最新发布的 2015 年 12 月国内移动旅游领域分享类旅游应用（APP）下载量月度 TOP10 排名具体如下。

表 4-12　2015 年 12 月分享类旅游应用（APP）下载量排名 TOP10（安卓系统）

排名	APP名称	下载量（万次）	排名	APP名称	下载量（万次）
1	TripAdvisor（猫途鹰）	12 493.0	6	旅行家游记	231.8
2	面包旅行	2867.9	7	去哪儿旅图	101.8
3	搭伴玩旅行交友	1605.7	8	驴行天下	59.2
4	淘在路上社区	1524.3	9	嗡嗡	41.0
5	蝉游记	398.4	10	游记	22.9

注：以上各APP下载量由安卓市场、91助手、木蚂蚁、安智市场、百度手机助手、豌豆荚、应用宝、应用汇、360手机助手、机锋市场、搜狗市场、华为应用市场、联想乐商店、OPPO软件商店、易用汇、魅族Flyme、3G门户十七个国内最主流安卓应用市场汇总得出，仅供参考。

资料来源：劲旅网。

5. 分享类 APP 案例分析

案例 1　在路上

移动互联网的发展使得人们在履行过程中就可以分享游览经历，而基于此背景，2012 年 1 月 19 日，在路上的 PC 端网站和 APP 同时上线，上线之初就同步推出了 iOS 和 Android 客户端。提供出行计划与记录的功能几乎每个旅行社交 APP 都具备，但是细微之处才能彰显优势，无论是地图导航还是分享的设计与体验，社交互动性和网站同步率，都十分考验技术团队。

在路上的核心价值是引发用户的旅行冲动，并在将来为旅行者的消费决策提供帮助，但并非是满足比较空泛的旅游攻略需求。事实上，针对用户产生内容的 UGC，一旦技术上得到支持，内容越个性越叫座。毕竟旅游本身就是一个高度个性化的行为。这也是在路上 PC 端和 APP 同时发布的缘由所在，它不仅想抢占旅游途中的 SNS 市场，也不想放过游前与游后。

（1）在路上介绍

在路上这款 APP 应用，最初与现在的目的都是为了方便用户使用手机记录每一段旅行。用手机打开在路上可以发现，用它记录行程，内容简短、文字简练，更重要的是，系统会按照图文记录的时间进行位置的排列。等旅行结束，呈现在网络上的，就是一份很清晰的依据时间轴的图文游记。

可以说，能够在旅行途中随时随地发布碎片化的图文记录是 APP 优于 PC 端的旅行社区之处。而按照时间轴进行游记的发布，则基本是同类旅行 APP 都能做到的服务。显而易见，既然都是 UGC 为主导，那么如果想要获取更多的用户，则更加考验该款 APP 功能的细节。

在路上的总体功能大约分为两块：一块是提供给暂时没有出行计划，但是有着旅行欲望的年轻人，他们可以在路上看到很多人直播的旅行；另一块则是提供给正在出游的人群，能够边走边记录，也可以在微博上做直播。这种出游记录，还能离线保存，方便没有流量或者网络的用户。毕竟如果能在移动端降低 UGC 的成本，用户会更乐意分享。简单来说，在路上 APP 的用户群体定位于暂时没有出行计划但有旅行欲望以及正在出游的人。

（2）多渠道获取用户

2012 年春节，在路上刚上线，活跃用户就达到了 10 万。距离当初过去了一年半的时间，目前已经拥有用户 500 万，日平均活跃用户超过 20 万。一年中旅行市场有五个高峰期，包括从春节开始的第一个高峰期，到清明节和五一劳动节，暑假，中秋国庆期间，以及圣诞节和元旦节。高峰节假日期间，在路上的日活跃度可以达到 30 万，寻常淡季或者双休，日活跃度也有 10 万多。

在路上在上线第一年的时候集中精力主要在安卓市场上扩展。做安卓市场有一个好处：能把用户的数据尽快地拉起来。所以在路上在第一年的时间内做了一百万。第二年开始，在路上开始集中做 iOS，iOS 用户的质量要高于安卓的 4 到 5 倍，连续两年在路上的重点都放在 iOS 上面。

在刚开始，由于在路上知名度较低、用户数量少，因此，在路上在最初借助 CMO 浦明辉是绿野的前市场总监这一人际资源，吸引了户外品牌对在路上的赞助。刚开始在路上会选择户外人群切入主要是因为户外人群密集度很高，他的分享欲望比一般的旅游用户高，而且用户比较垂直、比较封闭，一抓能住一大把，沟通成本比较低。

但是从 2013 年开始在路上开始把所有和户外相关的品牌合作全部砍掉了。因为其担心让用户产生一个感觉：认为在路上是一个户外的传媒，而这点会对在路上未来的商业化是有影响的。所以，在逐渐把市场打开以后，就需要要向全旅游、泛旅游转化。在转化过程中，旅游圈对在路上的产品逐渐有了一定认同，这就很快影响到旅游圈子里的一些达人和用户，通过和大量不同垂直纬度的旅行达人合作，形成了一个去中心化的传播模式，这使在路上的用户量迅速增长。

对于已经获取的用户，在路上后期会通过平台内部成体系的运营活动，不断拉升用户的活跃度，比如去年开始在路上启动的"旅型家"活动，通过"旅型"的定位，运营了一系列线上和线下活动，让用户活跃度大大提升。

在路上的产品平均每两周至少会有一到两次的迭代。同时和用户保持比较神的互动，实时了解用户的诉求、了解他们想要什么、不想要什么。而在路上对于用户数据的挖掘则是做产品迭代、满足用户需求很有力的策略。

（3）商业化道路

对于分享攻略类APP，盈利是一个美好的梦，在早期一般被行业认为APP具备媒体属性，即做广告。在旅游APP上发布的游记和攻略都来自于用户，这和虾米网的音乐不一样。虾米网的音乐可以用产品来定义，可以团购，可以上聚划算，因为音乐本身是可供出售的。而在路上的用户生成的内容，并不能拿来盈利。因此这种游记社交类APP想盈利，多半只能靠推广合作商家的产品。

但很显然，在手机上进行推广，会直接给用户带去负面情绪。假设用户想旅行，但还没决定去哪儿，他正在查看其他用户发布的游玩攻略时，手机上却弹出了各种酒店、机票的推广信息，那么他原先的旅行冲动可能就会下降。虽然不能用"自寻死路"来形容，但用户体验必定会受到影响。毕竟，一款APP能否获得用户的青睐，必须从用户黏度来考量。尽管通过移动端进行推广是必须走的一步，但为防止用户流失，追求极致的用户体验仍然是在路上开发产品的首要目标。但当用户数积累到一百万、五百万并且还在不断的增长时，商业化的进程才可以提前。

发展初期，在路上就特别强调品牌性。这主要体现在在路上初期就选择和品牌合作，或者自己做品牌，同时非常注重强调品牌的质感、层次，选择合作伙伴都是在业内或者在行业内比较有口碑的，而不会选择那些受众虽然比较大，但品牌形象没有那么好的进行合作。此外，在路上创始人认为和品牌合作要有延续性，希望在合作完之后能产生叠加的效应，再附加一些影响力。比如在路上和汉莎合作，首先合作成功以后，就得到很多类似品牌的关注，这是一个影响效应；在合作以后，在路上会抓住品牌本身的产品效应，进行二次营销。

在2014年，在路上整合塞上旅游上游目的地资源和下游旅行社产品的分销和生产资源，打包起来形成了在路上自己的产品。在路上同时推出6999元的最低产品价和五万多的高端产品在移动平台上进行售卖，总共卖掉50多单，而这个数字验证了在路上的用户活跃度是相对比较高的。

旅游社交APP本身只是一个应用，基于这款应用，在不伤害用户情感的前提下，可以以分享为主适时做一些活动。最近在路上发布的一个"寻找旅行家"的活动，便是在路上和凯撒旅游、德国汉莎航空公司、淘宝旅行一起合作举办的。这个活动将会入围400名"旅行家"，入围的将可以免费换取旅行装备，而最后胜出的200个名额则可以免费获取机票。

由此可见，移动端的应用结合旅游产品的形态也许可以成为未来旅游APP盈利的一个常态，但对于投资人来说，盈利与否并不重要，移动互联网的本质还是产品。

（4）重新定义自由行

一款成功的APP，会面临产品、模式、资本、资源、人才等全方位的竞争。在路上希望对用户价值和社会价值进行双重整合，把握用户的核心诉求，并最终使之得到落实交集，实现交易链的闭环。

在路上旗下"淘在路上"专注在移动端的旅游电商平台，着力开发境内外当地游、本地游产品及自由行精选套餐，与在路上APP互相呼应——一个是碎片化的旅游商品，一个是碎片化的旅行记录；一个是随走随订，一个是随走随记；一个以商品带内容，一个以内容带商品，同时通过有机整合，确保用户和商业模式形成自我造血的良性循环。

"淘在路上"前期会通过邀约制引入各个目的地最优秀的供应商，通过自己本身商品的吸引力，攻入目的地长尾市场，并基于"Travel Like a Local"的产品理念，重新定义自由行。现在自由行是非常重要的旅游模式。但很多人比如到了三亚、到了普吉，机加酒买了以后，去哪儿儿玩什么，心里并不太清楚。所以淘在路上的概念就是APP是随走随订，买完机加酒回东莞，到了目的地后打开APP它就会告诉你身边有哪些产品，足够让你的旅行丰富多彩。

在整个互联网交易和旅游交易里面，无非是要找到很好的供应商，能够提供非常好的产品，并且这些产品能够公开透明化地向所有市场去展示。因此"淘在路上"可以让用户通过他自己的行为去体验之后，再来评价这些产品，同时通过对产品进行不断的分析、筛选和淘汰后，建立一个更透明、更公开的场合。

（5）APP营销的竞争形态

在路上这款旅游APP本身是一个产品，而就产品层面而言，APP的开发难度并不高，几款游记社交类APP的功能都是大同小异。用户在使用这些APP的时候，都是在细节上发现不同。比如在路上可以将游记分享到人人网、新浪微博等地，而面包旅行不支持人人网，蝉游记则能分享到豆瓣，但必须生成整个游记才能成功，不能发送单条记录。又比如在路上不仅可以添加航班信息，还有火车信息，面包旅行却只能添加航班信息。正是这种细微的地方才能区别于其他APP，而想要商业化，无论是运营还是内容，都是APP综合能力的一种竞争。

在路上创办之初，恰逢2012年春节，团队在产品上线前，就在微博进行宣传，在创业团队看来，前期的微博营销和预热是春节期间用户突破10万的关键所在。除此外，团队成员还接触各种媒体和沙龙，试图增加曝光率，进行口碑营销。

（6）合作

2013年，在路上先后与携程、阿里进行了合作。在这个过程中在路上有两次尝试：一次是2013年淘宝双十一的时候，在路上APP售卖活动产品，24小时之内卖了200多单，这证明在路上用户的购买力是强的。如今旅游社会化平台与SNS是密不可分的，淘宝旅行做的是旅游市场的电子商务，而在路上做的是移动端旅游市场的SNS，这两者的结合，能够打造一个垂直电商与SNS的闭环。比如很多人想旅游，那么在旅游前，他会查看各种旅行攻略，会订购机票、预订酒店，或者购买旅游当地的景点门票，能够促成这一系列行为发生的，是用户的旅行冲动。而在路上作为淘宝旅行移动端的入口，可以触发用户的这种旅行冲动。相应的，淘宝旅行提供的有关酒店、机票等业务恰好可以为用户的旅行计划提供选择。

马蜂窝等竞争对手一直在布局POI，对接大型的OTA，想借助这些来盈利，而在路上未来和淘宝旅行进行产品对接，则可以获得淘宝旅行海量用户的数据和信息。未来作为淘宝旅行的移动端入口，显然它的形态不会局限于一个纯粹的APP应用，反而更接近于旅游的O2O平台。尽管才一年多时间，但是在路上的用户忠诚度已经很高。在路上也可能成为淘宝旅行用户的一个SNS分享聚集地，能通过淘宝旅行的大数据中心来更为精确地分析用户，同时移动端的支付问题也会得到解决。

案例2 蝉游记：旅行回忆画卷

近年来，自助游的兴起，使得UGC与旅游网站所构成的"自助游攻略类旅游网站"逐渐被人们熟知。传统上，游客常借助旅行社查找旅游路线、最具游览目的地以及当地美食等信息。同时，在以往旅游旅途中，记录旅行中的美景、美食，留下所感所想也是一件无法实现实时同步的事情。只有当脚步停留下来，花费时间精力才能达到回忆旅行的目的。跟着别人旅行的脚步虽未能身临其境，但是对于视觉感觉的享受以及为此而无限遐想的心境也是一种体验与收获。在今天，借助互联网，打开手机应用APP或者网页，就可以轻松实现查找行程路线攻略以及旅行回忆整理工作。

对于喜欢旅游的人来说，查看精美游记、感受别人的旅行乐趣仅是开展旅行的第一步，记录旅行的美好、分享快乐更是值得动手去做的事情。旅途中轻松制作游记，摆脱游记拖延症，将旅行中拍摄的图片上传稍加编辑即可完成一篇游记。记录美好旅行，浏览精美游记，让手机应用与游客一起经历旅行的感动。当手机APP碰上旅游，火花才开始碰撞。

图4-48 蝉游记APP页面

（1）十分钟记录旅行

"那些一生只见一次的美景你怎么舍得遗忘。"蝉游记，幻灯片一样的界面，满载着每个用户拍下这个世界的不同视角。一款旅行游记产品，因旅行诞生，因旅途美好存在。

蝉游记是一款游记制作工具，2012年8月蝉游记网站公开版上线，2013年1月其APP正式版上线。产品由蝉游记网站和iOS应用两个部分组成，用户可以自由上传旅行图片、文字、音频和视频。蝉游记不仅提供流程引导与模板选择，帮助用户轻松制作游记。同时还支持旅行后的网站制作游记以及旅行中的APP实时制作游记。

在产品的表现形态上，蝉游记有不少可圈可点地方，它通过高质量的全屏大图和横向的流式布局给用户带来完全不一样的旅行游记赏阅体验；而在创建游记的过程中，网站通过极简和半自动化的操作流程，让用户即便在整理的过程中也充满乐趣和惊喜。蝉游记给了用户一种全新的记录旅行的方式，"十分钟"创建一篇旅行游记是其口号，自动按拍照日期排序，照片为主，文字为辅，可视化的编辑方式，照片可通过拖动排版，自动标记地图，都降低了用户写一篇游记的时间成本并增加了游记展示的丰富性。

除此外，蝉游记拥有独特大图封面，进行横向丰富模版浏览，单张大图查看都是非常好的视觉体验；而其展示则按日期自然划分行程，将照片按景点分类，非常清晰的展示方式。蝉小队认为以图片为主的游记适合观赏和展示，更多的是引起用户的一种向往和对自己经历的一种"回忆"，定位与"攻略"类的游记完全不同。

（2）蝉游记保持独特性秘诀

图4-49　蝉游记APP

①定位精准。

不同于其他游记类应用做社区广告和产品引流的方式，蝉游记定位于工具性应用而不是社区社交类应用,注重用户所产生的结构化数据而不是用户留存率和活跃度。可以说,蝉游记是通过捕获数据、分析打捞数据、组织数据推荐给用户精准的旅行指南,而不只简单的是一个精美游记生成器。

②游记制作独特。

蝉游记以图片主打,鼓励用户上传原图,生成不同尺寸和输出高分辨率图片,同时考虑人们日常看书习惯以画卷式展开,给用户带来不一样的体验效果,这比文字攻略更为真实直观。

③行程安排器。

蝉游记不只是一个旅行记录工具,更是一个行程计划安排工具。蝉小队将旅行数据进行整理,使用户只需在一个地方就可以看到线路信息和最精准、最真实的评价数据,因此,用户不需要四处翻看攻略即可查找信息安排行程。

④易于操作,注重用户体验。

蝉游记APP使用方便,设计简洁,从处理新手引导到简化导航布局,蝉小队充分从用户角度出发,去除全屏蒙层的引导,使干净清晰的操作界面更易接受,尽可能扫清新用户熟悉产品的障碍,引导用户理解产品价值。

(3)被携程收购

2013年9月,蝉游记与携程达成合作协议。蝉游记在获得携程资本投入后,新近发布了3.0版本,淡化过去"写游记,看游记"的定位,主打"境外旅行指南"。携程攻略社区做得很好,游记数量也不少,而携程投资蝉游记之后,蝉游记正式启动了目的地资讯业务,并且3个月做出了15个目的地。之后,蝉游记与携程的合作关系从获取游记变成了获取蝉游记加工后的目的地资讯。对携程而言,可以获得蝉游记高质量的目的地资讯,包括POI资讯、目的地专题和正在做的使用贴士。

案例3 旅途分享APP"遨游客":随身记录世界轨迹

2015年7月国内领先的在线旅游网站遨游网(aoyou.com)在现有"遨游旅行"APP基础上,推出第二款APP"遨游客",为行走世界的中国游客打造了一款专注旅途心情、图文分享的移动工具,使用户在旅途中分享到更多的快乐和惊喜。

"遨游客"专注于旅游用户的内容分享,以旅途直播、周边查询、在线问答等板块为主打,以图片、语音、文字等多种发布形式,打通微信朋友圈等分享功能,为旅游爱好者提供游记攻略分享、查阅、旅途直播、周边服务查询、周边用户在线交友、优惠活动等服务平台。目前"遨游客"已全面登录APP Store和12家安卓主流应用市场。

遨游网品牌首席官徐晓磊表示:如果说"遨游旅行"解决了用户移动端购买优质旅游产品的痛点,"遨游客"则解决了用户移动内容分享的难点。近些年来,遨游网在内容板块不断发力,以百万级真实出行用户的内容分享为基础,沉淀了大量的UGC内容。遨游客APP的推出,解决了用户移动化内容查询、分享的需求,使遨游网在移动端的服务更加立体和完善。

图 4-50　遨游网 APP

近些年来，在线移动旅游市场竞争激烈，APP 的竞争一直是行业里关注的热点，但也给消费者带来了极大的困惑：到底哪家 APP 才最具有"一站式服务"？消费者不得不耗费大量的时间精力进行烦琐的咨询和比对。这已成为消费者选择上的一大纠结。"遨游客"则解决了这一消费痛点。据了解，"遨游客"游直播功能是帮助用户轻松制作游记的清新神器，专治"游记拖延症"；用户在游中或游后可以实时与朋友分享，从而形成社交化内容；"用户手机＋拇指"短短几分钟批量照片上传，晒照片、晒文字、就能呈现出华丽丽的旅行回忆画卷，记录"在路上"变得更简单。

图 4-51　遨游网 APP 应用界面

为进一步提升用户体验,"遨游客"独创周边用户定位功能,实现用户在路上在旅途中随时随地"约吗",发现附近的人,还能发现他们关注的话题,做什么有趣的事情,实现交友的移动化社交平台。这一功能延展了用户线上线下的社交圈,解决了用户在旅途中呼朋引伴的需求。

旅行串联起来的当然还有通过时间、地理位置的照片做整合的美食、购物、酒店、交通、汽车。遨游客"查周边"功能整理了这一些要素,让用户全掌握附近的美食玩乐、星级、人均、地址、优惠,在旅途中轻松决策。

遨游网推出"遨游客"APP,既充分地满足了用户简单的旅途实用性、可读性、功能性,让用户记录旅程的点滴、随时随地的分享旅行的体验,也帮助游客避开了旅行前要做的烦琐功课;相比其他在线旅游平台的 APP 良莠不齐,"遨游客"独树一帜,打通产品、内容分享链条,成为旅游移动在线市场的又一亮点。

参考文献

[1] 劲旅网 . http://www.ctcnn.com/html/2016-01-14/17814084.html.

[2] 环球旅讯 . http://www.ctcnn.com/html/2015-12-22/18075128.html.

[3] 艾瑞网 . http://report.iresearch.cn/content/2015/07/252673.shtml.

[4] 品橙旅游 . http://www.pinchain.com/article/36389.

责任编辑：郭珍宏

图书在版编目（CIP）数据

中国在线旅游研究报告. 2016 / 李宏主编. -- 北京：旅游教育出版社，2017.12
 ISBN 978-7-5637-3692-8

Ⅰ. ①中… Ⅱ. ①李… Ⅲ. ①旅游业发展－研究报告－中国－2016 Ⅳ. ① F592.3

中国版本图书馆 CIP 数据核字（2017）第 318217 号

中国在线旅游研究报告2016
李宏　主编

出版单位	旅游教育出版社
地　　址	北京市朝阳区定福庄南里1号
邮　　编	100024
发行电话	（010）65778403　65728372　65767462（传真）
本社网址	www.tepcb.com
E - mail	tepfx@163.com
排版单位	北京旅教文化传播有限公司
印刷单位	北京玺诚印务有限公司
经销单位	新华书店
开　　本	787毫米×1092毫米　1/16
印　　张	14.25
字　　数	247千字
版　　次	2017年12月第1版
印　　次	2017年12月第1次印刷
定　　价	45.00元

（图书如有装订差错请与发行部联系）